Зоя Буркхарт

Девушка

из штата Калифорния

Library of Congress

United States Copyright Office

Registered March 03, 2005

ISBN 1453604421

CreateSpace May 31, 2010

1

Никогда в жизни не писала никаких рассказов, или сочинений, кроме школьных и университетских, но обстоятельства, как говорится, заставили. Мне тридцать шесть лет. Окончила английскую школу в одной из прибалтийских столиц бывшего Советского Союза. С восемнадцати до двадцати трех лет сходила замуж (не очень удачно) и поступила на английское отделение иняза. В двадцать девять лет получила в университете диплом филолога и преподавателя и стала обучать английскому языку других. Работа понравилась: язык люблю, группы маленькие, люди взрослые, сознательные, платят приличные деньги за учебу, а значит, и слушают внимательно. Студенты меня всегда любили, так как я люблю пошутить (что вы сейчас, надеюсь, оцените по достоинству).

До тридцати шести еще раз сходила замуж. Во второй раз муж попался толстый, огромный, буйный, когда выпьет (а это с ним бывало частенько). Короче - не то. Ушла я от него через полгода, оформив развод, поехала в Америку поучиться на две недели. Поехала не просто так, долго переписывалась с богатеньким американцем сорока восьми лет (трое взрослых детей от прежних браков) из Лас-Вегаса. Письма слал - зачитаешься! Открытки заморские и бандероли с небольшими презентами не успевала получать, и вдруг - как отрезал! А я-то, простая душа, совсем было привыкла к его письмам и к его богатству... Увы! Видно на роду не написано познакомиться с этой стороной жизни поближе.

Восемь месяцев перед визой работала как лошадь. Заработала на дорогу и двухнедельную учебу с accomodation (жильем). Так как моя «мечта» из Лас-Вегаса растаяла, коллега подкинула мне адресок какого-то сорокалетнего американца из Лос-Анджелеса. Написала за три недели до отъезда. Он через неделю позвонил и сказал, что ужасно рад предоставляющейся ему возможности встретить меня в Лос-Анджелесе. Его письмо с фотографией я так и не получила - пропало. Кстати, из практики переписки: если конверт большой, красивый, топорщится - явно не дойдет. Вот у него, видно, топорщился - и не дошел.

...Тот, кто встречал меня в Лос-Анджелесе в двенадцать часов ночи, оказался на вид индейцем, но армянского происхождения, ниже меня ростом (я - сто шестьдесят семь см) и с большим букетом цветов в руке. Он там один стоял с цветами. Я почему-то подумала, что это меня встречают, и не ошиблась.

Сверху он был как бы лысоват, а так, вообще-то, волосы густые, черные, волнистые и длинные. Вот такой меня встретил добрый человек на противоположном конце полушария. А летела я в общей сложности двадцать семь часов, без сна, нервничала, и выглядела поэтому теперь не лучшим образом. И словно в довершение моих мытарств, выяснилось, что не дошел мой единственный чемоданчик. Затерялся где-то между Франкфуртом и ЛА. Мне сразу стало так тепло и радостно на душе! Да, забыла еще одну бодрящую деталь: мое жилье начиналось со следующего дня, так что эту ночь мне предстояло провести неизвестно как.

Слава Богу, полуиндеец-полуармянин оказался гостеприимным - снял мне номер в какой-то гостинице неслабой, в центре где-то. Домой не приглашал, сказал, что строгие мама с папой. Я, правда, подумала, что строгая у него, скорее всего, жена, но это его проблемы. Я-то ему страшно благодарна за то, что утром заехал за мной и заплатил семьдесят пять долларов, удивившись, что так мало взяли за такой хороший отель. И снова отвез меня в аэропорт, где ничего утешительного о моей пропаже я не узнала. Потом он меня повозил по ЛА (Лос-Анджелес, так его называют калифорнийцы), по каким-то магазинчикам, где я прикупила себе кой-чего необходимого, после чего доставил меня в host-family, американскую семью, где мне предстояло провести две недели. За что ему опять-таки большое спасибо, поскольку расстояния тут сумасшедшие, и мне никаких денег на такси не хватило бы. И больше я его никогда не видела.

Дом, где я жила, произвел на меня неотразимое впечатление изысканностью удобств, и я поняла, что мне очень бы хотелось остаться в Америке подольше, чем две недели. К тому же практиковать язык мне было не с кем. Хозяин с интересом посверкивал глазками в мою сторону, и я почти перестала общаться с ним и его женой, чтобы не нарушать спокойствие чужой семьи.

Но Бог все-таки услышал мои молитвы о том, как мне бы хотелось остаться подольше, и послал мне на шестой день моего пребывания молодого симпатичного американца, на пять лет моложе меня, и ни разу не женатого. Он приехал проверять наш бассейн (он химик по специальности).

Мы с ним разговорились у бассейна «за жизнь», и он застенчиво пригласил меня на lunch (ланч). За ленчем, в каком-то небольшом ресторанчике, я ему сбивчиво рассказывала о том, что не прочь бы была выйти замуж за богатого американца, а про себя, глядя в его большущие черные глаза, в конце ленча решила, что богатого неизвестно где искать, а этот очень даже хорошенький. Будучи восемь месяцев после развода с русским буйным мужем, я была явно готова к новым отношениям.

Через неделю он перевез все мои вещи к себе (он снимает дом пополам с иранцем, который семнадцать лет живет в Америке и по-английски говорит хуже меня, хотя понимает, видимо, больше). А еще через три недели мы поехали в Лас-Вегас (четыре-пять часов езды на машине) и там поженились. Именно там это делается очень быстро, в любое время суток и в любой день недели. Новобрачные стекаются туда со всех концов Америки, как паломники к святому месту. Два дня мы жили в роскошном отеле, пропадали в казино. Да что говорить, Лас-Вегас - это сказка! Первые два месяца я летала как на крыльях: Америка, хорошенький муж и т. д.

Теперь я уже здесь четыре месяца, и мои крылья стали постепенно облезать из-за проблем, которых, как выяснилось, немало. Муж мой поостыл, не сильно, но поостыл. У него зарплата среднего американца, как раз хватает на то, чтобы оплатить дом, ежедневные расходы, иногда съездить к друзьям или сходить в недорогой ресторанчик. Выйти-то я замуж вышла, но замужество надо подтверждать через два года после подачи документов в иммиграционную службу (immigration service). А документы я еще не подавала - пока маме написала прислать все недостающие документы, пока здесь их перевели, взяв за каждую бумажку в три строки по пятьдесят долларов. Я ведь сама могу все прекрасно перевести с русского и с языка моей республики, но переводы должны быть сертифицированные, а это стоит вот таких огромных денег. Для меня, неработающей и живущей на иждивении худенького мужа, это большие деньги. Он вечно работает, устает, а денег не видит: то туда, то сюда, то кольца, то пломба у меня выпала (сто десять долларов), то я по неопытности маме прозвонила четыреста долларов (два-три доллара минута). Когда счет пришел, я ужаснулась, а муж еще больше.

Короче говоря (to make a long story short), только сейчас буду отсылать документы, и еще неизвестно, что скажут на собеседовании. Очень много фиктивных браков, и они тут, говорят, очень строго пытают в иммиграционной службе. Неизвестно, когда дадут разрешение на работу, непонятно, как я найду работу. Я, конечно, умею обучать русскому языку американцев, но что-то пока я не встречала толпы желающих изучать русский. Так что сижу дома без работы, без машины, жара тридцать пять-сорок градусов (не очень-то пешком разгуляешься), и без денег к тому же.

Пешком тут никто не ходит. Идешь по улице - машины сигналят, останавливаются, предлагают ride (подвезти). А садиться в машины не рекомендуют ни муж, ни учитель из бесплатной школы, куда я ходила месяц. Туда утром меня муж перед своей работой подвозил, а обратно я шла пешком по жаре полчаса (на машине пять минут). In the neighborhood (по соседству) у них тут считается. Вот какая жажда к знаниям! Я себя прямо Ломоносовым чувствовала, когда гордо отвергала райды (rides) и брела по жаре домой!

Сейчас в школе каникулы, поэтому сижу дома, пишу письма маме, за четыре месяца не слышала русской речи, но вроде бы обещали познакомить с какими-то русскими. Общаться с американцами на дружеской ноге не могу, так как не знаю их жизни: их шуток, анекдотов, их тем для смеха. А могу лишь изъясняться. Намотайте себе на ус те, кто считает, что знает английский: у меня английская школа, университет и пять лет активной практики преподавания. И я могу только лишь изъясняться! Пишу и читаю очень хорошо, а вот с живым непринужденным разговором явно напряженка. Муж меня поправлять не хочет, ему лень, говорит: «Я и так тебя понимаю». У меня всю жизнь был британский вариант языка - есть разница в значениях слов, произношении.

На днях мы были в ресторане вчетвером: мы с мужем и его знакомый с his girlfriend (его подругой). Так эта girlfriend меня утомила. Она так быстро тараторила какие-то анекдоты, рассказывала о жизни, потом с моим мужем у них оказалась куча знакомых в каком-то штате, в какой-то средней школе (high-school). В общем, я сидела полным идиотом (complete fool) и слушала ее приятное щебетание с моим мужем. Если учесть, что я ревнивый Скорпион (что ненавижу в себе всей душой, но ничего поделать не могу), а американка была на десяточек лет помоложе меня, то вы себе можете представить всю гамму моих ощущений! То есть полное неуважение к престарелым иностранкам со стороны этой girlfriend.

И вот сижу я сейчас ночью и пишу этот дневник, и мне грустно-грустно на душе. Сколько ждать своего узаконивания здесь, работы и машины? Машины здесь дорогие. Свекровь недавно купила девятилетний «Форд», хороший, правда; как новенький, дороги-то у них отличные - четыре тысячи. Но так как у нее налички было только две, то пока она выплатит остальные две, с процентами получится пять тысяч. А у меня в стране пропали в банке две тысячи баксов (bucks). Это очень популярное слово здесь для доллара, впрочем, как и в России. Кризис, конечно, у всех пропали. Но ведь все-то у себя дома, при работах, а я! Мама волнуется, когда-то она меня увидит. А я вот тут сижу без дела. Хоть бы какую подругу русскую найти - потрепаться по телефону, поплакаться в жилетку иногда! Но нет пока ни подруги, но той заветной жилетки. И вот сижу я и беседую сама с собой.

Вот такие не очень-то веселые записки веселой учительницы английского языка...

Август, 1995 г.

2

Сейчас я тут уже семь месяцев. Воды после моей первой главы утекло немало, и у меня все изменилось. Хотя документы еще в процессе оформления, но, как выражался наш бывший президент, процесс пошел! Мы с мужем переехали из неудобного «общежития» с иранцем в более престижный район и живем теперь в apartment, что буквально соответствует русскому слову квартира, но реально понятия мало совпадают. Наш apartment двухэтажный, с двумя входами с противоположных сторон и примыкающим гаражом на две машины. Один вход из гаража, а второй в сторону бассейна, куда можно прямо-таки бросаться (или в джакузи), если есть настроение куда-никуда броситься.

Муж оказался на все руки, handy, по-английски, дословно, рукастый. А ведь вырос без отца. Все что-то мастерит, какие-то крючки ввинчивает, что-то в гараже делает. Не муж, а клад какой-то. Сроду таких мужей не видала. Только мой отец (он умер, когда мне было девять месяцев, был такой, по рассказам мамы). Ни по каким друзьям его не тянет, как это раньше бывало с его предшественниками. Не пугайтесь, их было не семь, ведь я не Элизабет Тейлор. Два: и всенеудачные.

Я опять стала ходить в школу, все в ту же. Школьные власти (school authorities) помогли мне здесь с оценкой моего инъязовского диплома. Теперь у меня есть его американский заменитель, где написано: что я бакалавр искусств, филолог и переводчик. В русском - преподаватель английского. Но, видимо, тут они не могут назвать русского человека преподавателем английского, в англоязычной стране. Еще одна приятная перемена. Я как-то съездила в русскую церковь и познакомилась там с миловидной американкой Лизой двадцати восьми лет, чья специальность после окончания университета в Калифорнии, русский язык. Я стала давать ей уроки русского. Теперь она говорит очень бойко. Она для меня словно маленький островок России, поэтому не могу не посвятить ей несколько строк. Лиза десять месяцев училась в Москве, очень любит свою специальность и все, что с нею связано, то есть Россию, русских людей и даже русскую еду. Мой муж, например, ест только пельмени из русской кухни, да и то почему-то с красным соусом, да плов изредка. Всякие борщи, щи, винегреты - не заставишь. Он обычно попробует и со словами «Ой, как вкусно!» оставляет все доедать мне. Сама русская - сама, мол, и ешь. Как и все американцы, он обожает hot-dogs, всякие стэйки с гамбургерами и разнообразные, отвратительные на мой вкус cornflakes, сладкие хлопья (кукурузные и всякие).

Вернемся же к Лизе. Она - замечательный, добрый, открытый и умный человек. С семнадцати лет за рулем, как и все они тут. Самое удивительное это то, что она буквально бредит Россией, мечтает замуж выйти за русского. Однажды мы с ней съездили в West Hollywood (в России его называют почему-то Голливудом, но я предпочитаю не искажать произношение насколько это возможно).

West Hollywood, Западный Голливуд, что в пригороде Лос-Анджелеса или Голливуда, как хотите. Там живет много евреев из России, их язык - русский. Один владелец магазина хозяйственной утвари спросил у Лизы: «Ну что же там такого интересного в России?» Лиза ответила, неожиданно заикаясь от прямого вопроса и волнения: «Ну, здесь как-то скучно, а там приключения». На что он, бывший одессит, ответил: «Мы так навеселились там, что больше не хочется». И еще он в беседе с нами сказал, что это правильно, что мне не давали гражданства в моей прибалтийской столице (а также и десяткам тысяч других русских), хотя я и родилась там, и жила всю жизнь. И тогда меня посетило сомнение: а стоит ли с ним вообще говорить о России? Пусть себе живет дальше со своим хилым бизнесом в не очень чистом районе в своей вновь приобретенной родине. Я считала и буду считать, что человек автоматически гражданин той страны, где он родился (а то какой же еще?). Слава Богу, что так кстати считает и большинство цивилизованного человечества.

Ох, что это я в политику вдруг залезла, ведь не хотела же. Итак, Вест-Холливуд заслужил, чтобы о нем рассказать, особенно русским, не бывавшим в Калифорнии. У них явно понятие Холливуд связано с блеском, роскошью и богатством. В реальности здесь, в районе Западный Холливуд, живет, как я уже сказала, много евреев из России. Живут они своим маленьким мирком. Магазины полны русской едой, русскими книгами. Маленькая пятикопеечная книжонка советского времени стоит доллар, а то и больше. Там звучит русская музыка, что довольно странно здесь в Америке. Каждый делает свой маленький бизнес как может. Аудио и видеокассеты очень некачественные. Мне было жалко Лизиных денег, когда она купила видеокассеты с фильмом «Ирония судьбы...» Я спросила продавщицу, почему кассеты такие короткие по времени. Я сказала, что я из Прибалтики, и у нас там обычно трехчасовые кассеты. На это она мне гордо парировала: «А я из Лос-Анджелеса, и у нас тут то-то и то-то». И меня заинтересовало, сколько же надо прожить в ЛА, чтобы так хвалиться этим, продавая отвратительный товар. Оказалось, три года. И на английском, по ее же оценке, она говорит плоховато... А вот поди ж ты "Я - из Лос-Анджелеса". Еще Лиза купила аудиокассету Наташи Королевой, и, когда, приехав, мы эту кассету прослушали, мне стало стыдно за русских из ЛА, т.к. кассета была всего сорок минут две стороны, а стоила шесть с половиной долларов. Rip off, сказали бы американцы, обдираловка.

И еще пару слов о понятии «Голливуд». Дабы не вводили себя в заблуждение те, кто считает, что это центр кинопромышленности. Так было в двадцатых годах. Теперь вышеупомянутый центр находится совсем в другом пригороде ЛА, Бурбанк, Burbank, и называется в дословном переводе «Универсальные студии» (Universal Studios). А-то тут читаю недавно в местной газете на русском языке, выпускаемой в Вест Холливуде (Западном Голливуде): «Мой друг владеет замечательным рестораном «Санкт-Петербург» в центре Голливуда». Так вот, в этом ресторане я имела несчастье один раз отобедать со своей свекровью. Он уступает по всем пунктам любой американской закусочной (обслуживание, гигиена, интерьер). А громко звучащее «центр Голливуда» не что иное, как центр русского

Вест Холливуда. Мы отведали там русской еды в гордом одиночестве и ушли. Пусть простят меня местные русские, но только они его и посещают. Так что не надо нас дурить, как говаривал мой дядя, женившийся на украинке.

Подруги, звонящие сюда из моей прибалтийской столицы, как сговорившись, спрашивают: «Нет ностальгии?», на что я им прямо отвечаю: «Нет!» Они имеют в виду полное погружение в англоязычную среду. Английский язык я люблю с детства и до сих пор им восхищаюсь. Переизбытка от общения не чувствую, так как часто пишу маме длинные русские письма. Общаюсь с Лизой по-русски и еще с одной знакомой, которая недавно сюда приехала.

От общения с мужем или в школе устать трудно, так как оно лимитировано. В школе я нахожусь четыре часа в день, из которых активной работы, хорошо, если два. Остальное время балагурю с учителем, делюсь новостями, задаю вопросы, пишу письма. Уровень группы для меня низковат, но занятий не бросаю, так как преследую тайную цель здесь работать. Иногда мы с мужем ходим куда-то ужинать. Американские рестораны и бары очень сильно отличаются от русских. Во многих не танцуют (в тех, куда он меня водит). Хотя раз были там, где танцевали. Одна японского вида пара зрелого возраста так красиво танцевала, что у меня не возникло никакого желания с ними соревноваться. Главное отличие не в интерьере или кухне, а в людях - они почти не пьют алкоголя. То есть, пьют, но мало, и в основном пиво. Хотя всякими водками и «вискими» завалены магазины и бары.

Кстати, о моей школе. Школа бесплатная, для взрослых. Хожу я туда, чтобы не сидеть дома и вдруг узнать что-то полезное. А полезного много, так как все здесь по-другому. То, что я раньше знала из учебников и из практики преподавания английского, оказалось лишь надводной частью того айсберга информации об англоязычной (тут - американской, калифорнийской) культуре, в которой оказываешься здесь. Учитель-иранец, но не тот, с которым муж делил дом. Этот выгодно отличается от того наличием хорошего образования. Живет здесь уже двадцать пять лет. Ему сорок восемь.

Среднего роста, лысый, белозубый, жизнерадостный и в хорошей спортивной форме (два раза в неделю едет в зал с тренажерами, gym). В совершенстве знает английский и испанский. В классе много народу - человек двадцать или больше. В основном это латиноамериканцы (тут это мексиканцы в подавляющем большинстве), один древний китаец (восемьдесят три года) и я. Учитель когда-то в университете изучал немного русский. Он изъявил желание пополнить свои познания нецензурными русскими выражениями, дабы удивить своего русского друга из Чикаго. Я добросовестно написала ему наиболее употребительные слова и выражения, ровно одну страницу. Он пришел в жуткий восторг, особенно, когда он своего друга из Чикаго (иммигранта из Латвии) назвал по телефону трехбуквенным словом, наиболее полюбившемся ему. Тот чуть не умер со смеху, спросив: «Откуда такие познания?» Мой учитель ответил, что у него в классе есть русская учительница.

Между учебой, которая проходит по рабочим дням, примерно с девяти до часу, устраиваются вечеринки (parties). Русский перевод не вполне соответствует значению слова, так как эти parties тут устраивают в любое время суток. У нас в школе они, конечно, проходят в учебное утреннее время. Весь класс приносит кто что поесть. Поесть любят все народы мира. Я, конечно, как водится, всегда пытаюсь правду-матку высказать по всем вопросам. Ну да ведь от Прибалтики очень далеко до Латинской Америки, так что и правды у нас разные. И разделяет нас не только расстояние, но и культура, обычаи, буквально все. Поэтому они обычно удивляются моим смелым суждениям. Впрочем, все очень доброжелательные. Одна никарагуанка, правда, вредная попалась: «У вас такой русский акцент, и вы так быстро говорите!..» (Впоследствии я научилась отвечать на такие выпады: «Я русская и акцент у меня русский, вы мексиканцы, и акцент у вас испанский.) Мать моего мужа, например, из Перу, и говорит по-английски с испанским акцентом. Она живет в Калифорнии тридцать пять лет, и что-то там корректирует на работе испано-английское. Когда муж меня представил ей в первый раз, я спросила, замечает ли он, что у матери акцент. Он сказал: «Нет, я привык». А бабушка его почти не говорит по-английски.

Ей восемьдесят четыре года. Они едва объясняются, но очень любят друг друга. Мне было очень приятно, когда она сказала мне через переводчика (дочку), что еще никогда не видела своего внука таким счастливым. А свекровь говорит, что мы с ее матерью во многом схожи. Значит, получается, что она мне симпатизирует. Дело в том, что тут все живут отдельно друг от друга и занимаются своими проблемами, не вмешиваясь в дела родственников. Поэтому, когда встречаются по праздникам, как бы все всех любят.

Недавно темнокожий директор школы попросил меня написать небольшую статью в школьную газету о своей стране, о себе, о русских. И я написала, после чего все школьные власти стали звать меня по имени. Кстати, испанцы произносят мое имя «Соя», т. к. в испанском языке нет звука «з». Это мне напоминает соевый боб. Я тут у них единственная русская. В письме, прикрепленном к моей переснятой статье, директор написал: «Мы счастливы (we are lucky) оттого, что у нас есть такая студентка. Вы - замечательная, и мы желаем вам всего самого наилучшего!» Статья вышла на печатную страницу. Обо всем понемногу: о себе, о Прибалтике, откуда я родом и которая оказалась мачехой, о русских. Ведь американцы здесь, в Калифорнии о русских, ничего не знают. Я пока не знаю, как там в других штатах с этим дело обстоит. Но для справки: Калифорния самый густонаселенный штат в Америке. Населения тут около двадцати восьми миллионов. (В штате Нью-Йорк восемнадцать миллионов.) В летней школе, при колледже, где я училась две недели, когда сюда приехала, учитель, пятидесятилетний американец, как-то раз завел беседу о разных национальных чертах. В нашей группе было шесть человек, и он выразил свое мнение об их нациях. Там был итальянец, испанка из Мадрида, японка, немец из Австрии и т.д. Когда я его спросила, почему он умалчивает о русских, он ответил: «Вы полная противоположность нашим стандартным представлениям о русских. И вы, кстати, первый русский человек, которого я встречаю в своей жизни». Так что стандарт, навеянный «холодной войной», до сих пор глубоко сидит в американцах. Может быть, те немногие, что посещают Россию по делам бизнеса, и знают больше о ней. И я иногда думаю, как хорошо, что хотя бы немногим из них я могу рассказать о России нечто отличное от стандарта: «ракеты, водка, балалайка, спутник»...

Декабрь, 1995 г.

3

Да, время летит очень быстро. Я знаю, звучит банально, но факт. Через месяц будет ровно год моей американской жизни, а через два месяца годовщина нашей свадьбы с Майком. Надоело мне, безмашинной, вечно от него зависеть. И я начала «автобусную жизнь».

Что касается общественного транспорта, то в Калифорнии с этим делом туговато. Здесь есть так называемый Метролинк, который муж нелюбезно окрестил Метростинк (можно подумать, он когда-то им пользовался). Кто знает английский, поймет непривлекательность термина. Это что-то типа электрички. Это дорогое удовольствие, что-то около восьми - десяти долларов одна поездка туда-обратно. Да и ходит этот Метролинк только по определенным маршрутам, далеко не охватывая все районы. Второй, и последний, вид «паблик транспортэйшн» - это автобус. Народу там обычно мало (в тех маршрутах, что езжу я). Музыка на всю катушку, так же как и кондиционер. Бывает даже холодно. Стоять в автобусах не только не принято, но и не разрешается. Да и некому стоять-то. Поэтому сидишь себе и занимаешься своими делами. Например, я в автобусах всегда читаю или пишу письмо маме.

За несколько месяцев я так навострилась ездить автобусами, что мне теперь сам черт не брат. Расписание-книга в мягкой обложке с картой автобусных маршрутов посередине стало необходимым атрибутом моего небольшого портфеля. Второй экземпляр расписания в спальне, в изголовье постели, по соседству с Ильфом и Петровым, для поднятия настроения, и Агатой Кристи, как снотворного. Расписание в спальне мне нужно для того, чтобы, проснувшись поутру, быстро сориентироваться: куда и во сколько.

Автобусы не балуют пассажиров короткими интервалами между прибытиями. Обычный интервал - один час. Бывает и полчаса, ну тогда я думаю, что они прямо-таки зачастили. Например, в свою школу я еду с одной пересадкой. Чтобы пересесть в другой автобус, надо перебежать оживленную улицу к другой остановке. Бывает, стоишь, ждешь зеленого сигнала светофора, и видишь, как на твоих глазах вожделенный автобус, нахально вильнув хвостом, спокойно отошел от остановки. Хочешь, возвращайся домой. Хочешь, сиди и жди следующего. Два выбора, как говорят американцы. Обычно я склоняюсь к последнему. Сижу на остановке, опять пишу, читаю. Или можно сходить в магазин, убить время.

Первое время я садилась недалеко от водителя и вела с ним светскую беседу о моем маршруте. Теперь же я вхожу в автобус, хайкаю (говорю «привет», «хай»), говорю «трансфер» (пересадочный талон), сыплю мелочь в автомат или даю ему в зубы (автомату) доллар и получаю свой трансфер.

Если я еду без пересадки, то называю свой маршрут и плачу на десять центов меньше. Сдачи водитель не дает, у них не принято, как в Грузии в советские времена.

В последнее время я пыталась встречаться с разными советниками по проблемам студентов в разных университетах. В основном, на предмет, волнующий меня сейчас больше всего: как получить соответствующую квалификацию, чтобы преподавать русский. Даже сдала один экзамен, который нужен для получения прав на преподавание. Он состоял из трех частей: понимание текстов, математика, и два сочинения.

Продолжительность экзамена четыре часа, за которые я успела написать только две первые части. Третью, сочинения, пришлось сдавать отдельно. В одном сочинении что-то попалось про взгляды американцев на политику (какие взгляды, если я тут всего год), но я привела в пример взгляды мужа, а в заключении незаметно польстила американцам вместе с их взглядами. Второе сочинение было про личные переживания. Ну это вообще любимый конек, как, наверно, и у любой женщины. Жаль было места мало - ограниченный объем. Так что сдала и сочинения. Если, например, не сдал, ходи хоть десять раз сдавай, знай себе плати сорок долларов каждый раз.

Народу было на экзаменах оба раза около тысячи. И все это в одном огромном зале. Правда, организовано все очень хорошо, без сутолоки. Та школа, в которую я ходила, хотела взять меня на работу, преподавать английский как второй язык. Но не смогла пойти против закона. Ведь на моих бумагах написано «недействительно для трудоустройства». Черным по белому. Так моя эпопея с поисками работы пока и закончилась. Правда, я все время размещаю объявления, где только можно, о том, что я страшно выгодный частный учитель русского, прямо находка. Но что-то пока не видно охотников до русского. Хотя один нашелся. С ним особая история.

Пошли мы как-то с мужем в ресторан, не танцующий, а только пьющий пиво и жующий. Сели в баре и разговорились с соседом за стойкой. Было это через пару месяцев после моего приезда в ЛА. Этот сосед сообщил, что он переписывается с русской. Мы с ним разболтались, и он попросил меня написать пару теплых слов о том, как он выглядит, его корреспондентке в Россию. Ну я чирканула - жалко, что ли, для хорошего человека. Потом, оказывается, он звонил нам домой и просил что-то перевести на русский язык. Мой муж, видно, был не в настроении и что-то ему загнул насчет стоимости перевода. Тот обиделся на суровое обхождение и больше не звонил. И вот уже совсем недавно, пару месяцев назад, его знакомый сорвал для него объявление в супермаркете с моим номером телефона. Оказалось, что мы уже с ним знакомы. Он уже за это время успел съездить в Россию к своей корреспондентке, в Сибирь, в один промышленный город. Там он быстренько ее полюбил (с первой женой у него был горький опыт - та была ему неверна), затем вернулся к себе домой в Калифорнию и решил поизучать русский язык, пока ждет свою невесту. Взял несколько уроков у меня. Она приехала, ему стало не до учебы. А жаль! Студент был хороший, особенно потому, что единственный.

Как-то раз мы с ним и его двумя дочками съездили в Вест Холливуд, в русский район. Он был страшно удивлен, что многие продавцы в магазинах по-английски вовсе не говорят. Удивляйся или нет, а им и без английского хорошо. Купил он русские аудиокассеты для своей невесты, покормил дочек пельменями и борщом в ресторане с приятным владельцем (плюс, менеджером и официантом в одном лице) кавказской национальности. Я с удовольствием съела просто картошку с просто селедкой и послушала Пугачеву. Хорошо! А-то авокадо, креветки, да туна всякая, а по-нашему - «тунец». С этим тунцом они тут, конечно, достали. Они - это в частности мой муж. Жить на берегу океана и есть (и наслаждаться!) тунца из банки. Они, конечно, любят разнообразить тунца, приправив его сельдереем с майонезом (удовольствие ниже среднего), или добавив его в салат из овощей. Вот тебе и океан. Да у нас в Балтийском море от рыбы некуда было деться! Правда, акула тут очень вкусная. Я читала, не припомню у кого, что акула, дескать, несъедобная. Не верьте. Очень даже съедобная. Рекомендую попробовать, если представится возможность. Так вот, много ли русскому человеку надо для счастья? Селедка, картошка и русская музыка. А потом мы зашли в «Книжную лавку», где владелец Игорь. Я говорю: «Почему журнал «Огонек» такой дорогой, три бакса?» - и пожаловалась на безработицу. И тогда Игорь сказал: «Я никогда этого не делал, но для Вас сделаю». И подарил мне с дюжину календариков с иконами и сувенирами, а также замечательную книжицу «Русские застольные песни». Попеть я люблю, особенно «Окрасился месяц багрянцем». Ай да Игорь, ай да молодец! Мне как раз все это нужно было для международного дня в моей школе.

Полтора месяца назад в школе было «собрание вождей», как бы местком. Я там представляла свой класс. Объявили, что через месяц будем отмечать международный день, стали тянуть билетики с названиями стран. Мне попалась Бразилия, а кому-то Россия. Мы обменялись. Итак, мой класс должен был показать Россию - культуру, костюм, танцы, национальную кухню, и т.д. В моей неспокойной голове стали рождаться идеи за идеями. Из одной мексиканки, у которой волосы были темно-русые, длинные и густые, я решила сделать русскую красавицу с косой, в сарафане и в кокошнике. Она, кстати, была очень миловидная. Из другой мексиканки, черноволосой, я решила сделать узбечку. Ну, отделились, ну распались, так что ж теперь, костюм виноват, что ли? Я с любовью расшивала бисером тюбетейку для нее и вспоминала дружбу народов. Для себя я придумала костюм матрешки в коротком красном сарафане, чтобы сплясать что-нибудь лихое, русское. Тем временем я потихонечку стала собирать детали для всех этих костюмов. Мужчин я решила нарядить «Иванами» в рубахах навыпуск и разноцветных кушаках. Лицом они, конечно, не вышли в Иванов, так как все чернявые мексиканцы, да где же других взять, какие есть. Сшила я длинный русский сарафан, все руками (машинку еще не купили), обшила лентами, бисером. Сделала кокошник для «русской», тюбетейку для «узбечки». Стала собирать материал для плакатов по истории и культуре России. Столько всего насобирала, что получилась цепь больших плакатов длиной метров шесть-семь: в картинках, картах России и Союза, флагах, рисунках, надписях... Перевела с русского двадцать анекдотов, которые учитель оценил как смешные, и поместила их в «Отдел смеха» на моих плакатах. Одолжила русские сувениры (матрешки-ложки) у своих бывших американских студентов, которые посещали Россию, Лизы и Дуэна. Научила свой мексиканский класс петь «Катюшу», аж два куплета. Хорошо получается, черт побери! И хоть они поют «Катуша», но все понятно, тем более что понимать некому, кроме меня. И все так мило звучит, с иностранным акцентом.

Никогда в жизни не пекла сама пирожки, только наблюдала, как это делала мама. Жизнь заставила. Ну, думаю, сейчас я за час-полтора и управлюсь. Куда там! Проторчала на кухне четыре часа. Но все-таки сделала сорок пять пирожков. Половину мужу скормила, а половину отнесла в класс с тайным умыслом: чтобы они попробовали и сделали ко дню презентации такие же. Та мексиканка, Юдит, для которой я сшила русский сарафан, взялась. Она их принесла в назначенный день. Конечно, они у нее бледноватые получились и с начинкой что-то слабовато (картошка, да капуста бледно-непонятная). Но ничего. Они пришлись очень кстати на русском столе в красивых корзиночках. Хотя их почти не ели, видно, боялись, мол, кто ее знает, эту заморскую еду. Винегрета они точно боятся, потому что он красный. Они свеклу тут почти не едят. Пирожки я привезла домой. Муж стал их ломать в поисках мяса. Я сказала ему: "Милый! Не ищи ветра в поле, а мяса в мексиканских пирожках", (ведь у них богатые даже плачут), и подала ему просто мясо, есть вприкуску.

Во время подборки необходимого материала для плакатов из разных энциклопедий запомнилась мне одна картинка. Вернее, это была фотография в одной из американских энциклопедий, изображавшая русское застолье. За столом - небольшая семья из четырех-пяти человек, один мужчина в белой рубашке (коммунист, сразу видно). На столе какие-то закуски и между ними - бутылки, бутылки... вина, еще чего-то. Подпись под картинкой гласила: «Это русское застолье в семье коммунистического лидера. Русская еда не отличается разнообразием. В основном это овощи (корнеплоды)». Я едва удержалась, чтобы громко не расхохотаться (в библиотеке было тихо). Подумала, знали бы вы, энциклопедисты, что у наших коммунистических лидеров было на столах. Вам такого, наверно, и не снилось.

Презентация России прошла нормально. Как только новые люди заходили в класс, мы принимались петь «Катюшу», раз восемь пели. Я бродила по школе в своем матрешкином костюме с красным бантом в косичке (косой ее назвать, значит, сильно польстить), размахивала белым платочком и говорила, в зависимости от того, в какой класс заходила. Например, в «Китай»: «Ах, китайцы, да-да, наши соседи. Очень мило, очень хорошо, молодцы!» Директору и учителям очень понравилась наша русская экспозиция. А когда представитель из районной администрации спросила меня что-то о знаменитых русских яйцах работы Фаберже, я в панике стала шарить по своим плакатам в поиске яиц. Нашла-таки одно ма-а-ленькое на открытке. Ну, думаю, маху дала с яйцами. Дело в том, что в школе учатся мексиканцы, которые не только Фаберже, они не знают где Россия на карте.

Помню, когда мы жили в другом доме, туда приезжали два мексиканца - садовники, стричь газоны-кустики. Как-то один попросил закрыть собак в гараже - он их очень боялся. А собаки-то было безобиднейшие. (Тут в Америке - разновидности собак: девяносто пять процентов смирные, мухи не обидят, а пять процентов, если уж кусают, то сразу насмерть. О последних по ТВ рассказывают.) Одна из тех собак, где мы жили, была такса, которую муж звал неприятным словом за ее коротконогость, а вторая была как медвежонок, хорошенькая и совершенно не страшная. Так тот садовник, что со мной заговорил, очень удивился, узнав, что я русская. Он сказал: «Вы такая белая, я думал, вы американка». Я прыснула со смеху и заметила ему, что темнокожих русских не бывает. Тут вообще много всяких казусов, смеюсь от души сама с собой. Иногда бывает, что то, что смешно мне, не всегда поймет муж. И наоборот. Это нормально. Чувство юмора, оно разное у разных народов. Надо хорошо вжиться в культуру, чтобы понимать все тонкости. Как-то раз одна молодая мексиканка, продавщица в дешевеньком продуктовом магазинчике, спросила нас с мужем: «Вы что, брат с сестрой?» Мы с ним разные, как небо и земля. Мы ей сказали, что мы муж с женой, что он - американец, а я - из России. Оказалось, что она вообще не подозревала о таких словах и понятиях, как «Россия» и «Советский Союз». Меня такое невежество настолько поразило, что я аж было чуть не расстроилась. Но потом я успокоилась, подумав, что есть же и вообще неграмотные люди на Земле.

Вчера у нас был семейный ужин в честь бабушки мужа Литы, которая приехала в гости из Аризоны. Лита по-английски не говорит. Так же, как и муж по-испански. Вот тебе и бабушка с внучком! Надо мне срочно учить испанский. Мне, как лингвисту, стыдно не знать мирового языка, которого полно тут, в Калифорнии.

До следующей встречи и берегите себя (Take care!).

Апрель, 1996 г.

В прошлой главе я обещала поделиться впечатлениями о свадьбе одной русской, которая приехала сюда по вызову ее американского жениха. Она здесь всего три месяца, нас познакомили американцы. Выполняю обещание.

На свадьбу здесь обычно приглашают нескольких подруг невесты. Они даже одеты в одинаковые платья. Но так как невеста только недавно сюда приехала, и подруг у нее еще не было, она пригласила меня одну в качестве подруги невесты. За пару недль до свадьбы был «душ» из подарков. Мы с мужем женились в спешном порядке в Лас-Вегасе, поэтому никаких душей у нас не было. Мы боялись известить его семью и расстроить наш брак. Так что посмотреть на такой душ для невесты мне было любопытно. Я тут уже одиннадцать месяцев, но до сих пор чувствую себя как на экскурсии - все-то мне интересно. Да и скучно жить, когда ничего неинтересно. А надо жить весело - ведь жизнь так коротка!

На невестином душе присутствовала невеста и двадцать пять - тридцать американок разных возрастов - от десяти до восьмидесяти лет. Эдакое бабье царство. Кроме меня и невесты там была еще одна русская, из Москвы. Она все время снимала на видеокамеру все происходящее, поэтому я с ней не пообщалась. Всем присутствующим заранее были разосланы официальные приглашения. Меня привезла туда моя американская подруга Лиза, прилично говорящая по-русски. Она-то мне и скрашивала эти бабские посиделки. Все сидели большим кругом, горой были сложены подарки, и невеста должна была их по очереди разворачивать и хвалить. А все вокруг охали при этом, как мило, как прелестно. Перед открыванием подарков провели конкурс, состоявший из нескольких вопросов о предпочтениях невесты. Я ответила всех точнее и получила приз. Потом началось долгое разворачивание подарков, сопровождаемое одобрительными ахами. Мы с Лизой посидели пару часиков, попили лимонаду и уехали.

Цвета украшений, костюмов, оформления зала и так далее на свадьбе были темно-зеленый, персиковый и белый, конечно. Поэтому платье на мне должно было быть одного из этих цветов. Невестина «мать-в-законе» (таков точный перевод слова "свекровь" с английского mother-in-law) блюла точность всех тонов. Девушка я не самой первой молодости (хотя были и мы рысаками когда-то), поэтому склонялась к персиковому цвету для себя. Мне купили персиковое вечернее платье и такого же цвета туфли на высоченном каблуке. За день до свадьбы позвонили и пригласили на репетицию свадебной церемонии в церковь. Церковь - мормонская, т.к. свекровь ее посещает, хотя ничего такого, что я когда-то читала о мормонах, я там не увидела. Сама свекровь - симпатичная американка шестидесяти четырех лет, выглядит моложе. Муж и два сына, один из которых и женился теперь на русской. В церковь меня попросили надеть что-то поскромнее, не джинсы и не мини-юбку. Поэтому я достала единственную в моем гардеробе длинную, за колено, юбку и являла собой достойный вид. Мы вместе с пастором, симпатичным высоким американцем в темном костюме и белой рубашке, а также и остальными участниками торжественной церемонии отрепетировали всю процедуру венчания. Особенно милым был маленький белокурый мальчишка лет шести, который должен был подать кольца на кружевной подушечке. Он эту несчастную подушку затрепал, я думала, что ей не дожить до свадьбы.

Первыми на сцене появлялись пастор, жених и лучший мужчина (дословный перевод с английского, это такая должность во время свадьбы). Бестмен был братом жениха и во время торжественной церемонии должен был меня сопровождать (единственную подругу невесты). Он входил первым в зал, за ним, одна-одинешенька, под взорами многочисленных гостей, под звуки торжественной музыки должна была прошествовать к сцене я, подняться по ступенькам и занять свое место рядом с лучшим мужчиной. За мной входила в зал и поднималась на сцену невеста.

В день свадьбы, собираясь, я что-то вся извелась, нервничала. Будто замуж выдавали меня. Богатое воображение рисовало в моей голове всякие дурацкие картины. То я спотыкаюсь на своих высоких каблуках и падаю в своем персиковом бархатном платье очень некартинно перед американской публикой, то еще что-нибудь случается из рук вон нехорошее. Состояние мое походило на то, что было у меня однажды в жизни, когда я пела с микрофоном со сцены клуба, состояние жуткой нервозности, когда ты готов провалиться сквозь землю, чтобы лишь только этого не переживать в данный момент. И еще так же сильно я нервничала, когда шла на первый в своей жизни урок для взрослых студентов. Кстати, тогда, придя домой с хорошо проведенного урока, я обнаружила, что у меня на джинсах разошлась молния. Когда это произошло, перед студентами, или по дороге домой, так и осталось исторической тайной. Дома я долго и нервно смеялась. Ну а в описываемый день свадьбы, мучимая всевозможными страхами, я наводила красоту. Ногти у меня не красились. Из окна было видно, как муж в бассейне весело болтает с молодой дородной девицей. Все, буквально все меня раздражало и было не так. Все-таки я собралась, причем намного раньше срока.

Муж меня привез в церковь и уехал, чтобы появиться попозже. Я ходила тигрицей по почти пустой церкви. Она и на церковь-то не похожа, так себе, клуб какой-то. Это, кстати, очень характерно для американских церквей. Наконец привезли невесту, и мы пошли с ней переодеваться. За ней бросилась толпа каких-то нянек-мамок помогать ей одеваться. Юбок на ней было немалое количество, и каждую надо было аккуратно расправить, чтобы «костюмчик сидел». Нарядив, ее повели фотографировать во всяких позах. Там было двое профессиональных фотографов - мужчина и женщина. Фотографирование продолжалось в течение двух часов до церемонии. Это было долго и нудно. Вариациям не было числа. Фотографировали всех по отдельности, по парам, с мальчиком, без мальчика, с девочкой, без девочки, невесту на траве, невесту без травы, и т.д. и т.п. Казалось, это никогда не кончится. Мне хотелось снять свои персиковые туфли, забросить их куда подальше и ходить босиком. Я не представляла, как выдержу еще три часа. А невеста безоблачно улыбалась, как, собственно, ей и полагалось, будто ей все это до лампочки и даже нравится. Оказывается, она перед этим выпила успокоительную таблетку и ей действительно, видно, все, было до лампочки. А я вот, серая, не догадалась.

И вот, наконец, нас повели к заветной двери в зал. Настал мой черед выходить. Зазвучала музыка, открылись двери, и я медленно поплыла. Ничего, оказалось не смертельно. Поднялась на сцену и встала на положенное место. За мной пошла невеста. Медленно и с достоинством, в белом облаке своих воздушных юбок. А на репетиции, помню, она все галопом норовила. Встали мы все на сцене, и пастор начал свою недлинную речь. Минут через пять я совсем освоилась на сцене, и осторожно, не бегая глазами, стала осматривать зал. Нашла Лизу с ее русским ухажером. Нашла собственного мужа где-то в последних рядах, и потом стала рассматривать всех подряд гостей. Церемония прошла быстро, «не церемонясь». Лучший мужчина помог мне сойти по ступеням сцены, и мы медленно, под звуки органа, пошли в зал для приема. За нами потянулись все остальные, стоявшие на сцене, потом родители мужа. Пройдя в соседний зал, мы опять все выстроились в ряд. И к нам, в порядке живой и очень длинной очереди, стали подходить все приглашенные, чтобы засвидетельствовать свое почтение и поздравить новобрачных. Их было человек двести, и казалось, что очереди не будет конца. Когда очередь доходила до нас с бестменом, он без устали представлял меня всем их родственникам и знакомым: Хай! Бай! Рады познакомиться! Мой муж прихватил фотоаппарат, и мы решили воспользоваться случаем, пока мы приодетые, пофотографироваться. Ведь наши с ним фотографии из Лас-Вегаса, мягко говоря, оставляют желать лучшего. Мы там мало спали, бродили всю ночь по казино, и получились наутро на нашей собственной свадебной церемонии с маленькими и сонными глазками. А ведь глаза, это наша с ним основная гордость, так как мы не очень фотогеничны. Я эти фотографии и не показывала никому. Так, держу для себя.

Вернемся же к описываемым событиям. Музыка на свадьбе была хорошая, с профессиональным диск-жокеем, который лихо танцевал и прыгал. И весь зал, глядя на него. Особенно активными были латиноамериканки, подруги бестмена. Они были маленькие, смуглые, миловидные и очень подвижные. Я невольно взирала на них с высоты своих каблуков. Пить и есть, однако, было нечего. Видно, мормоны не хотят превращать еду в культ, даже если это свадьба сына. Правда, муж сказал, что были какие-то закуски, но почему-то быстро кончились. Были пепси-кола и лимонад и тоже быстро иссякли. Вода со льдом, правда, не кончилась и пили ее исправно. Воду здесь из крана не пьют, а специально покупают. Я хоть и едок хороший и на отсутствие аппетита никогда не жаловалась, но в ответственные моменты мне есть не хочется. Так что меня мало трогало отсутствие угощений. На одной фотографии невеста с огромными (от голода, может) глазами, жадно поедает поданную ей кем-то клубнику.

Поприсутствовав приличествующее случаю и моей обязанности подружки время, мы с мужем уехали домой, и быстро переодевшись, поехали оторваться в бар караоке. Ведь самым смешным было то, что свадьба была в день святого Патрика, это какой-то народно-исторический, с, ирландскими корнями, праздник, когда положено напиваться. Он бывает в середине марта, в воскресенье. Муж по этому поводу очень потешался, и мы потом много раз пересказывали всем друзьям, как это было смешно, в день Св. Патрика оказаться на трезвой мормонской свадьбе. Караоке - это самодеятельное пение в каком-то баре, пришедшее из японской культуры. Посетитель выбирает по каталогу песню, которую хочет исполнить. Включается музыкальное сопровождение, на экране ТВ показываются слова, и ты поешь в микрофон. Ты доволен, публика в восторге. Тот барчик караоке, куда мы иногда заглядываем, нам нравится по нескольким причинам. Мужу - потому что там нет мексиканцев. Он не может смириться с тем, что платит огромные налоги, а мексиканцы, десятками тысяч, работают нелегально. Они бегут сюда толпами, ведь Калифорния находится на границе с Мексикой. Еще в этом баре можно поболтать с народом и поиграть в биллиард. Мне там нравится, потому что я там могу общаться со всеми, с кем мне только угодно. Там меня уже знают как его жену и единственную русскую, ведь многие русских здесь, в южной Калифорнии, не видели вообще. Американцы очень приветливы и дружелюбны и с удовольствием общаются. Там никто не танцует, а только поют, но я быстренько решила исправить эту оплошность. Теперь, потихоньку, в наше присутствие, люди начинают расстанцовываться. Уж очень мне нравится, что муж что-то там поет тоненьким голосочком. У него голос-то нормальный, а как петь, так тоненький. Поэтому в такие моменты как-то хочется его морально поддержать. Я подхожу и начинаю пританцовывать в ритм песне. Оказывается, что и все не прочь потанцевать, а вот чего-то кокетничают сначала. «Ударим же русским танцем по американской неподвижности» - так наверно бы сказали в этот момент Ильф и Петров. Американцам тоже нравится со мной общаться, они находят меня экзотической. То же самое мне и муж сказал в начале нашего знакомства. И я тогда подумала, не сотрется ли экзотика брачными отношениями. Пока не стерлась. Русские говорят: «Тьфу, чтоб не сглазить!» - и плюют через левое плечо, а американцы в этих случаях скрещивают указательный и третий пальцы на одной руке. Так что в баре караоке я вдоволь практикую свои разговорные навыки с разным народом.

Хочу сказать несколько слов об американском чувстве юмора. Оно конечно не такое, как у нас, и не может быть таким. Для этого надо жить в русских условиях. А они живут в американских и очень даже отлично смеются над своими недостатками и над тем, над чем стоит посмеяться. Сначала, помню, я, как натура горячая, даже попрекала мужа, что он не понимает моих анекдотов. Даже чуть не рассорились один раз. Потом я сказала себе, что ведь это глупо. Мы ведь с ним из совершенно разных культур. И я перестала его пытать своими анекдотами. А вот посторонних людей можно, потому что это не грозит семейному покою. Конечно, не все анекдоты поддаются переводу. Например, ну как перевести такой, анекдот: «Мальчик-подросток на улице: «Дядь, а дядь, дай закурить! - А волшебное слово? - А в глаз?» Ведь тут и сигарет-то не стреляют. Там, где я живу, по крайней мере. Но в том, что у американцев присутствует отличное чувство юмора, могу ручаться своей русской головой. А тем, кто его не понимает, простой совет - вместо того чтобы зубоскалить, лучше пусть поучат английский.

Муж-трудяга второй день занимается своим бассейновым бизнесом. Мой студент не клюет. Я вешаю объявления о русском тьюторстве (tutoring, частном преподавании). Последний мой студент пропал 2 недели назад. Если работать вдвоем, то жить можно довольно-таки прилично. Для меня уровень приличия сейчас - это позволить себе побольше путешествовать по Америке. Я ведь невыездная еще месяцев десять. Может, иммиграционная служба, известившая меня об этом, хотела меня огорчить? Но ей это не удалось. Куда мне отсюда ехать и зачем? В мачеху-прибалтийскую столицу, или в Россию, где я никогда не жила, а только бывала проездом? Тут достаточно мест, где стоит побывать. Я ведь нигде почти не была. Только в Лас-Вегасе и Сан-Диего. Помните «Одноэтажную Америку» Ильфа и Петрова? Так они описывали там именно Сан-Диего в южной Калифорнии. Это красивый город, растянувшийся по побережью Тихого океана, в двух часах от границы с Мексикой.

Еще мне нужны деньги на учебу в университете для получения степени магистра, и на машину. Тогда, кажется, я буду иметь все, что нужно. Хотя, как и всем людям, всегда чего-то не хватает: «зимою лета, осенью весны». Но приятно хотя бы построить программу-минимум на ближайшее будущее.

А пока жаловаться грех, ведь условия, муж, и климат - отличные. От жары спасаюсь в бассейне, где и нахожусь в данный момент со своим блокнотом. Наблюдаю, как молодой человек с маленькой дочкой приучает ее к воде. Это американец, живущий в нашем комплексе. Апартамент-комплекс - это как бы городок, состоящий из двухэтажных, четырех-шестиквартирных домов продолговатой формы. Весь в зеленых газонах, цветах, пальмах и цементных узеньких дорожках. Американец, за которым я лениво наблюдаю, имеет достаточно экзотический вид. По количеству наколок, выполненных профессионально и в цвете на его мускулистом торсе, и «бритой под коленку» головой, он своим внешним видом не уступил бы ни одному крутому русскому криминалу-братку. А здесь - это просто дань моде. Кстати, с криминальным прошлым он не смог бы здесь снимать «апартамент». Я помню, когда мы оформляли бумаги при переезде сюда, как тщательно менеджер комплекса проверяла все данные мужа. Мой муж тоже отдал дань моде в виде наколки. На одном плече у него очень симпатичная Смерть с весами в руках. Он Весы по гороскопу. Как-то я слыхала тут в бассейне досужие разговоры, что американки не любят мужчин с наколками. А мы с мужем не любим таких толстых, от которых исходили эти разговоры. Как будто ей кто-то предлагает моего мужа. Кстати, мужчины тут очень скромные. Купаются и загорают все сплошь калифорнийцы в длинных спортивных шортах, типа старых русских добрых доисторических семейных трусов. Когда я мужу показала на какой-то картинке европейский пляж и мужчин в узеньких плавках, он сказал, что это противный вид, под "противным" явно подразумевая «недостойный мужчины». (Уже намного позже, прожив в стране несколько лет, я поняла, в чем настоящая причина. Мужчины с нормальной сексуальной ориентацией тут очень боятся быть перепутанными с «голубыми», оттуда и скромность в мужской одежде.) Так что в шортах «по колено, это считается очень симпатичный вид. Женщины-американки не такие скромные в одежде, они кто в чем. Например, в купальнике практически «без попы».

Американская женщина вообще очень эмансипированная и независимая. Настолько, что и сама иногда этому не рада, и настолько, что мужчинам трудно найти себе пару. Мой муж мне часто говорит: «Ты такая вся неиспорченная, чистая, наивная», что, по-видимому, выгодно отличает нашу сестру от американок. Муж говорит, что они, с детства донельзя разбалованные своими папашами, и потом неизвестно чего хотят от своих партнеров. Здесь очень много неженатых до тридцати - сорока лет мужчин. В основном, вся молодежь старше семнадцати-восемнадцати лет сразу отделяется от родителей и живет отдельно. Снимают квартиры с друзьями. То есть условия позволяют встречаться с кем хочешь, сколько хочешь, и как хочешь. Проблемы «негде» у них нет (разве что только у подростков). Поэтому нет спешки в этом деле - нежелательных беременностей, ранних браков. Бывают, конечно, исключения, но я сейчас не о них. Один знакомый мужа по боулингу - симпатичный тридцатилетний американец, оказывается, вообще шесть лет не встречался с женщинами. К секс-меньшинствам он тоже явно не принадлежит, так как всегда оказывает мне всяческие знаки внимания. Я вначале думала, что у него «женщин куры не клюют». Мой муж, когда узнал, что у того нет никого шесть лет, так расстроился, что с горя выпил лишнюю кружку пива. Приехав домой с боулинга, он начал мне взволнованно рассказывать, что у того Майка шесть лет не было ни одной женщины. Я, конечно, тоже удивилась и подумала, что в России такое явление вряд ли встретишь. Моя подруга учила десять месяцев русский язык в Москве. Там у нее был русский «бойфренд». Его русская мама как-то сказала Лизе-американке: «Сколько тебе лет? Двадцать шесть? Пора уж, пора замуж-то». Это так в России считается. Здесь совсем другой подход к возрасту женщины. Вот они, плоды эмансипации! Выглядишь хорошо, моложе, и слава Богу. Никто никогда в жизни не ткнет, мол, замуж пора. Тут у всех незамужних бойфренды. Причем, хоть ему под семьдесят, а он все бойфренд называется (дословно «друг-мальчик»).

Что касается меня, то я тут помолодела. Хожу в спорткомплекс два - четыре раза в неделю, как получается. Лиза оплатила за нас двоих сто пятьдесят долларов в год членство. Ходи хоть двадцать четыре часа в сутки. Это очень дешево, мы попали под какие-то скидки. Я хожу на степ-класс три раза в неделю, который ведет тренер француженка Лоранс. Лоранс молодая, симпатичная, «светлая темнокожая», если можно так выразиться. По-английски она говорит с французским акцентом, и мне это очень нравится. Она - «трабахадор», что означает по-испански «трудяга». Я сама трабахадор, когда дело касается того, что мне нравится делать, поэтому мы с ней подружились. Она «пашет» по четырнадцать - восемнадцать часов в неделю. Попрыгай-ка с гантельками под быструю музыку! Работает в нескольких местах за сравнительно небольшую плату - полторы тысячи долларов в месяц. Трое детей. Она мне тут как-то польстила, как бы вылила бальзам на душу. Мы стали проверять по таблице мое сердцебиение, и выяснилось, что она думала, что я на восемь - десять лет моложе. Мелочь, но приятно. Относясь к себе трезво и самокритично, я считаю, что выгляжу моложе, когда у меня нет бессонниц. Когда они меня мучают, я выгляжу на свой возраст. Иногда Лоранс замещают всякие заместители. Меня тут все веселит - и их вид, и их речь. У нее три заместителя: испанка лет под пятьдесят, маленькая и коротконогая, но очень прыгучая. По-английски еле говорит. Второй заместитель тоже маленький, квадратный, но очень выносливый. Тоже по-английски - еле-еле. Третья - крепкосбитая американка. Я с удовольствием послушала ее грамотные английские команды. После разных акцентов приятно услышать перфектное произношение настоящих американцев.

Когда мне не удается попасть на степ-класс, я иду в зал с тренажерами. Всегда спрашивают: «Откуда вы?» Причем американцы находят мой русский акцент «приятным и интересным», тогда как другие народы просто его находят. Выяснив, что я из России, поудивлявшись и поахав, показывают, как пользоваться тренажерами. Я обычно за полчаса поменяю четыре или пять. Русская душа - ленивая. Если над ней не стоит тренер и не подгоняет, как-то лень «пахать». Слегка притомившись, я иду переодеваться.

Хочу закончить эту главу на орнитологической ноте, или «кстати о птичках». Птицы в Калифорнии есть такие же, как и в России, воробьи, голуби и чайки, как в Прибалтике. Но есть тут и крохотные, чуть больше стрекозы, хамминг-птички. Очень милые пташки. Еще есть какие-то серые, типа кукушки, и ярко-синие, типа попугая. Попугаи тут входят в разряд петов - домашних животных. У меня тут есть одна знакомая попугаиха, по-испански «папагайя». Живет она в магазине рядом со школой. Ей двадцать четыре года. Это макау. Огромная красно-сине-желто-зеленая и очень умная. Когда я на нее смотрю, вспоминаю Геннадия Хазанова и его пародию про попугая. Ее словарь насчитывает всего два слова, но зато она их говорит с очень хорошим произношением и интонацией. Это хелло и бай. Приходишь, она тут же тебя приветствует «Хелло!». Уходишь - прощается «Бай!». Когда я с ней разговариваю, она что-то кудахчет в ответ. Я иногда ее называю по-русски «курицей». Тогда, мне кажется, что она начинает жутко возмущаться и не знает куда деть лапы (руки) от волнения. Очень милое создание. Стоит такая две - четыре тысячи, и клетка около тысячи. Дорогое удовольствие. Американцы также держат волнистых попугайчиков и учат их говорить. У одной моей тут русской подруги есть маленький попугайчик. Когда я спросила ее, умеет ли ее попугай говорить, она поведала, что пытается его научить говорить слово «птичка», но тщетно. Я ей говорю, что не всякий тебе американец нашу «птичку» выговорит, а ты попугайчика хочешь научить. Еще по зеленым газонам тут гуляют большие вороны - черные и неприятные. Прыгают с пальмы на пальму. Из окна нашей спальни виднеются горы. Лос-Анджелес находится как бы в чаше, окруженной горами. Поэтому куда ни едешь, всегда горы впереди виднеются. Утром можно слышать, как поют петухи, откуда-то с гор доносится. Они кукарекают очень по-русски. И я всегда при этом думаю одно и то же: «Петух - птица международная».

Май, 1996 г.

5

За несколько месяцев, прошедших после предыдущей главы, в моей американской жизни произошло опять много разных событий, о чем я и собираюсь сейчас рассказать.

Хоть я еще все без машины, а также и без разрешения на работу, но дома у плиты терпеть не могу сидеть. Поэтому занимаюсь всякой полезной, как мне кажется, для себя деятельностью. К сожалению, частенько это мне только кажется, что полезной, в особенности, когда дело касается денег. Ну не идут они мне в руки в Америке! Я ведь уже здесь полтора года. Я, конечно, себя утешаю, что в жизни все должно балансироваться. Ну не бывает так у обыкновенного человека, чтобы и в личной жизни было все идеально, и не было бы финансовых вопросов. Где-то да должно быть похуже, а-то «баланс» не состоится. Опять-таки, если взять с другой стороны (это я все продолжаю себя утешать), разве много идеальных браков среди финансово-обеспеченных (выше среднего уровня) людей? Я все думаю, если бы у нас водилось много денег, то вскоре я бы все быстренько заполучила, о чем только сейчас мечтаю и что происходит постепенно и медленно, и потом что же? Мечтать не о чем? А может, захотела бы блистать где-нибудь, так сказать, рядом с Голливудом (тут тридцать пять минут на машине)? И что же, уже и муж не хорош? Опять проблемы в личной жизни? Нет! Только не это. У меня вся личная жизнь до Америки состояла из проблем. Да и возраст, ведь не двадцать лет. Уже хочется покоя. И потому я принимаю свои временные финансовые недохватки стоически. Говорю себе: «Потерпи, родная, все будет», «дайте только срок, будет вам и белка, будет и свисток», как в книжке из детства.

Почему мне не идут деньги в руки? Живем мы в хороших условиях и вообще хорошо, я это уже описывала в предыдущих главах. Но, как и всякому нормальному человеку, мне хочется иметь свои деньги. Не копейки, которые мне муж дает на карманные расходы, а деньги. Перед тем как поехать в Америку, я работала, правда, немало, но и зарабатывала прилично. Специальность «преподаватель английского», я думаю, популярна везде в России в наше время, а не только в Прибалтике. И тут вдруг я после хороших своих денег оказалась полтора года на карманных копейках. Мужа я не обвиняю, т. к. он старается, работает, чем и обеспечивает наше неплохое житье. Но мне бы хотелось больше помогать маме, слать подарки друзьям и родственникам (я обожаю получать подарки и представляю, сколько радости может доставить подарок из Америки). Хотелось бы покупать одежду и обувь не на распродаже, а в дорогом магазине. Не постоянно. У меня нет графских замашек. Но иногда хочется чего-то подороже.

И вот, чтобы решить свой денежный вопрос, уж чего я только не пыталась начать делать! Но по сей день все мои попытки оказались тщетными. Сначала я пыталась подработать уроками русского американцам - были за все время два студента и все вышли. Больше на объявления никто не откликался, и я бросила эту затею. Потом я пыталась развешивать объявления, что я умираю, как хочу поработать нянькой-сиделкой с детьми или ухаживать за престарелыми. Но никто мне не поверил, и на объявления мои не откликнулся, хотя и полно такой работы. И наконец самое волнующее и стоящее описания начинание - это попытка попробовать свои силы в роли брачного агентства. Я думала, что убью сразу двух зайцев: помогу русским женщинам найти личное счастье в Америке (я же нашла) и заработаю какие-то деньги на этом. Идейку мне эту подкинул один старый американец. Вот пишу старый, а ведь он очень молодился передо мной, рассказывая, какой он богатый. И как я перестану слепо поклоняться своему мужу, как только стану зарабатывать свои деньги. Тут я ему не поверила, а подброшенную идейку взяла на вооружение и стала разрабатывать. Скажу сразу - ни одного из намеченных зайцев я не убила, даже осталась «в пролете» на пару сотен. Пролетела-то не я, я ведь не работаю, а пострадал мой ни в чем не повинный муж. И главное, он ведь меня предупреждал, что ничего у меня не выйдет. Но я уперлась и стояла на своем, указывая ему на наглядные примеры, то есть на те несколько семей, которые мы знаем, где мужья-американцы и русские жены. Он мне сказал, что это исключения. А я говорю: «Нет, ты не понимаешь, стоит только гикнуть-свистнуть, и неженатые американцы побросают все свои дела и сядут писать письма русским невестам». Да, я так думала, я была в этом уверена. Уверенность моя основывалась на знании двух языков, психологии обеих сторон и вечном стремлении людей к счастью. Ну что сказать? То, что муж мой оказался прав на все сто процентов. Письмами от русских женщин и девушек завалены все подобные агентства. Я уж и звонила, и писала, и заказывала каталоги, то есть знаю, что говорю. Жестокая правда такова (почему жестокая? Да потому, что многие тысячи писем остаются без ответа, а ведь люди ждут и надеются): в каталоги этих агентств попадают только молодые (в основном - восемнадцати - двадцати шести лет) и очень привлекательные. Все остальные никуда не попадают. Но не торопитесь, читательницы, завидовать тем, которые попали в каталоги. Ведь каталогов огромное количество. Для того чтобы изучить «рынок», я попросила мужа заказать в двух агентствах каталоги. Пришли два каталога, один из Флориды, другой из Кентукки. Я уж и не знаю, кто это едет в

Кентукки. Но именно там агентство, занимающееся русскими женщинами. Как тут мне одна американка посоветовала написать в агентства Аляски, мол, там много мужчин. Я смеялась. Ну разве русские женщины хотят на Аляску? У них и своя Сибирь есть на это. Так что туда я не стала писать. Продали, так продали, хоть это тут к делу и не относится.

Значит, пришли мне два каталога. Тот, что из Кентукки, содержал пятьсот фотографий русских женщин. Полистав его, я подивилась, где же они столько красавиц понабрали. Ведь люди-то пишут всякие. Там были все молодые и красивые. Во втором каталоге, из Флориды, было две тысячи пятьсот фотографий женщин из разных стран мира. Много было из Латинской Америки (тут рядышком), часть из стран Европы (из Англии даже, зачем англичанкам американцы, непонятно), и примерно двадцать пять процентов русских. Тут уж были знойные красотки в купальниках, которые сидели, стояли, и лежали в разных позах. И все это вот в таком количестве. Да была бы я неженатым американцем и попался бы мне в руки такой каталог, у меня бы глаза как разбежались бы, и больше бы никогда назад и не сбежались. Ну скажите, как можно выбрать из такого количества? Это же надо специальную комиссию на помощь призывать. И все равно, выбрав, будешь думать, что ошибся. Может, это и не так, я не мужчина. А вот друг моего мужа из Сан-Диего, просмотрев этот каталог, сказал: «Я бы хотел ко всем в гости съездить и не иметь никаких обязательств». Ему тридцать лет, не женат, с американками не очень-то клеится, а вот нет серьезности в этом вопросе. Он выбрал из моего «банка» четыре кандидатуры, и я ему дала адреса. Не знаю, написал ли. Мы уже несколько месяцев не были в Сан-Диего. Да, так в этом каталоге из Флориды были и американки. Например, одна Зоя из Нью-Йорка. Я запомнила, потому что тезка. Стоит на фотографии в коротенькой юбчонке, симпатичная такая Зоя, с хорошими ногами. И я подумала: «Ну что ж ты, Зоя, засоряешь своей кандидатурой каталог особо нуждающихся?» Неужели сидя в Америке, нельзя мужа или бойфренда оторвать? Очень даже запросто. Из моего «банка», что я собрала, одно агентство отобрало девять отборных молодых красавиц модельного типа, вот и все, что я заработала. Больше ни слуху, ни духу ни от кого. Ну и, конечно, я отослала фотографии своих знакомых, попросила, чтоб поместили в каталоги. Но быть в каталоге совсем не значит, что тебе кто-нибудь напишет. Ведь многотысячная конкуренция. Вот так я, обладая информацией и сидя здесь, ничем не могу помочь своему «банку данных». Пыталась уговаривать при каждом удобном случае: поговорят-поговорят, да забудут. Все хотят знакомиться прямо сразу и живьем: ведь мужчины в основном не любят писать писем. Так рухнула моя третья затея.

А тут на днях прохожу мимо нашего офиса. Подзывает меня к себе наша менеджер (квартирного комплекса, где мы живем) и говорит: «Зоя, ты, кажется, интересовалась подработкой. Вот объявление». В объявлении требовалась няня десятимесячному ребенку, четыре дня в неделю, по пять - семь часов, за сто долларов. Я подумала, что это почти даром, но деньги-то нужны. Пойду, думаю, «понюхаю пороху». Звоню. Молодая женщина начинает меня пытать по телефону, где я работала раньше и за что меня выгнали. Я говорю, что я учитель из России. А она мне: «Ну, нет, нам надо со специальным опытом». Все. Разговор окончен. Это даром младенцу памперсы менять нужен специальный опыт! Конечно, я не мексиканка, у которой опыт - десять детей. Честно скажу, что я не очень-то плакала, так как должна зарабатывать пятнадцать - двадцать пять долларов в час, а не пять. Потерплю еще без работы. А вот, по-моему, смешная деталь: те русские, четыре-пять человек, что я тут знаю, имеют право на работу, так как приехали по визам невест. Но ни одна не работает, так как не знают языка в достаточной мере. Я знаю язык, но не имею права на работу. Мне, как бодливой корове, бог рогов не дал.

Тем временем, сгорая от желания работать (обычно в прямом смысле, т.к. солнце здесь постоянно), я к началу учебного года стала искать себе подходящую учебу. И чтоб даром, чтоб не платить. Мне, например, хочется подучиться тут в университете, но отсутствие денег мне это сделать не позволяет. Я пыталась запросить финансовую помощь. Но так до сих пор мой страстный призыв учиться они и футболят (мои бумаги). Уже с полгода. Видно, я не подхожу под нуждающуюся категорию. Тогда я взялась за бесплатные школы. Как итог своих поисков, я хожу в компьютерный класс три раза в неделю, хотя хотела бы каждый день и подольше. Но не нашла, т.к. все забито вчерашними выпускниками средних школ или старшеклассниками. У них, как видно, губа не дура, на дармовщинку выучить компьютеры. А т.к. предпочтение отдается им в первую очередь, то я нашла не очень интенсивный класс.

Еще я было ломанулась (как те черепахи из анекдота) учить испанский и... танцевать. На испанский я сходила три раза. Все меня хвалили, но потом я по уважительным причинам пропустила пару раз. Курс был всего десять уроков, и я решила, чего уж там дергаться, и перестала ходить. К тому же мне каждый раз приходилось просить свою мать-в-законе (свекровь) везти меня на урок. Да и испанский был по вечерам, когда муж дома сидит и, как мне кажется, скучает без моей болтовни. Значит, испанский я забросила (пока). Но все равно я его хочу выучить. Надо только взяться. Теперь о танцах.

Тут я должна внести некоторую ясность в то обстоятельство, почему это мне вдруг захотелось танцевать. Потому что я опять хотела убить двух зайцев. На этот раз зайцы были такие: вместо спортзала ходить в танц-класс и, второе, научиться танцевать американский «линейный» танец. Это такой вид танца, когда мужчины и женщины, одетые в ковбойскую атрибутику (джинсы, ковбойские сапоги, ремни с бляхами, шорты, ковбойские шляпы, и т. п.) становятся в одну или две линии и очень красиво синхронно танцуют под быструю кантри музыку. Это настолько зрелищно, что я полюбила этот танец с первого взгляда. Когда устраиваются многолюдные пикники, то обязательно находятся несколько умельцев, которые, встав в линию, начинают лихо перебирать ногами. Это выглядит очень захватывающе и кажется сложным. Но я всегда любила преодолевать трудности. Тут даже есть специальные клубы, куда нарядные люди ходят танцевать такие танцы. Я это видела по ТВ. До сих пор никого не могу туда затащить. Всем некогда. У меня даже уже есть белые ковбойские сапожки из кожи ящерицы. Осталось только выучиться этим танцам.

Тот танцкласс, куда меня занесло, был бесплатный, для сеньоров (seniors, для пожилых). Учителю на вид шестьдесят пять, в прошлом профессиональный танцор, стройный и очень подвижный. Остальным участникам не меньше. Меня только заботило, чтобы меня взяли. Сеньоры оказались очень милыми и приветливыми и приняли меня в свою компанию, как родную. Да вот только танцы мне их не угодили. (Попробуй мне угоди.) Ведь это были не мои вожделенные линейные танцы, а танцы разных народов мира. Были греческие, что совсем неплохо, но я ведь не в Греции собиралась блистать. Были сербско-хорватские, румынских цыган, пара мексиканских и несколько вальсов. Все это замечательно, но не совсем то, что я хотела. Я походила несколько недель и тоже оставила эту затею. Тем более, что все время приходилось просить свекровь меня подвозить. Не люблю я кого-то обязывать. Так что пока я хожу в компьютерный класс, где мы изучаем компьютеры изнутри. Я быстро поняла, что голова у меня совершенно не техническая, но в классе весело, общаюсь с американцами, и авось что-то и останется в голове.

Тут я все о работе да о работе (которой нет), да об учебе (которая не та). Но ведь пора рассказать и об отдыхе. Самое примечательное событие в культурной жизни нашей маленькой семьи было три месяца назад, в августе. Женился друг моего мужа, и мы были приглашены на свадьбу на озеро Тахо. Озеро Тахо - очень живописное голубое озеро в горах, на границе северо-восточной Калифорнии и Невады. (Невада - это тот штат, где находится Лас-Вегас). Летели мы туда самолетом час. Аэропорт находится в городе Рино, откуда до озера везет полупустой автобус. Мы жили в одном из многоэтажных современных отелей, высящихся на берегу озера на территории Невады. В Неваде разрешен игорный бизнес, а в Калифорнии запрещен. Граница между двумя штатами никак не отмечена. Вот ты одной ногой в Неваде, где можно играть в казино хоть до посинения, переходишь на другую сторону улицы, и ты уже в Калифорнии - играть нельзя. Вокруг озера находятся базы и дома отдыха, кафе, ресторанчики и все остальное для туристов. Отели и казино носят такие же названия, как и в Лас-Вегасе, только их здесь не так много, как в последнем.

Приехав в отель, мы побросали в номере сумки и сразу ринулись в казино. Это очень заразительно, хотя через пару дней смертельно надоедает проигрывать и хочется домой. Вечером какая-то попутчица по автобусу, которую мы и не узнали, подарила нам билеты на Плейбой-шоу. На шоу вид у мужа был довольно кислый: в такие места мужьям явно надо ходить без жен. Даже жалко его было. На следующий день была свадьба.

Свадьба было организована очень оригинально: на борту курсирующего по озеру большого белого парома. Церемония бракосочетания прошла на верхней палубе очень быстро, и в оставшиеся два часа до ужина гости были предоставлены сами себе. После официальной части мой муж «положил глаз» на симпатичную стройную блондинку с хорошими ногами в коротеньких шортиках. Блондинка была в обществе двух молодых людей. Эта троица не входила в число приглашенных, они стояли неподалеку у небольшого барчика. Мой муж, слепо повинуясь древнему инстинкту, пошел к бару, и, заказывая себе напиток, все косил лиловым глазом на блондинку. Постойте, постойте! А как же я, ревнивая русская жена в красивом серебристо-голубом длинном вечернем платье? Платье, правда, было замечательное, и у меня был самый лучший вид на свадьбе, что я с торжеством про себя отметила (вот вам, американкам). И вдруг - как гром среди ясного неба - блондинка в шортиках! Настроение у меня упало моментально и сразу стало как-то очень тоскливо. Наконец супруг, вдосталь налюбовавшись шортиками, вероятно вспомнил, что у него есть жена, и жестом подозвал меня. Я подплыла и картинно встала с предложенным мне коктейлем в руке. После того как мой муж удалился болтать с какими-то друзьями, ко мне подошел один из спутников «шортиков». Оказалось, что он здесь со своим другом, а «шортики» - девушка его друга. Подошедший был высоким красивым американцем, военным летчиком. Когда мы с ним завели беседу, и я поняла, что мое платье с лихвой оправдало возлагавшиеся на него надежды (блеснуть на свадьбе), мое упавшее было настроение подскочило в невиданные выси со скоростью ракеты. Теперь я про себя позволила мужу заниматься друзьями, любоваться «шортиками», заниматься чем угодно, только ради бога, не беспокоить меня в зените своего блеска. Дело было не только в блеске. К летчикам я смолоду неровно дышала. То обстоятельство, что этот был военный (ведь это опасно!), вообще вскружило мне голову. До мужа ли тут, который, мало того, что не летчик, еще и на «шортики» заглядывается. И вот мы так стояли и вели светские разговоры. Но тут явился-не запылился муж. Я их друг другу представила, пришлось беседовать втроем. Потом мы спустились на нижнюю палубу, где при свете прожектора, освещавшего лесистые берега, гид рассказывал об озере. Было темно, над медленно скользящем по воде паромом звездное ночное небо, это было как в сказке. Потом танцевали в баре на нижней палубе, затем поднялись на верхнюю и я там побеседовала с «шортиками». «Шортики» мною очень заинтересовались, и я их прямо спросила, чем они занимаются. Блондинка, которой на вид было лет двадцать шесть, ответила, что работает секретаршей и только собирается поступить в колледж. Услышав это, я скромно потупилась и сказала, что работала несколько лет преподавателем после окончания университета перед приездом в Америку. Сказала так, чтобы слышали все коварные мужья и летчики. Блондинка меня очень зауважала. Собеседница из нее была неважнецкая, и муж перестал на нее глазеть. Встречают по одежке...

После двухчасового ожидания свадебного ужина аппетит как-то совсем притупился, но гостей стали звать вниз в ресторан. В зале ресторана уже сидела знакомая троица за столиком в сторонке. Летчик стал энергичными жестами приглашать за их стол, но обстоятельства диктовали ужинать за длинным свадебным столом. Ужин прошел обычно, с тостами, пришлось беседовать с каким-то другом и его женой, которые сидели рядом. Жена была какая-то тихая, скользкая, как змея, и после десерта я сразу стала тянуть мужа в бар танцевать. Но муж где-то по дороге пропал, и я пришла в бар, где танцуют, одна.

Там было темно, полно народу, и танцующие заполняли всю площадку. Вечер был в полном разгаре. Тут лихо отплясывала блондинка и летчик стоял один. Такой красивый, такой весь летчик, и один. Мы сразу, не мешкая, пошли танцевать. Следующий танец был медленным, но тут прибежала жена друга (которая тихая змея) и стала меня отрывать от летчиковской груди и звать в автобус. Оказывается, уже пора было возвращаться в отель. И она меня увела, словно младенца, оторвав от материнской груди. Было, конечно, очень досадно, и я сразу вспомнила Татьяну из «Евгения Онегина», напомнив себе, что «я другому отдана и буду век ему верна». Вот так, с облагороженными чувствами, я пошла в автобус, где уже сидел муж и остальные гости.

В отель мы вернулись в полночь, где разбрелись по казино. Муж разбрелся сразу куда-то за столы играть, а я поднялась в номер, и, сменив длинное платье на обычную одежду, спустилась в казино к автоматам. На столах я не умею и не хочу играть. Еще мне не хватало! Итак хватает с чем в себе бороться. Монеты же бросать в автомат дело не хитрое. Что я и делаю. Я почти всегда проигрываю и очень жалею. И опять проигрываю, и опять сердце сжимается от жалости (жадности, может).

После свадьбы я попроигрывала немного, поняла, что в этот день я полный неудачник, поэтому я была рада поговорить с подсевшим рядом, тоже проигрывавшим американцем моего возраста. Ему, видно, тоже надоело проигрывать, и мы с ним пошли и пересели за стоечку неподалеку, где и разговорились «за жизнь», сразу почему-то предупредив друг друга, что мы оба семейные.

Он, как и все тут обычно, видел русскую в первый раз в жизни, и ему все было интересно. А мне только дай слушателя. Так мы с ним проболтали до четырех часов утра. Я не хотела оказаться в номере раньше мужа и надеялась, что уж к этому времени он появится. Распрощавшись со своим собеседником, я поднялась в номер, но супруга, увы, там не обнаружила. Огромная постель была пуста и холодна. Спускаться снова в казино и шукать его по столам уже не было ни сил, ни желания. Я включила свой маленький магнитофончик и под его музыку мирно уснула. Не прошло и трех часов, как появился муж. Я сразу проснулась и взглянула на часы - было семь утра. Это он был на ногах почти что сутки. (Вот это настоящий активный отдых!) Вспомнились годы гражданской войны, ведь они тоже сутками не спали в седлах. Муж был весь бледный, глаза огромные, и все причитал: «Я ведь игрок! Я ведь законченный игрок!» Оказалось, что он сначала выигрывал, выиграв несколько сот, он их снова проиграл. Перед отъездом, однако, он быстренько отыграл все проигранное и даже немного выиграл. Подкинул мне на мой убыточный бизнес, которым я как раз тогда занималась. Каждый свободный час он рвался играть. Когда уже сели в автобус в аэропорт, он мне поведал, что теперь научился играть как следует и что следующий раз, когда поедем на Тахо или в Лас-Вегас, он только и будет что сколачивать нам состояние. Делать деньги для семьи, как он выразился. Это звучало очень мило и так по-детски. Я, конечно, не верю, что казино может стать источником доходов.

Хочется рассказать о том, как перед поездкой на свадьбу, за три-четыре дня, у нас образовались натянутые отношения, но поездка потом развеяла все тучи.

У американцев есть традиция, что перед свадьбой жених приглашает своих друзей на так называемый мальчишник. Только мужчин, без никаких жен. Меня, Отелло, эта перспектива совсем не обрадовала, особенно когда муж объявил, что они идут в стриптиз-бар. Мне попадались раньше на глаза рекламные брошюрки таких баров, на которых сфотографированы в ряд почти голые молодые девицы, одна краше другой. Я стала ныть и канючить, чтобы он меня с собой взял. Я клялась, что буду сидеть в темном уголке, как мышка, и виду не подам, что кого-то знаю. Он сказал, как отрезал, что нет, это не принято. Я чуть не в слезы, Отелло во мне сильно активизировался: «Ах так? А оставлять бедную русскую жену одну на полночи, это принято?» Появилась неприятная тень в наших до того безоблачных отношениях. Вопрос оставался открытым. Я ходила тучей три дня, ждала, пойдет ли он в назначенный день с друзьями или внемлет моим мольбам и пропустит вечеринку. Он молчал. Ему было очень неловко отказывать друзьям, вопреки традиции. На свадьбу уже были куплены билеты на самолет и все заказано. Честно говоря, мне его было жалко. Но себя еще больше. Безразмерное воображение Отелло рисовало мне всякие порочные картины с участием моего мужа. К его чести будет сказано, что он пренебрег многолетней традицией и не пошел с друзьями. В назначенный день они ему звонили и, наверно, подкалывали. Но он, великомученик, сообщив им, что он тоже по ним очень скучает, пожелал им хорошо провести вечер и остался дома у ТВ. Естественно, настроение у него было препаршивенькое. Я и не помню за ним такого настроения за все полтора года нашей совместной жизни. Я пыталась лебезить перед ним, всячески угождая, чтобы он забыл, как веселятся друзья. Но мои жалкие попытки ни к чему не привели. Я стойко перенесла этот разлад, говоря себе, что благодаря Отелло и муж при мне, и деньги целы. Я уж знаю, как он раздает чаевые направо и налево, и можно себе представить, сколько бы он там оставил девушкам на обслуге. К тому же мне мой знакомый учитель из прошлогодней школы рассказывал о посещении такого бара. К нему приезжал его русский друг из Чикаго, который развелся тут с женой и испытывает напряженку с подружками. По его просьбе, учитель возил его пару раз в такие места. Чикажец был в восторге. Представить себе собственного мужа с почти голой красоткой на коленях, чья задача выманить побольше денег из посетителя, было выше моих сил. Вот из-за этого-то и разгорелся весь сыр-бор. Но все, как в доброй сказке, закончилось хорошо. Мы съездили на свадьбу, развеялись, и все обиды забылись.

А сейчас я готовлюсь поехать пересдать во второй раз экзамен по конституции США. Экзамен очень трудный. Я показывала вопросы того варианта, что не сдала, друзьям и родственникам. Они, американцы, не знают и половины правильных ответов. Мне этот экзамен нужен для получения прав на преподавание в Калифорнии.

На дворе декабрь. Ночью тринадцать градусов тепла, днем до тридцати. Дожди здесь редкое явление. По крайней мере, за полтора года я их тут наблюдала очень редко.

Декабрь, 1996 г.

6

Вот мы уже и в новом году живем, и бессонница по пятам перешла за мной прямехонько в новый год. Ведь это ж надо проснуться в три часа ночи и задуматься о том, кто же был «отцом», создателем советской большой секции-стенки, от пола до потолка, которая выполняла функции многочисленных предметов мебели: бара, витрины для посуды, рабочего стола, комода, шкафа для одежды и белья, книжной полки, и т.д. Ведь, оказывается, все эти рабочие столы, шкафы и книжные полки не только должны быть отдельными предметами, но еще и стоять в разных комнатах, называемых столовая, офис, спальня, гостиная. Я, конечно, знала все эти слова и давала их английские эквиваленты своим русским студентам (чем кстати ставила их в тупик, когда просила рассказывать, какие у них гостиные и спальни), но как теперь понимаю, никогда не подозревала об их истинных значениях. Ну, подумаешь, думала я, что это все в одной комнате - велика важность! Но сейчас я осознала все истинное величие создателя секции-стенки и считаю, что совершенно несправедливо его имя осталось неизвестно широким массам. Если уж не Нобелевской премии, то уж, по крайней мере, известности он заслужил. Я могу вас уверить, что это - непризнанный гений. Вот почему.

Вчера нам привезли новую спальню. Все, кроме кровати. Как пошутил в магазине мой муж: «Уж кровать-то у нас есть!» И я сразу сравнила его со счастливыми обладателями матрацев у Ильфа и Петрова. Спальный гарнитур был куплен мне, ведь мужчине не нужно ни зеркало с многочисленными ящиками, ни комод для белья. Комод - какое странное древнее слово. Майк (муж) только позволил себе занять маленькую прикроватную тумбочку. Тумбочка - тоже слово не подарок, напоминает что-то больничное, казарменное и убогое. Вы, читатель, не подумайте, что мне уже и русский не хорош, просто я хочу описать четыре предмета мебели, которые это заслужили, потому что красивые. А получается, что и слов не могу найти подходящих. Может, мне мешает знание английского, в котором есть более мягкие и удобные слова иногда. Как знать, стараюсь быть объективной. А прикроватной тумбой называется ночная стойка или ночной столик, на котором стоит настольная лампа. Их два, с каждой стороны супружеского ложа. Неужели в фильме с Михаилом Ульяновым в главной роли, где он играет крупного директора и где были эти столики, их называли прикроватными тумбами? Но ведь это раненный в грудь, оскорбленный до глубины своего деревянного сердца ночной столик!

В общем, мебель красивая, и я туда вчера стала перемещать все свои цацки-вещи, и вдруг ночью я проснулась, взглянула в темноте на новую зеркальную мебелину и стала чуть ли не хохотать, потому что вспомнила о незаслуженно забытом отце-создателе универсальной секции-стенки. Это какого же недюжинного ума надо быть обладателем, чтобы придумать такой универсальный кусок (прямой перевод с английского), эдакого многофункционального мебельного монстра, от пола до потолка, и все там вроде на месте, и не надо никаких столовых, офисов и спален. Тут все тебе компактно и удобно, у одной стеночки, чего хочешь там, то и бери - книжечку, платьице, белишечко, или чайный сервиз. Хотя шкафчик для одежды там явно маловат. У американцев вообще нет такой мебели, как шкаф. Шкафы у них встроены в стены, туда заходишь, и берешь одежду. Сапоги в Калифорнии нужны только для фасону, т.к. всегда тепло. А вот туфель у меня тут побольше, чем было там, в Прибалтике. Как-то, с полгода назад, мы были на семейном сборище у тетки Майка, и одна родственница, американка лет пятидесяти, похвалила мои черные замшевые туфли. Майк решил, наверно, ее удивить (но просчитался, однако) и говорит: «Да у Зои пар двадцать туфель. И зачем ей столько?», на что родственница, скромно опустив глаза, ответила: «А у меня сорок пять». Она не актриса, это я точно знаю. Мне стало очень смешно, что Майку не удалась шутка, и очень удивительно, что сорок пять. И мне очень захотелось спросить, где же она держит сорок пять пар, что же это, отдельный шкаф, типа гениальной стенки, и как часто она носит каждую пару, ведь в году сорок восемь недель. А может, ей даже три пары не хватает? Но я воздержалась от своих глупых вопросов.

Мебель он мне купил, оттого и возникли все эти мысли. А вообще-то мы поехали в огромный мебельный магазин «Левитц», чтобы посмотреть там кожаные диваны для гостиной. Диваны у Майка были, но восьмилетней давности и совсем не кожаные. Оказалось, что в этом случае у нас и вкусы совпадают, так как мы оба хотели черную кожу в гостиную. В «Левитце» мы переваливались на всех имеющихся там кожаных диванах - мы их примеряли. Нашей задачей было удобно вмещаться вдвоем, в сидячем и лежачем положении, например, когда смотрим ТВ в гостиной. Поэтому всякие узко-жесткие мы сразу отметали и часто укладывались на мягкие, тестировали. «Левитц» нам не угодил, и мы поехали еще в один солидный магазин, вернее, сеть магазинов (тут обычно все сетями), «Робинсон». Когда мы там опять принялись за свое, то есть валяться по диванам, к нам подошла симпатичная продавец-менеджер.

Она заведует секцией, оформляет кредиты и рекламирует свой товар, как бы бизнес-леди. Одета она была словно для важной конференции, поэтому русское слово "продавец" ей не совсем подходит. И вот, пока мы с Майком примеряли диваны, она к нам пристала с объяснениями и рассказами про выделку кожи, про модели мебели, про производителей (русское слово «производитель» мне напоминает быка).

Потом она все-таки уболтала нас купить черное кожаное кресло-реклайнер (дословно «отклоняющееся»), в котором можно принять лежачее положение легким нажатием ручки (помните Андрея Миронова в «Бриллиантовой руке», как у него там комбинезон легким движением руки должен был превращаться в шорты, но заела молния в нужный момент). Так вот, когда наша продавец стала перечислять мебель, которую нам предлагала, она вдруг оговорилась и сказала вместо «love seat» «lover», то есть вместо «маленький двухместный диванчик для сидения, дословно «любовное сидение», она сказала «любовник», глядя на Майка (размечталась, видно, в рабочее время). Майк сделал вид, что не заметил, а мы со второй продавщицей, сидевшей рядом за столом, плотоядно захихикали.

Ее сервис на нас подействовал, и мы заказали диваны в «Робинсоне». По американским общепринятым негласным стандартам в гостиной всегда стоят два дивана: один побольше, второй поменьше. Позже, в «Левитце», мы, как бы неожиданно для самих себя, купили стол в столовую, с шестью стульями, в общем, разошлись не на шутку. Стол - черный и блестящий, а стулья - бархатно-переливчатые. Так что теперь мы завтракать и обедать можем по-человечески, сидя за большим столом. А-то весь год мы это делали в гостиной за маленьким журнальным столиком. Который тоже был у нас универсальным, за ним можно читать, писать, обедать и класть на него ноги. Ведь у американцев первое назначение журнального столика - это сложить на него ноги. Сначала это меня очень возмущало. Но ведь я сюда приехала, а не они ко мне. Пришлось привыкнуть. Майк при мне этим сильно не злоупотребляет. Хотя, когда мы хотели купить тут новый журнальный столик, то ничего не могли подобрать, т. к. что нравилось мне, из стекла, например, было непрактично для ног. Поэтому пока мы со своим старым, прочным, деревянным. Универсальный он наш. За мебель мы еще ничего не платили (у нас нет таких денег). Расплатиться надо через год или полгода.

Средний американец, к каковой прослойке мы принадлежим, живет в кредит. В кредит, на тридцать лет, покупает дом, машину, кредитной карточкой расплачивается на бензозаправке, в магазине или ресторане. Когда приходят чеки-зарплата, американец рассылает счета в разные компании, чтобы оплатить домашние удобства и расходы с кредитных карточек (их обычно несколько). Это непросто понять иностранцу, например, русскому. Я тут уже полтора года и вот до сих пор все вникаю во все эти финансовые операции, которые для американца являются обычной ежедневной или еженедельной рутиной. В банк Майк едет один раз в неделю, чтобы положить туда свой чек-зарплату или взять наличные деньги.

Месяц назад я наконец-то начала себя обучать испанскому, причем очень интенсивно. Подход с ленцой здесь не годится - ничего не выучишь. Может тому, кто изучает иностранный язык, пригодятся мои советы, я ведь опытный преподаватель (не забыли? а то, может, думаете, «треплется там какая-то»). Я переписала испанские аудиокассеты с испанско-английского учебника специально для себя, со своими русско-английскими комментариями (как мне удобнее и быстрей запомнить при прослушивании). И вот, я как бы сама себе даю лекцию, обучая себя испанскому. Это очень весело. В новом языке встречаются всякие смешные несоответствия и переводческие перлы. Я сравниваю сейчас испанский с русским и английским, еще что-то помню из немецкого и французского. То, что испанские слова с красивыми значениями часто смахивают на русские ругательства, меня веселит. А вот то, что некоторые испанские слова совпадают почти по значениям с «родным» прибалтийским языком, меня удивляет и как бы умиляет. Так или иначе и первое и второе обстоятельство помогает запоминать новые слова по ассоциации с теми, которые я знаю в других языках.

Я кручу без конца эти кассеты, слушая свои лекции, которые даю в очень веселой форме, с шутками и прибаутками. Подкалываю испанцев, и американцев, если вдруг встречаются какие-то странности. Достается всем. Например, там есть такая фраза. Американец говорит испанцу (явно латиноамериканцу, ведь учебник-то местный): «Нам-то, американцам, выучить испанский легче, чем вам английский». Я сразу добавляю, что явно американцы не очень высокого мнения о способностях «латинцев» (латиноамериканцев). А позже, в этом же диалоге, американец добавляет: «Если постараетесь, пройдет немного времени, и вы выучите английский». На что я опять откликаюсь: «Ну да, очень скоро, вон, как наша испанская бабка, живет тут в США уже сто лет и двух слов связать не может по-английски». (Бабке Майка восемьдесят пять лет и живет она в США лет тридцать.) Вот так, с шутками, я за полтора месяца уже выучила пол-учебника и довольна своими начальными познаниями. Главное - не давать себе покоя, не делать перерывов по неделе и дольше. При изучении языка всегда надо помнить банальную истину: успех впрямую зависит от приложенных усилий. Ведь здесь есть люди, которые, живя в стране по двадцать лет, еле-еле говорят по-английски. А есть (я знаю одну русскую), которая, сидя дома с детьми, за пять лет выучилась говорить отлично и теперь идет в колледж учиться чему-то. Мне, как лингвисту, понадобится полтора-два года усиленной самостоятельной работы, чтобы выучить язык. По крайней мере, не понимать мексиканские телесериалы через полгода уж стыдно будет. Ведь русский зритель знает, какой там уровень разговора. Их тут по нескольким каналам показывают. Я даже узнаю некоторых актеров, что еще смотрела в России в «Просто Мария» и т.д. Это очень замечательно понимать их по-испански. А всех больше мне хочется удивить своего бывшего учителя-иранца Эсси (я его про себя называю Эська). Он мой хороший друг и отлично говорит и по-английски, и по-испански. Я хочу заявиться к нему в класс через полгодика и поговорить с ним по-испански. Вот у мексиканцев, его студентов, глаза повылезут от удивления, ведь они ходят учат английский уже второй год к нему в класс, а все не умеют говорить как следует. А вообще-то они добрый народ и простой, и я не знаю, зачем мне надо, чтобы у них глаза вылезали.

Здесь, в Калифорнии, часто испанские названия произносят на американский манер. И это, а также и факт, что территории Калифорнии когда-то принадлежала Мексике, немного задевает живущих здесь латиноамериканцев. В основном это мексиканцы. Обижаются они, и иногда можно увидеть мексиканский флажок на машине (тогда Майк чертыхается что есть мочи). Можно подумать, что если бы Калифорния была бы по сей день в их умелых руках, они бы сюда рвались. Ведь потому и рвутся, что Штаты, в цивилизацию. Лос-Анджелес - самый крупный город на Западном побережье США, почти все американские кинозвезды и другие знаменитости имеют здесь дома (например, Майкл Джексон, Мадонна, Шварценеггер), и тусуются тут в Голливуде. Не надо путать понятия Голливуд, Западный Голливуд, Северный Голливуд, это совсем разные районы и даже города, о чем я выше уже упоминала. Модные тусовки местных знаменитостей происходят в районе богатых магазинов, салонов, дискотек, Голливуде.

Мы там были один раз вечером. Я помню, я там что-то оробела, это было через пару недель после моего приезда в Америку, когда мы только познакомились с Майком. Он меня туда возил. Там какие-то панки, голубые, и всякого такого рода разношерстная публика толпилась возле каких-то забойных дискотек. Мне казалось, что все на меня смотрят с укоризной, потому что я не панк или еще не кто-нибудь. И мы пошли посидеть в тихое кафе. Когда сама сяду за руль, обязательно везде съезжу и все посмотрю своими глазами.

* * *

Недавно позвонила одной тут русской подруге, Лене, это той, у которой я была «подругой невесты» на свадьбе. У нее все в порядке с чувством юмора, поэтому мы с ней нахохотались вволю, обсуждая одну молодую американку. Брат мужа Лены, который был на свадьбе «лучшим мужчиной» (best man), завел себе подружку. Ему тридцать семь лет, а ей двадцать два. Она из штата Юта из довольно бедной многодетной семьи. Девушку бог ростом не обидел - она метр девяносто сантиметров. Лена мне ее мастерски описала, у нее ведь взгляд художницы. Лена говорит: «Ты знаешь, у нее глаза, как у коровы». Я спрашиваю: «Это что ж, хорошо или плохо?» Оказалось, что вроде как и хорошо, потому что большие и влажные, но вроде как и не очень, потому что как бы далеко друг от друга находятся. Но главное не в ее исполинской внешности с коровьими глазами и размером обуви сорок два (я до сих пор считаю: у них тут восемь - это тридцать восемь, а двенадцать - это наверно, сорок два), а в том, что Лена должна с этой девушкой делить ванную комнату. Из ванной комнаты девушка-исполин не выходит подолгу, принимая долгие души по два раза в день. Для калифорнийцев принимать душ два раза в день дело обычное. Но ведь это быстро, зачем же там стоять три часа. Так и всю жизнь в душе простоишь. Девушка подолгу живет (гостит) в доме у лучшего мужчины, вот уже полгода после ее последнего появления в доме. Семья там мормонская (штат Юта известен большим населением мормонов), и поэтому все считают, что она девушка. А ее жених (тридцать семь лет) мальчик, как бы почти.

Но ведь Лена не может не слышать их общения в спальне, которая у нее за стеной. Такого общения, Лена говорит, трудно не услышать. От мальчика девушка-мормонка совершенно официально едет посещать в Сан-Диего (два с половиной часа езды) своего бывшего мальчика, причем рассказывает это всей семье своего жениха, как ей тут скучновато и надо развеяться и повидать друзей в Сан-Диего. Вот так весело у Лены в доме. Муж у нее ленивый, толком не работает, и до сих пор не может снять им с Леной отдельное жилье (это абсолютно не принято у американцев - жить вместе с родителями). Так они и живут огромным кагалом, шесть взрослых в одном доме.

Осенью молодая невеста лучшего мужчины поехала к себе в Юту повидать семью. Все облегченно вздохнули здесь, в Калифорнии. Однако она там долго не задержалась, а тут же вернулась, якобы на День Благодарения (американский национальный праздник в последний четверг ноября). Вся семья втайне надеялась, что она после праздника уедет. Но зря надеялась. Девушка оказалась нахальной, так и живет три месяца. Я сказала Лене, что и не подозревала о том, что американки рвутся замуж в двадцать два года. Но эта Натали (исполинка), видимо, исключение. Видно ее собственная семья и Юта сильно проигрывают в сравнении с семьей и житьем в Калифорнии, вот она и решила завоевать тридцатисемилетнего мальчика. Кстати, мальчик недурен собой, говорят, даже в кино снимался.

Ну и тепло здесь конечно. Вот сегодня, третьего января, ночью почти шестнадцать градусов тепла. Вчера вечером прошел сильный дождь (редкое явление) и стало очень тепло. До этого было одиннадцать - тринадцать ночью. Я обожаю осень и зиму здесь, можно хоть одежду всякую поносить, подемонстрировать. А-то летом только шорты да маленькие маечки - жарко. Это уж не демонстрация одежды, а демонстрация фигуры. У кого она есть. Американцев много очень толстых, объедающихся всякой быстрой едой (гамбургеры, жареная картошка и т. д.). Это вкусно, но очень жирно и вредно для здоровья. Поэтому это все называется junk food, еда на выброс, как бы мусорная еда. Мы иногда с Майком тоже грешим гамбургерами, под настроение. Много жирных тут, но много и красивых.

Население большое, очень разнорасовое и разномастное. Представляете, приехали со всех концов мира, перемешались, развели детей. Ничего не понять ни в национальности, ни в расовой принадлежности (зачастую). Если ты толстый, тебе никто не запрещает ходить в спортзал (gym) и исправлять фигуру, поддерживая себе в хорошей форме. В спортзале весело. Всякие люди ходят. Инструкторы хорошие. Поскачешь под музыку, поболтаешь со всеми.

Чем больше со всеми общаешься, тем больше узнаешь для себя всякой полезной информации. Я совершенно не понимаю (я тут знаю одну русскую), как можно жить в стране без языка, стоять только у себя на кухне, на пальцах объясняться с собственным мужем и никуда не ходить самостоятельно. Это что ж за жизнь собачья (как собака на привязи и говорить не умеет)? По сравнению с теми условиями, откуда эта русская, ей, видимо, и такая жизнь кажется раем. Она даже не смотрит ТВ, т.к. ничего не понимает, не читает ни книг, ни газет. Я бы умерла от скуки. Но ей некогда скучать. Она все время в домашних делах. И ее это, видно, устраивает.

С ней приехал ее одиннадцатилетний сын из России, который ходит в местную школу и довольно много уже понимает, но говорит не очень много и с очень сильным акцентом. На выходные к мужу-американцу приезжают его две дочки, шести и девяти лет, которые очень не любят вторую (да еще и русскую) маму. Девочки очень разбалованные (как и большинство американских детей), и русской маме приходится с ними воевать, не умея объясниться. Я ходила ей давать уроки английского, но ей стало жалко три доллара в час, что в два-три раза дешевле, чем в Прибалтике, и в пять - восемь раз дешевле, чем здесь. Ведь лучше уродоваться без языка, чем платить этой нахальной учительнице, которая так раздражает своими короткими юбками ее мужа. Муж у нее толстенький, маленький и очень тихий. Мне гораздо приятней раздражать своего - хорошенького, высокого и стройного. Но ей, видно, это все виделось по-другому. Она решила, что лучше быть подальше от такой помощи, и на Новый Год она просто бросила трубку, когда я позвонила и поздравила ее мужа (он был раньше моим студентом перед ее приездом, пытался изучать русский). Я хотела поздравить ее, ведь мне надо говорить с ним по-английски, с ней по-русски, но она не могла вынести, что она ничего не понимает из нашего с ним разговора, и не стала со мной разговаривать. Вот какие вежливые и благодарные русские тут попадаются, земляки. Кто-то спрашивал: «Нет ностальгии?» Нет! По хамству и невежеству, по неуважению и бестактности. Вот и сюда пробрались такие. Это, конечно, не закономерно, но бывают и такие исключения, хотя жизнь впоследствии все ставит на свои места. Когда широкая русская душа здесь, за тридевять земель, оказывается такой мелкой, жадной и завистливой - за державу обидно. А ее мужу, видно, нравится быть у нее под каблуком (как показала жизнь через несколько лет, это было не так). Ему, видно, плевать, что она и по-русски-то с ошибками пишет. Зачем домохозяйке писать. Благо, хоть не гуляет. Первая жена загуливала от него, что привело к разводу. (Некоторые читатели вероятно узнали в вышеописанном портрете американца, моего первого студента русского языка.)

Вот такие всякие истории я вам порассказала опять. Скоротала бессонницу за писаниной.

Как-то одна американка спросила редактора журнала, что нужно, для того чтобы писать. Она сказала, что очень любит писать, но не знает как это делать. Редактор ей ответила: «Надо вставать в шесть часов утра, садиться за стол, и писать, писать, писать, и так целыми днями». Это я тут вычитала недавно в каком-то журнале в рубрике «Письма в редакцию». Я посмеялась над глупым вопросом и остроумным ответом: Хочешь - так пиши! Как будто кто-то кому-то запретил. И еще, на прощание с этой главой, хочу привести другую шутку. Мы как-то с Майком ездили в Сан-Диего к его другу Джефу. Среди ночи, я решила посетить удобства. Возвращаясь в свою комнату, я увидела на двери табличку. Рабочее время офиса. Прочитав ее, мне хотелось смеяться навзрыд, но была глухая ночь и все спали. Привожу здесь текст этой таблички на двух языках. Я думаю в русском переводе это не очень смешно. На английском это ужасно смешно, особенно когда знаешь Джефа и его любовь к постоянному отдыху.

OFFICE HOURS

Open Most days about 9 or 10.

Occasionally as early as 7, But

Somedays as late as 12 or 1.

We close about 5:30 or 6.

Occasionally about 4 or 5, But

Sometimes, as late as 11 or 12.

Somedays or afternoons, we aren't here at all and Lately I've been here just about all the time Except when I'm Someplace else.

ЧАСЫ РАБОТЫ ОФИСА

Открыто большинство дней примерно с 9 или10.

Иногда даже так рано, как в 7, но

в некоторые дни так поздно, как в 12 или в 1.

Мы закрываем в 5:30 или в 6.

Иногда около четырех или 5, но

иногда так поздно, как в 11 или 12.

В некоторые дни или после обеда нас здесь совсем нет, и в последнее время я был здесь почти что все время. Кроме тех случаев, когда я был где-то в другом месте.

Январь, 1997 г.

7

Что-то мне сегодня взгрустнулось под вечер, и вот опять бессонница. Причем причина грусти кроется в моем собственном глупом характере. Я - до одури ревнива. Я уже писала об этом в одном из предыдущих рассказов. Ненавижу это в себе, но разве can a leopard change its spots? (Дословно: «может ли леопард изменить свои пятна», один из русских аналогов этой поговорки «Горбатого могила исправит», и это как раз обо мне.) Началось с того, что я получила письмо от подруги из Италии и стала мужу рассказывать про нее, и заодно решила выпытать, что же он все-таки делал в Риме. Мой муж когда-то давно ездил в Рим, меня очень подмывало спросить «зачем», ведь на путешественника он мало похож, но я как-то сдерживалась все эти месяцы (уж скоро два года!), так как не хотела «будить спящую собаку». Но все-таки я ее разбудила. Достала его сегодня: «Что же все-таки ты делал в Риме?» И он честно, не кривя душой, ответил. Прямо, просто и коротко, одним словом, которое обозначает интимный глагол. Более метко поразить наповал гадкого Отелло, сидящего у меня внутри, было нельзя. Отелло совершенно не волнует, что все это было до меня, несколько лет назад и никакой связи со мной не имеет. Настоящего Отелло волнуют только факты, и независимо от срока давности они глубоко его ранят. Я очень расстроилась, выпытала, что это был короткий роман с итальянкой, которую он встретил здесь, в ЛА, а потом ездил навешать в Рим на сколько-то дней (как бы «в Сочи на три ночи»). Я его сто раз предупреждала ничего мне не рассказывать про его прошлые похождения, но ведь я сама напросилась. А так как врать он не любит, так он мне прямо и ответил. Что ж, нет худа без добра. Зато больше меня уж не будет мучить вопрос: «Что же он делал в Риме». С Отелло я как-нибудь разберусь. Ведь муж меня любит. О чем и сообщает мне по несколько раз в день. Что совсем не характерно для русских мужчин (или мне такие попадались?). Как-то одна подруга сказала мне, что «женщины любят ушами», и я с ней согласна. Пока он меня так любит, как рассказывает, я никогда его не оставлю. Хотя есть в нем кое-что, что не вполне меня устраивает. Но взаимные отношения важнее этого.

Бывают у меня и «крамольные» мысли. Иногда я думаю: ведь если бы не он, я бы могла встретить и побогаче. Бедным его не назовешь. Мы принадлежим к среднему классу «таксистов». «Таксист» - это исправный плательщик налогов, taxes; к этому классу принадлежит большая часть американцев. Бедные живут в других районах, так же, как и богатые. Бедные - в районах победнее, там и преступность выше и ездить туда небезопасно. Стреляют! (Помните, как говорил один герой фильма «Белое солнце пустыни».) Так, например, юго-восточная часть даунтауна ЛА (downtown LA -центр Лос-Анджелеса) не пользуется хорошей славой. Богатые живут в богатых районах, где дорогие дома, наемная охрана и все остальные атрибуты богатой жизни. Средние, которых я называю для себя «таксистами», живут в благоустроенных пригородах, где довольно приличные дома и квартирные комплексы (apartment complexes). Я придумала для себя смешное выражение «таксист закомплексованный». Это, значит, «налогоплательщик, живущий в комплексе». Это вот мы такие «закомплексованные».

Например, мы платим за наш «апартмент» семьсот восемьдесят долларов в месяц плюс счета за электричество и телефон. Раньше я злоупотребляла «long distance calls», междугородными телефонными разговорами, звонила маме в Прибалтику. Теперь стараюсь звонить редко, только по большим праздникам. Писать письма значительно дешевле. Тем более, что писать я люблю. Так вот, бедные не могут себе позволить столько платить за rent (плата за жилье). Также как и «таксисты» не могут себе позволить жить в богатых районах, где живут люди выше среднего достатка, celebrities (знаменитости) и т. п. Я кстати там ни разу и не была. Это минутах в сорока от нас на машине. Поеду - обязательно опишу. Я тут недавно мужа попрекнула: «Ты никогда меня не возишь ни в «downtown LA», ни в районы Голливудских тусовок, ни в West Hollywood в русский район». На что он мне лаконично ответил: «Сядешь за руль - поедешь куда хочешь». Что ж, подумала я, совсем даже и придраться не к чему: муж почти идеальный, свобода полная, Америка кругом. Я даже не нашла, что ему возразить.

А сегодня мы со свекровью (слово мне не нравится, мне больше импонирует перевод с английского «мать-в-законе») поехали в один не очень близкий райончик, где она хотела оставить свой «application» (заявление о приеме на работу). Туда машину вела она, так как мы спешили (она вечно опаздывает) и она не хотела нервничать. Когда я за рулем, она говорит, что она нервничает, я ведь практикуюсь. Хоть водительские права у меня и есть, прибалтийские, но водитель из меня слабоватый пока. Район, куда мы направлялись, называется Ранчо Кукамонга.

Меня всегда очень веселит это название, потому что я вспоминаю при этом из мультфильма песенку «Чунга-Чанга весело живет..». Мы приехали. Работу там предлагали библиотечную и грозились платить всего лишь шесть долларов девяносто пять центов в час. Не густо, прямо скажем. Как сказал мой муж, ему выгоднее сидеть на пособии по безработице полгода, чем работать за такие деньги. Но муж-мужем, а я изучаю американскую жизнь. Поэтому когда она мне предложила: «А почему бы тебе не заполнить бланк заявления», я подумала: «И действительно, я ведь узнаю процедуру приема на работу, таким образом». Информация нашему брату никогда не мешает. Я заполнила длинный бланк заявления. Теперь я буду знать, какую информацию надо иметь с собой следующий раз. Сегодня я там все написала «от фонаря» - даты моих предыдущих работ, например. И адресов у меня не было с собой тех американцев, которые меня могут рекомендовать тут, а только телефоны. Кстати, я тут вчера ездила с мужем в employment agency (агентство по трудоустройству), муж ведь безработный сейчас, где «влезла» в компьютер и узнала оттуда, что зарплата учителя, такого, какой я, «для обучения английскому языку взрослых иностранцев» - тринадцать - семнадцать долларов в час (что оказалось впоследствии значительно заниженными данными). Значит, зарплата рядового библиотекаря меня явно не устраивает, но зато я узнаю, что они обо мне думают, когда ознакомятся с моим заявлением.

Итак, в обратную сторону я села за руль. Рулила я часа три, так как мы ездили по магазинам и мелким делам. Я уже чувствую себя достаточно уверенно за рулем на улицах, осталось освоить вождение на «freeways» и... тогда пойду сдавать экзамен на получение калифорнийских водительских прав (CDL - Californian Driving License). У меня есть права из Прибалтики, из моей маленькой страны «ограниченных возможностей и узких горизонтов» (определение, придуманное мною недавно), но они мне тут совсем не пригодились. Хоть, помню, прежний русский муж очень старался их выкупить из ГАИ, - оказывается, зря потратился. Обычная скорость на фривеях в Калифорнии шестьдесят пять миль в час (это около ста пяти километров в час). На этой скорости надо успевать читать знаки, указатели, вовремя съехать с фривея в нужном тебе месте. ЛА с пригородами, да и вообще вся южная Калифорния (насчет северной не знаю, возможно, так же) буквально опутаны сетью freeways (фривеев). Они пересекаются, извиваются, бывают крутоватые подъемы или спуски. Обычно это четыре - шесть полос в каждую сторону. Надо быть очень хорошим водителем, чтобы лихо фривеить. Во всяком случае, надо практиковаться именно здесь, чтобы почувствовать все тонкости. У американцев уже в старших классах средней школы (high school) есть курс вождения. Поэтому с шестнадцати-семнадцати лет они почти все за рулем. Часто можно видеть за рулем очень молодых, это обычное явление, а также и очень пожилых, лет так под девяносто. Едет эдакий одуванчик и хоть бы хны ему. Такое впечатление, что он (она) только за руль и могут держаться, а ходить уже не могут. А чтобы им за него и не держаться, если они за него держутся (за руль) лет по шестьдесят-семьдесят. Будучи за рулем, американцы живут полной жизнью: едят, пьют, причесываются, разговаривают по телефону, женщины красятся («надевают лицо» в дословном переводе, «put on face»), а мужчины даже ухитряются читануть свежую газетку. Если движение не очень напряженное. У некоторых в машине царит полный беспорядок, а выражаясь точнее, жестче и короче, бардак. Например, у Эсси, учителя-иранца, в салоне его «трака» (truck - «легковой грузовичок» с открытым кузовом) что-то вроде столовой, где некому убирать за посетителями. Это очень странно, ведь сам Эсси очень чистый и аккуратный, учитель как учитель. Но любит человек поесть в машине. Поэтому, когда он меня подвозит, я еле втискиваюсь между мешками с апельсиновой кожурой, прочим пищевым мусором и горами фруктов. У каждого есть свои странности, кто идеален? К тому же быть идеальным, это, наверно, страшно нудно и быстро всем опостылит.

Продолжу о сегодняшней поездке со своей «матерью-в-законе». Мне надо было вернуть джинсы, которые я поносила один день и решила, что они мне не подходят. Здесь можно все возвращать, если имеешь бирки и чек - вот малина-то для такой барахольщицы, как я! Никто и не смотрит, надевал ты вещь или нет. Вот он, рай для покупателя! В процессе поисков нужного мне магазина мы слегка подзаблудились. Оказавшись на большущей «parking lot» (стоянке), я заметила одиноко маячившую фигуру среди безмолвных машин. Фигура перекуривала. Это был симпатичный американец сорока - срока двух лет, в костюме и при галстуке. Мне очень нравятся мужчины в костюмах. Мой муж носит костюмы только на деловые встречи и особо торжественные случаи, такие как свадьба друга, например. Быстренько подрулив к стоявшему американцу, я высунулась из окна и спросила «directions» (как проехать к нужному мне месту. Дословно «направление»). Он объяснил и поинтересовался, откуда я. Я гордо: «Из России». Он удивился и спросил: «Но что Вы здесь делаете?» Ведь многие здесь русских не видели, как, в частности, он. Я ответила, что замужем за американцем, а про себя подумала: «Чаво-чаво, живу я здесь, вот чаво», вспомнив анекдот про Илью Муромца. Так как они вечно удивляются, а я вечно всем все разъясняю. Он навешал мне каких-то комплиментов на тему «почему он раньше русских не встречал». Я же про себя подумала: «Да ты, братец, тоже недурен собой». А свекровь мне говорит: «Вот видишь, если бы ты не была замужем, этот мужчина явно не прочь бы с тобой познакомиться». На что я скромно умолчала. Они тут умудряются заговаривать (зубы), даже когда я со свекровью. Как-то раз мы были с ней в «Staples» (так называется цепь крупных магазинов «все для офиса»). Там один тип со мной заговорил. Тогда она сказала, что тот тип выглядит странно и подозрительно. Но, по-моему, ничего подозрительного в том, что мужчине хочется поговорить с женщиной в мини-юбке. Единственное подозрение, которое на него могло упасть, так это то, что он не принадлежит к числу сексуальных меньшинств. Я не думаю, что члены каких-то банд, «gangs», вдруг станут посещать магазины для офиса. Мужичок-то был безобидный. Да и бог с ним. Мою свекровь можно понять, она живет одиноко лет двадцать семь.

* * *

Недавно я получила письмо от москвички, которая уже полтора месяца живет в Италии. Она пишет, что они с мужем решили «поприкалываться». Она взяла газету знакомств и стала звонить по разным объявлениям мужчин. Из десяти звонков не было ни одного «прокола», по ее собственному выражению. Итальянцы, заслышав, что она из России, тут же рвались подъехать, забрать и повезти на «dinner» (ужин), особенно те, кто получше говорил по-английски. Так она приятно щебетала с жаждущими итальянцами, пока мужу это развлечение не надоело. Это случилось через короткое время. Итальянец, да еще Скорпион по гороскопу, какая-то горючая смесь прямо. Итальянцы многие не говорят по-английски. Поэтому она усиленно изучает итальянский. Уже пишет, что понимает сорок-пятьдесят процентов речи, но говорить сама пока «кучеряво» не может. Только очень простые фразы. Что ж, за полтора месяца очень даже неплохие успехи. Я вот уже почти два месяца кручу свои испанские кассеты, но понимаю речь и ТВ только процентов на двадцать. Так что она меня обогнала, можно сказать, в изучении иностранного языка. Мне, как ни странно, не с кем говорить по-испански. Когда встречаемся со свекровью, я в основном всегда за рулем и нам не до этого. Да она вечно ноет про свои проблемы (ныла бы уж по-испански, так ведь нет), надо ведь выслушать и поддакнуть. Прочитала я ей на днях три анекдота на испанском. Она смеялась, сказала, что ей нравится мой акцент. Я тоже люблю всякие акценты. Это наверно еще с советских пор, когда мы любили пародировать всякие кавказские и другие акценты в анекдотах. Мне нравится, как по-английски говорят французы, итальянцы, немцы. У них у всех разные акценты. Мой муж очень лихо пародирует китайско-корейско-японские акценты. Он даже различает по звучанию эти языки. Тут ведь полно всех отовсюду. Он уж наслушался, видно.

Из личного опыта и опыта подруг можно сделать вывод, что русские женщины здесь и в Европе явно не страдают недостатком внимания со стороны мужчин. Если русская женщина даже в возрасте сорока лет, но выглядит прилично-симпатично, знает хорошо язык и рвется найти свою судьбу за рубежом - это сделать вовсе не трудно. Вот мой практический совет таким женщинам. Надо приезжать в таргет-страну (target - мишень) любыми правдами-неправдами: в гости к подругам, на учебу, в турпоездку. На несколько недель. И, по-моему, попадание будет стопроцентным, ведь она сможет знакомиться на месте. Личное знакомство это совсем отличное дело от переписки и заочного общения. При личном знакомстве все происходит быстро и автоматически. У меня была сорокапятидневная виза, и я познакомилась с мужем через неделю после приезда. Вот живем уж год и восемь месяцев. Я и не ведала раньше, что замужем можно жить так безоблачно. Я, конечно, не стану отрицать фактор «судьбы, удачи, везения, случая». Но все-таки при наличии желания и энергии эти факторы не всегда работают против нас. Так же в основном там (в России) принято считать, что, например, раз американец, значит богатый. Также, видимо, некоторые думают, что жизнь здесь проходит под пальмами у бассейна или океана, а доллары почти падают с неба вместо осадков. И это не так. Большинство американцев принадлежат к классу налогоплательщиков среднего достатка и работают очень неслабо. Если у него есть дом или хорошая квартира с бассейном и пара машин, совсем не значит, что он богат и что у него есть наличные деньги. В основном наличных денег нет, т.к. все заработанное уходит на оплату счетов, содержание машины, ежедневные расходы. Поэтому понятие о жизни с мужем-американцем там, в России, несколько искажено. Как выразилась тут одна моя русская знакомая, когда приехала к своему американскому жениху: «Я вижу, что слухи об американском благосостоянии сильно преувеличены». Хотя я не вполне согласна с этим высказыванием, но, как говорится, сколько голов, столько и мнений. Своими рассказами я и хочу немного внести ясность в этот вопрос, хотя бы на примере собственной семейной жизни. Почему многие американцы подолгу остаются неженатыми и иногда с радостью хватаются за иностранок? Американки, как говорил мне муж, очень «spoiled by their daddies», разбалованные своими папочками. Они всё имеют: свободу действий, свои деньги, машину, дом или квартиру. Чем же такую может удивить средний американец, как, например, мой муж? Осыпать ее деньгами он не может. А это единственное, чего ей может не хватать. Ведь денег никогда не бывает достаточно (если ты не миллионер). Вот между ними и начинаются споры-раздоры-капризы. А если он отхватил себе русскую жену, то она совсем из другого теста. Она видела трудности, неудачные романы, она более мягкая, человечная и понимающая. Она не пытается во всем не отстать от мужчин, как это делают многие американки. Вот и получается, что оба довольны. Она - тем, что в стране с более благоустроенной жизнью. Он- тем, что приобрел что-то свое, близкое, а не какого-то капризного, слишком эмансипированного, бесцеремонного, разбалованного монстра. Да, таковы американки по описанию мужа и его холостых друзей. Конечно, есть и другие, хорошие жены и матери своим детям, но речь идет сейчас не о них. Я думаю, что если вдруг русским мужчинам попадутся на глаза мои строки, они не сочтут это обидным для себя - ведь в России много женщин, всем хватит. Не в обиду, но отношение русского мужчины к женщине очень отстает от отношения к ней западного «кандидата». Мужички-то тут мягче, более почтительны. Они никогда не бьют себя в грудь «Кто в доме хозяин?!» (Живо вспоминается огромная волосатая грудь бывшего мужа и его апломб. Своих охотничьих собак и гостей он любил и уважал гораздо больше, чем своих домашних. А в нем было очень много типических черт русского мужчины. Можно было бы написать роман о трехлетней жизни с ним. Сомневаюсь, что это было бы развлекательным чтением.) Здесь мужчина тебя ценит и боится потерять. Как оказалось, и не без оснований. Ведь так много свободных «кандидатов»! Заканчивать рассказ я люблю на оптимистической ноте (люблю фильмы с happy end и всегда огорчаюсь, когда фильм заканчивается плохо, трагично). Поэтому переменю «пластинку».

Через месяц-полтора я должна получить, по идее, статус жителя и право на работу. Жду-не дождусь, когда начну работать в школе для взрослых иностранцев. Я уже себе придумываю планы уроков, чтобы студенты не скучали, я ведь веселый человек. Здесь я, конечно, не могу так острить и шутить, как я это делала с русскими группами, но зато я могу рассказывать им о России, Европе и вообще весело проводить занятия. Так же с нетерпением я жду получения водительских прав, ведь только ветер засвищет (где там, в ушах, что ли), поеду везде сама! Вот где начнутся настоящие впечатления и приключения. Я тут уже мужу сказала, что он не будет сильно уставать от моего общества, когда я буду «на коне» (за рулем). Вот так, в ожидании и преддверии новых событий в моей американской жизни, я прощаюсь с русским читателем до следующего рассказа.

Take care! (Берегите себя!) До новой встречи!

Январь, 1997 г.

8

Прочла недавно статью в центральной газете Лос-Анджелеса «LA Times» о том, как расцвели Балтийские страны (Литва, Латвия, Эстония) после получения независимости от противных русских (советских) оккупантов. Статья написана постоянным корреспондентом «ЛА Таймз», американкой. Я меньше двух лет, как оттуда, из «расцветающей Прибалтики», бежала без оглядки, несмотря на то, что родилась там и жила всю жизнь. Поэтому я не могла удержаться, чтобы не откликнуться на эту газетную статью. В статье была и фотография моей родной прибалтийской столицы с такой примерно подписью: «Магазины полны всякой всячиной, покупатель счастлив». Скажу честно, меня заела эта надпись. Ведь я постоянно переписываюсь с несколькими жителями моего города. Мои корреспонденты разных возрастов и разных социальных прослоек. Среди них есть и бизнесмен, и переводчица, и пенсионерка. Постоянно получаю вырезки из разных газет оттуда. Поэтому картина описываемой жизни довольно-таки полная. Ни один еще не написал «Ах как все здорово, ах как все замечательно», а только «как плохо, как паршиво, цены растут, безработица, преступность» и все остальные атрибуты «расцвета». Может быть, криминалы, поделившие город на сферы влияния, и цветут, и разъезжают на дорогих машинах. Но никак этого нельзя сказать об основной массе населения. Причем молодежь пошла такая хитрая теперь. Пишут мне молоденькие девчонки шестнадцати-семнадцатилетние: «Помогите советом, информацией, как уехать из этого болота».

«Болото» - это прямо из письма шестнадцатилетней девушки. Ее отец занимается продажей книг и неплохо зарабатывает на этом. А его детище спит и видит как оттуда уехать. А что же говорить о детях, у которых родители без работы или менее благополучны, которых большинство? Поэтому я разразилась ответной статьей. Пусть моя статья и не попадет в постоянно публикуемую рубрику «Письма в редакцию», а если и попадет, то пусть американцы равнодушно пробегут ее глазами. Подумаешь, дескать, эти русские недовольны в отделившихся республиках. (Интересно, если бы у американцев отделилось эдак штатов пятнадцать, как бы им это понравилось? Надо будет поспрашивать знакомых, что они об этом думают.) Но я рада, что наконец свои мысли облекла в статью, отвела душу. И знаю, что кому я это ни показываю, читают с большим интересом и просят копии. И пусть эта американка, корреспондент газеты, знает, что не все принимают за чистую монету ее восторги. На ее высказывание «русские, оставленные в Прибалтике после отхода советских войск», я рекомендую взглянуть на карту царской России 1914 года, за три года до революции семнадцатого. Территория России четырнадцатого года куда больше территории Советского Союза. И вообще описала все самые яркие показатели постсоветского расцвета: безработица, нищета, побирушничество, проституция (в том числе и детская, уж такого никогда в жизни не было), разгул криминала, русские дети, лишенные возможности посещать обычные средние школы. И вот смотрю, через три недели опять появилась статья того же автора, но уже с более правдивыми штрихами. Что-то о том, как богачи, владельцы зданий, местные националы, выселяют свою же многодетную бедноту за неуплату за жилье. Хотя опять во всех грехах и неустройствах виноваты советы. Хотя они уже семь лет ничего «не советуют». Но как их не ругай, а они давали всем работу и бесплатное образование, никого не выселяли на улицу, преследовали за проституцию и криминальный образ жизни. Не хочу, чтобы читатель меня принял за ярую «советчицу». Я просто констатирую факты. И кстати, воспитанная матерью-одиночкой, очень сомневаюсь, что в настоящее время могла бы получить университетское образование. Теперь это по карману только богатым, хоть ты будь семи пядей во лбу. На этом закончу о политике и перейду к событиям моей жизни в Калифорнии.

Наконец-то настал долгожданный день (почти два года ждала) и мы поехали в иммиграционную службу на назначенное год назад собеседование по поводу моего статуса проживания в Америке. Я здесь почти два года, до сих пор не имею права на работу. Муж - гражданин США, вот и весь мой статус. А ведь ужасно хочется работать. Приехали мы в downtown LA (центр ЛА) в красивое большое здание иммиграционной службы, опоясанное живой очередью из людей, жаждущих утвердить свой законный статус пребывания в Калифорнии. При входе нас прощупывают и просматривают насквозь как в аэропорту. Поднимаемся на 8 этаж, идем в офис, который оказывается похожим на зал ожидания в аэропорту. Люди сидят, ждут, дети бегают. В основном это латиноамериканцы. Но есть и из других стран, хотя намного меньше. В очереди я услыхала русскую речь и, обернувшись, мило улыбнулась полной женщине, разговаривавшей по-русски с приятельницей. Она на меня посмотрела как

«Ленин на буржуазию», очень неприязненно. Вот тебе и земляков увидала. А то мне тут мама пишет «говорят, что у американцев не лица, а вежливо улыбающиеся маски». Не знаю, но по мне лучше улыбающаяся маска, чем злое и презрительное натуральное выражение лица. Да бог с ними, с русскими из очереди.

Когда подошел наш черед разговаривать с чиновниками, которых было двое, мексиканка и китаец, нам очень быстро и коротко ответили: «Мы отстаем от расписания на три-четыре месяца, ждите вызова по почте». Нам стало очень обидно, мы ведь так готовились и долго ждали этого, муж такой весь из себя гражданин, в белой рубашке и при галстуке, и вдруг на тебе: «Ждите опять». Мы тут же выразили свое возмущение тем, что я, жена гражданина, уже два года без работы. Тогда они нас послали. В другой офис. В ту самую очередь, которая вилась вокруг здания. К счастью, вилась она не очень долго, и за сорок пять минут мы ее отстояли. Заполнив бланк и заплатив очередную пошлину семьдесят баксов (как выразилась одна моя подруга из Праги, «у вас ведь там и воробей не клюнет бесплатно»), нам назначили собеседование по поводу моего получения права на работу. Через семь недель. «Ну что ж, ждала два года, подожду и семь недель», - подумала я, было бы чего ждать. Я ведь уже и учительские права имею и вся готова к работе в Калифорнии.

А на днях взяла «желтые страницы» и стала звонить по разным переводческим компаниям. Вижу объявление «Русский язык, все услуги, качественно и быстро». Звоню, спрашиваю, не нужен ли им квалифицированный переводчик. Отвечает мне женщина с очень толстым русским акцентом. Толстый акцент - это прямой перевод американской фразы «thick accent». Переходим с ней на русский язык. Оказывается, она там сама заправляет и работы совсем нет. Я подумала, заплатить несколько тысяч за рекламу своего бизнеса в «желтых страницах», а потом не иметь работы. Никому тут русский не нужен в южной Калифорнии. Я все-таки попыталась встать на учет в нескольких переводческих конторах. Муж тоже без работы уже три месяца: его сократили на прежнем месте работы. Пока живем на его пособие по безработице. Мы набрали в кредит мебели, компьютер купили в кредит, а оба безработные. Когда он стал безработным, я подумала, что он мне будет дома мешать. Оказывается, мы не мешаем друг другу, каждый занимается своими делами. Очень мы с ним тихие мышки. А тут недавно приехала свекровь и нарушила наш мышкин покой. Как набросилась с криками на бедного мужа. Видно, в ней взыграла испанская кровь. Я тут и не слыхала никогда, чтобы кто-то на кого-то кричал. Она стала его попрекать, что он ей мало внимания уделяет, что она с ним, подростком, не спала ночами, а он теперь все это забыл и не вспоминает. Слава богу, что я была на втором этаже, когда она приехала, и сидела там тихо в уголке. Но прослушать мне пришлось все. Они препирались минут двадцать. Очень громко. Она даже назвала его «сукиным сыном» . В этом месте я оценила ее самокритичность. Мне было и жалко их обоих, и почему-то смешно. Она была во многом неправа. Но мое дело помалкивать. Вообще я ей часто поддакиваю, хоть и не согласна. Ведь потерять отношения с родственниками очень легко, а восстановить потом очень трудно. Поэтому я предпочитаю не встревать между матерью и сыном. Только обидно, что наши тихие соседи подумают про нас: «Ну вот, скандалят». Они ведь не знают, кому принадлежал женский голос. Но наконец она уехала. Бедный Майк три дня после этого ходил переживал. Потом постепенно через меня, как через нейтральную полосу, наладили отношения.

Неожиданно через четыре недели по почте пришел вызов из иммиграционного офиса. Вызов на собеседование о моем статусе. Видимо, они пересмотрели свои расписания. В вызове указывался список необходимых бумаг, фотографий, которые надо не забыть взять с собой на собеседование. И среди бумаг рекомендовалось не забыть взять с собой супруга-гражданина. По-английски это еще смешней - «принести» (bring). Опять мы поехали в назначенный день. У меня был с собой рюкзачок, набитый нашими фотографиями и письмами от мамы, в доказательство нашей совместной жизни. У мужа был такой же, только набитый бумагами, доказывающими, что он аккуратный налогоплательщик. В Америке хорошими характеристиками человека являются аккуратная выплата налогов и хорошая кредитная история (регулярная выплата долгов по кредитным карточкам. Плюс хорошая история вождения, т.к. водительские права служат и удостоверением личности. Без таких положительных характеристик американец рискует не получить желаемую работу, столкнуться с отказом снимать жилье, где ему хочется, или с отказом купить что-то в кредит и т. п. Опять мы сидели в «зале ожидания» на восьмом этаже и полтора часа ждали вызова в «кабинеты». Наконец выкрикнули нашу фамилию и опять взяли у меня отпечатки пальцев. Они тут это делают часто и много, потом долго проверяют через ФБР. Например, результаты моих отпечатков еще не пришли, хотя были отправлены полгода обратно. Встретил нас темнокожий «иммиграционный офицер» (immigration officer) и по длиннющему коридору провел нас к себе в кабинет, где на столе нас ждала папка с нашим делом. Подняв правую руку, мы поклялись говорить правду. Сильно он нас не пытал. Как-то видно было, что он видит, что наш брак не фиктивный. Только вдруг в упор, глядя Майку в глаза, спросил быстро:"Когда Вы женились?" Майк ответил «семнадцатого июня» и замолчал, забыл год.

Я вдруг как закричу не своим голосом «1995 года!» А чиновник и говорит ему с ухмылочкой: «Что же это Вы год забыли, когда женились?» Потом он посмотрел наши свадебные фотографии и спросил, когда мы ездили в honey-moon (свадебное путешествие). Мы скромно ответили, что и женились, и хонимунились в Лас-Вегасе. Можно подумать, что у нас были тысячи на поездки. Мы и женились-то через три недели после знакомства. Но Лас-Вегаса хватает за глаза, особенно когда ты там в первый раз и на все глядишь круглыми глазами. На остальные мои альбомы и пачки писем чиновник даже не взглянул, строго заметив мне, когда я пыталась самовольно ему что-то показать: «Вы будете показывать мне только то, что я попрошу». Но, видно, просить ему расхотелось, когда он взглянул на мои стопки альбомов и связки писем.

Бумаги мои оказались в порядке, но для присвоения мне статуса оставалась одна загвоздочка (как же без нее!) - не пришел ответ из ФБР о моих отпечатках пальцев. Этого ответа придется подождать месяцок-другой-третий. Они ведь тут никуда не торопятся.

Кстати, о «чернокожести». Тут не принято произносить слово «негр», это считается, что попахивает расизмом. Так считают американцы. Можно сказать dark-skinned (темнокожий), а общепринятым нейтральным приличным выражением считается African American (американец африканского происхождения). И хоть это звучит длинновато, но опасаясь быть заподозренной в каких-то расистских настроениях, я всегда употребляю эту фразу. Вообще «расист» - это здесь так же ужасно, как и «убийца». Поэтому, находясь в этом смешении рас, всегда помнишь, где и что удобно говорить. Например, многие калифорнийцы не любят мексиканцев. Майк тоже не преминет их ругнуть. Когда ведет машину, например, он считает, что они никудышные водители и всегда и везде норовят ему встать поперек дороги (уже не говоря о том, что все финансовые программы, которыми пользуются латиноамериканские иммигранты, осуществляются на деньги среднего американца-налогоплательщика) . Но у Майка есть близкий друг, который наполовину мексиканец по происхождению, и когда мы у него в гостях, ни слова не произносится о мексиканцах. Так же другой друг Майка женился на мексиканке, по поводу чего Майк долго негодовал и возмущался.

Вот так пока наша встреча с властями и закончилась на знакомой ноте «Ждите ответа, ждите ответа, ждите ответа..». Но через три недели мы опять поехали туда за моим разрешением на работу. Я ожидала опять интервью и расспросов. Но на сей раз все было неожиданно быстро. В комнате средней величины за стойкой работало всего три чиновника, и они с поразительной ловкостью за полтора часа успели обслужить человек тридцать от начала до конца, то есть каждый из нас уже получил готовое разрешение на работу с фотографией. Было даже обидно, что никто со мной не поговорил. Только пока ждали готовых удостоверений, один мужчина меня спросил, не румынка ли я. Обычно спрашивают «не француженка, не немка ли», русские и в голову никому тут не приходят. Я ответила, что я не румынка, и мы с ним побеседовали о Европе, о том и о сем. Он даже что-то по-русски попытался сказать.

И вот я, окрыленная наличием права на работу, такого долгожданного и желанного (год и одиннадцать месяцев), птицей вылетела из лифта в вестибюль, где меня поджидал Майк. Очень глупо и беспочвенно (как вскоре оказалось) уверенная в том, что теперь-то я уже считай что при работе. Увы! Все оказалось намного сложнее. О моих многострадальных поисках работы я поведаю в следующей главе, т.к. это отдельная нелегкая страница моей американской истории.

Март, 1997 г.

9

Прошлый рассказ я закончила тем, как счастливая выпорхнула из здания INS (иммиграционной службы) Лос-Анджелеса с удостоверением, дающим право на работу. Еще бы, просидеть почти два года без работы - это не для меня. Тем более, что жить на одну зарплату вдвоем, это, значит, едва сводить концы с концами. И хоть американские концы (тут в моей ситуации) с русскими не сравнить, но тем не менее, пословица тут эта очень подходит. «Работает» (works), как сказали бы американцы. У них все работает: отношения (relationship) между людьми, какая-то деталь или обстоятельство в какой-то данной ситуации, и т. п.

И вот я, твердо уверенная в том, что я уже почти при работе (ах, святая простота!), полетела на крыльях надежды искать работу. А буквально, я, безмашинная, побежала, пошла и поехала автобусами. Причем за первые три дня я так находилась-набродилась (пешочком с мешочком), что разболелась моя слегка травмированная в годы отрочества спина. Я уже привыкла к недомоганиям в спине иногда, поэтому решила, что не буду ждать, пока она перестанет ныть, а все-таки потихоньку пойду и поеду по намеченным маршрутам.

Приготовив пакет необходимых бумаг, я принялась обходить (и объезжать) все школьные районы в пределах разумной досягаемости от моего дома. Здесь это называется «объединенный школьный район», что-то типа РОНО в советское время. В каждом из них я заполняла бесконечно длинный бланк заявления, с указанием моего профессионального и образовательного бэкграунда (professional and educational background) - дословно «фон», в данном случае «уровень». Я приготовила для себя шпаргалку с записью моего рабочего стажа, имен, телефонов людей, способных рекомендовать меня. Ведь изюминка тут была в том (у меня всю жизнь какие-то изюминки, происшествия и пикантные ситуации), что я, русская, иду и заявляю, что я - незаменимый и отменный преподаватель английского языка здесь, в Америке. Правда, я еще до того не обнаглела, чтобы пытаться преподавать его американским деткам (для которых английский родной язык). Пока только иностранцам. Я с детьми и не работала никогда в жизни, а с американскими (разбаловщиной) и вообще не горю желанием. Кстати, учительские права для средних школ (high schools) здесь в, Калифорнии, сделать сложнее, чем для преподавания в школе для взрослых, надо сдавать очень сложный (многопредметный) экзамен.

Первый шок обычно переживали приемщицы-клерки (receptionist, clerk) в офисах школ, когда думали, что я пришла к ним как студентка (я ведь очень скромная, хотя, видимо, умру не от этого), ведь я говорю с акцентом. Тут я бойко начинала их переубеждать, что они заблуждаются, что я - опытный преподаватель. Читатель наверно помнит мой первый рассказ (написанный в 1995 году после моего приезда в Калифорнию), где я писала о том, что телевизор кое-как понимаю, а вот с непринужденной беседой туговато. Тут я хочу заметить, что за два прошедших года я очень неплохо «американизировала» (а точнее «калифорнизировала») свой «британский» английский, что успели заметить все мои американские знакомые, кто знает меня с 95-го года. Но для того чтобы сравниваться с учителями-американцами, не хватит и всей жизни. А я вообще-то и сравниваться ни с кем не хочу, просто с 1989 по 1995 год преподавала английский у себя в Прибалтике, о чем честно и пишу во всех своих заявлениях на работу, и пока это первая и единственная тут для меня возможность приличного трудоустройства. Мой авантюризм (посягательство на преподавание неродного мне английского в Америке) я подкрепляю всеми своими бэкграундами, отзывами от бывших студентов, хорошими рекомендациями и отзывами (recommendations) от американских друзей.

Процесс всегда одинаков: подача заявления, потом, возможно, интервью с моим будущим супервайзором (supervisor), моим будущим непосредственным начальством. Вот перед этими супервайзорами мне и надо разоряться, что мне до приемщиков-клерков! Вот я и разорялась. Я прочитала специальную книгу (их тут море) о том, как вести себя на интервью, составила себе список своих достоинств, которые должны возбуждать у интервьюира страстное желание взять меня на работу. Надо уметь преподнести себя с более выгодной тебе стороны, а тут это называется просто, и я бы сказала, что очень метко и даже двусмысленно - продать (sell) себя. Это абсолютно общепринятый обычный термин в процессе охоты на работу. Да-да, здесь это именно так и называется «sell yourself». Когда вы, уважаемый читатель, прочтете этот рассказ, вы убедитесь, что термин «охота» как раз очень точно и ярко характеризует процесс трудоустройства на работу здесь, в Калифорнии. И я сильно подозреваю, что так же и в других американских штатах.

Супервайзорам я рассказывала о своих бывших достижениях, кстати не забывала показать журнальчики с моими русскими рассказами, что очень их умиляло и они всегда сожалели, что не могут прочесть, что это я там такое пишу об Америке. Или делали вид, что сожалеют. Еще я им рассказывала о том, какая я активистка-массовичка и затейница, что очень ценится в профессии учителя. При этом я показывала красочные фотографии International Day (международного дня) с презентацией России в моей первой школе, которую полностью готовила сама (я ведь тут одна русская, в этих местах, где живу два года). После такой атаки русского оптимизма мои американские супервайзоры обычно не могут устоять и начинают сильно мне доверять.

Но это еще не все. Ведь американцы (кто бы мог подумать!) жуткие бюрократы и бумажники, и поэтому процесс оформления бумаг после «добра» супервайзора занимает недели, а то и месяцы. Так что моя наивная надежда быть при работе через три-четыре недели после получения разрешения на трудоустройство, натолкнувшись на бездушный и безжалостный американский бюрократизм, сильно поувяла, а вскоре и вовсе растаяла. Со школами мне теперь все ясно. Все постоянные должности учителями заняты и держатся за них учителя мертвой хваткой. Для сравнения: мой муж - американец, дипломированный высокопрофессиональный аналитический химик с десятилетним стажем. У него средняя зарплата. Если среднюю разделить на среднюю низкую, среднюю среднюю и среднюю высокую, то у него средняя средняя. Я могу начать свою учительскую карьеру только с учителя на замещении, т.к. постоянных мест нет, да они (офисы школ) и не берут с улицы, а берут только из списков уже работающих у них учителейзаместителей (substitute teachers). Sub (саб) - учитель по вызову, в случае отсутствия постоянного по болезни или еще по какой-то причине. Платят учителям чуть побольше, чем моему мужу. То есть вот он тут родился, учился и работал. А я только два года, иностранка. И платят мне за замещение столько же. (Почасовая оплата.) Так что есть за что бороться! Хотя это не предел моих мечтаний. А просто первая ступень, как бы трамплин. Предел моих мечтаний - переводческая работа, которую тут очень трудно найти. Я являюсь freelance, как бы «свободным художником», переводчиком по вызову или по мере необходимости кому-то письменных переводов, которые можно посылать факсом прямо из дома. Одна компания за три месяца заказала только два письменных перевода. Кстати, один из них был письмом одного американского доктора-офтальмолога к знаменитому профессору Федорову (что мне немного польстило почему-то). Я его переводила на русский язык. Больше та компания не звонила. Видно, их не забрасывают работой. В школы вызывали только два раза. Процесс внедрения в учительскую работу оказался долгим и тянучим.

Вот скоро уже три месяца, а я все еще в поисках. При моей незаурядной энергии я стала почти асом и волком-охотником за это время job-hunting (охота на работу), разбирающимся в тонкостях поведения своей дичи-добычи, этой так трудно уловимой работы.

Как-то брела я (жара постоянно) в поисках какого-то очередного получастного агентства и по ошибке забрела в другое, государственное. При нем существует клуб unemployed professionals (безработных профессионалов). Как мрачно любят пошутить тамошние члены: «профессиональных безработных» (professional unemployed). Чтобы стать членом этого клуба, который, надеюсь, поможет мне активизировать и расширить свои поиски, я неделю походила на обязательные установочные лекции, четыре часа в день. Это было очень интересно. Там все были американцы, старше меня, крутые профессионалы (работник воздушного флота, банковский менеджер, два учителя колледжей, «продажный агент» (агент по продаже) и т. п. - что и говорить, крутизна. Группа небольшая, человек шесть-семь, в основном, мужчины. Там обязателен dress code (код одежды), то есть в джинсах и как попало нельзя одеваться, а надо ходить в прилично-деловом виде: мужчины - при галстуках, женщины - в приличной деловой одежде. Лекции были замечательные. Читали их сами же члены клуба (всего в клубе около семидесяти членов) . А так как я нахожусь в непрекращающемся процессе погружения в бездонные пучины американского английского, то послушать умные речи очень люблю. Телевидение и газеты это одно, а живое общение на профессиональном уровне это другое. Там меня полюбил один женатый тип. Он меня подвозил до остановки, а другой раз до дома. Когда он мне сообщил, что он рассказал своей семье, какая с ним в клубе замечательная русская, я приняла это к сведению и стала носить длинные юбки, чуть не до пят, чтобы не раздражать и без того раздраженного многолетним установившемся браком сорокадвухлетнего мужчину. По окончании недельной тренировочной сессии было общее собрание членов, на которое были приглашены представители организации Peace Corps. Это американская организация, существующая тридцать лет и занимающаяся программами помощи разным странам (тем, которым требуется помощь). Таких стран примерно девяносто. Теперь в их число входят и некоторые бывшие отделившиеся республики Страны Советов. У меня тут же возникла идея все тут бросить и на два года поехать с мужем по такой программе в Россию. Я подумала, что мы оба будем при работе, сможем попутешествовать, я смогу посетить своих родственников. Приехала домой и рассказала о своей идее мужу. Его реакция была неожиданной для меня. Я ведь думала, он сразу вцепится в мою идею и скажет: «Да, давай все бросим и поедем». Ан нет. Он начал как-то нелестно отзываться об этой программе, сказал, что как это он тут все бросит, да как это он куда-то поедет получать нищенскую зарплату и жить в шалашах и трущобах (huts and slums), как он выразился. Видно, что воображение ему сразу нарисовало неприглядные картины из жизни развивающихся стран Африки. Я ему мягко напомнила, что в Африку я тоже не хочу (ехать развиваться там вместе с ними), а хочу в Россию, и жить мы там будем не в хижинах, а в нормальных благоустроенных квартирах. Но он словно меня не слышал и все твердил «шалаши и трущобы». Тогда я сказала: «Ах так! Значит, ты считаешь, что русские живут в шалашах и я тоже из шалаша родом?» Он сказал: «Ну нет-нет, я так не считаю» - и всячески стал меня успокаивать и отговаривать, и я поняла, что его в жизни никуда не вытащить из Калифорнии с ее охотой за работами, землетрясениями и остальными достопримечательностями. Путешествовать он любит, но с комфортом и в качестве туриста. Я побурчала пару дней на тему, какой он слабый духом, без струнки авантюризма, без огня, без искры, без сучка с задоринкой, да и умолкла. Честно говоря, мне и самой здесь не надоело. Вот только безработица заела.

Находятся тут и доброжелатели, советчики из местных русских, которые считают, что ничего у меня не получится с учительством (ведь у них-то не получилось в свое время. Так как они и не пытались. Или плохо пытались). Эти люди мне настоятельно рекомендовали последовать их примеру, и чьему-то еще, и устроиться в любой магазин на кассу не взирая на свое филологическое образование и учительский опыт работы. Платят там в три-четыре раза меньше, чем учителю. Надо стоять восемь, а то и больше часов за кассовым аппаратом. Или в мексиканскую закусочную за пять долларов в час (это минимум по Калифорнии). Этим доброжелателям будет большим огорчением узнать, что я уже начала замещать учителей в школах: они ведь так хотели меня устроить куда-нибудь попроще.

Но между прочим, кассы я таки отведала немного. Я до того сейчас в отчаянии, что уже почти три месяца не могу устроиться, что забрела несколько дней назад куда-то к черту на кулички, заехала автобусами, куда Макар телят не гонял. Созвонилась по объявлению в газете и поехала.

Выехала с большим запасом времени, т.к. у меня не было расписания второго автобуса, пересадочного. Автобус пришел неожиданно быстро и я оказалась в нужном мне месте часа на полтора раньше. Поэтому я вышла на одну остановку пораньше и медленно пошла по улице, озираясь, где бы убить время. И тут вдруг вижу HELP WANTED (требуется помощь), большими такими внушительными красными буквами. Эх думаю, на ловца и зверь бежит. Я туда. Это был небольшой магазинчик. До сих пор мне такие объявления попадались только на парикмахерских, но я далека от парикмахерского искусства. Захожу в этот магазинчик, спрашиваю мужчину средних лет, мексиканистого вида, который стоял на кассе, куда мне обращаться. Он сообщил, что пока владельца нет, но скоро должен подъехать. Еще он мне сказал, что ему очень хочется найти себе замену для работы на кассе. Тем временем я присмотрелась к окружающей меня обстановке. Магазинчик небольшой, но бойкий, т. к. продается там много чего - закуски, сигареты, мороженое, лотерея, напитки, газеты, журналы и т. п. Называются такие магазины liquor store, что в переводе «магазин спиртных напитков», но название совсем не отображает его основного назначения, хотя и спиртных напитков там много. Но там не ходят-бродят пьяницы и никто не валяется у входа, как частенько это бывало у меня в прибалтийской столице - если уж специальный магазин, так его сразу видно. Пока я глазела по сторонам, в поле моего зрения попала яркая обложка скандально известного журнала HUSTLER. О владельце, основателе этого журнала поставлен фильм

«People vs. Garry Flynt», который я смотрела. Но журнала никогда в руках не держала. И не хотела бы, чтобы, например, муж интересовался такими журналами. Но тут я решила воспользоваться случаем и посмотреть журнальчик под шумок. У мексиканистого кассира я попросила подержать журнальчик и он мне его дал. Я села за стоявший в магазине единственный столик, достала из своего портфеля свой приличный русский журнал, прикрыла им неприличный американский и стала читать. Не успела я прочитать статьи, в которой автор разносил всякими ужасными словами известную Маршу Кларк (прокурора злополучного О, Джей Симпсона) и даже посвятил ей (Марше) неприличную картинку, как ко мне подбежал кассир и со словами «Пришел владелец» стал выхватывать у меня журнал.

Отдав журнал, я обратилась к владельцу. Им оказался индиец лет тридцати пяти. Посмотрев мое заявление, которое я уже успела заполнить, он стал задавать мне всякие вопросы. Потом подоспела его жена, индианка (они были привезены в Америку детьми) и стала продолжать меня выспрашивать обо всем. Этим магазином они владеют восемь лет, как они сказали. Индианка на меня смотрела пытливым черным индийским взглядом, пытаясь побольше узнать не столько о моем рабочем стаже, сколько о том, кто я и что. Где и как я живу, и с кем, можно ли мне доверить деньги. Пытала долго. Я уж ей рассказала и про наш апартмент, и про мужа, и про то что кактусы разводим и уже не знала, чем ее еще убедить, что я нормальный человек, не преступник. Тогда она сказала: «Хорошо, мы подумаем и вам перезвоним». И я вышла из магазина и пошла на автобусную остановку, которая была как раз напротив. Минуты через три индианка выскочила из магазина и, подойдя к остановке, встала по другую сторону небольшого газона и стала что-то жестикулировать явно в мою сторону. Я подошла и поинтересовалась, что она хочет. Она говорит: «А не хотите ли вы прямо сейчас попробовать начать работать на кассе?» Я говорю: «Хочу». И вот я постояла на кассе часа полтора, потыркалась своим длинным маникюром в кассовый аппарат, даже чуть не обсчитала кого-то на пятьдесят центов, вообщем, стала уже осваивать базис кассовой работы. И хоть индийцы (и муж, и жена) не источали аромата свежести вблизи (ведь американцы очень чистые, замытые до дыр), но я все равно их очень полюбила за доверие ко мне. Ведь это первые люди в Америке за два года, которые сразу меня схватили на работу.

На следующий день мне предстоял экзамен по вождению. Поэтому я с ними распрощалась, пообещав, что на следующий день приеду в пять вечера и буду работать до победного, до десяти вечера, когда закрывается магазинчик. Домой я приехала в полседьмого вечера, пока дотащилась автобусами. Майк мечется тигром по квартире с сильно увеличенными влажными глазами от страха, куда я пропала. Ведь он знал, что завтра экзамен, которого я очень ждала. Я ему рассказала всю кассово-индийскую эпопею. Он как услышал название района, где я была, сразу запричитал и заахал: «Нет! Нет! Ты не будешь там работать! Это очень плохой район, вблизи от фривея, такие магазины грабят, это опасно, что я буду делать без тебя вечерами (можно подумать он что-то со мной делает), мы никогда не увидимся за неделю (как будто не насмотрелись за два года), да за такие копейки (индийцы грозились платить минимум пять баксов в час), так далеко и опасно", и т. д. и т. п. Это правда, что такие магазины грабят. Заходят с пистолетами и часто убивают кассира. Но индийцы мне сказали, что их восемь лет не грабили, и я им сразу поверила. Я всегда всем верю в основном (я очень доверчивый человек по натуре, и не считаю это отрицательной чертой характера). Когда я сказала об этом Майку, он вскричал: "I don't buy it!", что означает дословно «Я не покупаю этого», а смысл «Я не верю» - популярное здесь выражение. Он сказал, что если их грабили, они никогда не станут этого рассказывать человеку, которого принимают на работу. Мне очень жалко было индийцев, но пришлось отказаться от мысли работать у них. Да и добираться было бы действительно трудно оттуда в десять вечера, многие автобусы ходят только до восьми.

На следующий день я неожиданно для себя вдруг сдала экзамен на права, практику вождения. Ведь месяц назад я завалила. Но на сей раз все было неожиданно по-другому. Мужчина-инструктор, лысый, с круглым немаленьким животом, на вид грозный, оказался очень дружелюбным и разговорчивым. Узнав, что я русская, он тут же завел разговор о России и все двадцать две минуты driving test мы оживленно вели страноведческие беседы. Как-то я умудрилась за болтовней не допустить ни одной ошибки и сдала. Ведь к водительским правам я шла очень тернистым путем, через нервное обучение русским мужем до Америки, потом в Америке через вечное нытье свекрови. Но наконец - вот оно, свершилось! Водительские права для меня очень важны здесь. На многих работах с тобой и разговаривать не хотят, если ты без водительских прав. Ведь тут в Калифорнии основное средство передвижения машина. Теперь осталось «совсем немного» - купить машину, регистрацию и страховку на машину. Но для этого надо начать работать, а то мне и содержать-то ее не на что будет. Надеюсь, что фортуна наконец повернет ко мне свое симпатичное лицо и я начну зарабатывать деньги.

А потом, будучи за рулем, у меня значительно увеличатся возможности изучения жизни Калифорнии и американцев, Калифорнии, которая стала теперь мне родным домом. Как выразилась одна молодая писательница (кстати, тоже из Индии), которая приехала сюда в возрасте девятнадцати лет и живет уже второй десяток лет (и, видно, неплохо живет, раз печатается в местных журналах): «Индия у меня в сердце, а Америка - это мой дом». То же чувствую и я по отношению к России.

А пока, до следующего рассказа!

Июнь, 1997г.

10

Жизнь моя не течет, а прямо скачет галопом, насыщенная событиями. Поэтому приступаю к очередному рассказу, хотя прошел едва месяц со времени написания предыдущего.

Мне, замученной жаркими поисками работы (ведь калифорнийское лето не балует ни дождями, ни прохладными днями), захотелось как-то отвлечься. Майк тоже ездил на работу очень далеко и был не в восторге от этого, да еще от своего положения «тэмпа» (temporary), временщика. Как-то раз, в гостях у друзей, мы узнали, что они собираются через месяц на остров Каталину на четыре дня, отдохнуть от ежедневных рутинных обязанностей. Я как услыхала слово Каталина, сразу стала канючить у Майка «Каталинка, малинка, хочу на Каталинку». Оказалось, что он тоже не прочь убежать на несколько дней на остров от всех забот.

Отыскав какие-то финансовые возможности в своих кредитных карточках, Майк тоже купил нам такой же четырехдневный тур на Каталину.

Каталина - небольшой остров в Тихом океане, в тридцати милях от побережья южной Калифорнии. По описанию калифорнийцев, вода там такая прозрачная, что видно, как плавает рыба. Естественно мне очень хотелось убедиться в этом воочию.

На Каталину нам предстояло отправляться утром. Вечером перед поездкой мы поехали в большой специальный магазин спорттоваров, чтобы экипироваться должным образом. Ведь одним из видов времяпровождения на Каталине является плавание под водой, в маске и с трубкой для дыхания, наблюдая подводный мир. По-английски это называется смешным словом «снорклинг». Слово мне так понравилось, что Майк у меня сразу получил новое временное имя «снорклочка». Вообще он знает уменьшительно-ласкательные суффиксы русского языка и умело их приставляет к разным английским словам. Он сказал, что ехать на Каталину без снорклового снаряжения, это все равно что даром убить время. И вот пока он в магазине придирчиво выбирал свои маски-трубки (он жутко медленный покупатель, в магазинах с ним тоска), мой взор обратился к роликовым конькам, коробки с которыми высились пирамидой в углу. Выбрав себе подходящий размер, я тут же на них взгромоздилась и как пошла в них кататься среди полок, украдкой поглядывая на себя в большое зеркало, как я там смотрюсь фигуристкой. В Калифорнии роликовые коньки очень популярны. Я всегда с чувством глубокого уважения и большой белой зависти смотрела, как калифорнийцы всех возрастов едут вдоль пляжа по специальным асфальтированным дорожкам, демонстрируя высокий класс. Моей мечте о «роликах» было два года. Поэтому тут, под шумок сборов на Каталину, я сказала Майку, что мне не надо маски-трубки, навряд ли я буду плавать под водой (ведь это надо без косметики идти на пляж, народ, что ли, распугать) , а вот ролики мне ну очень хочется. Он так разошелся, что купил и маски-трубки себе, и аж две пары роликовых коньков, для нас двоих. Он сначала стал мерить какие-то итальянские. Они ему приглянулись тем, что у них очень хорошо крутились колесики. Вторым их примечательным качеством было то, что они были без тормоза. «Видно, итальянцам тормоза ни к чему», - тут же заметила я, прибавив, что вот Майку-то они бы, по-моему, очень сильно пригодились. Наивные! Мы и не подозревали тогда, что эти шутки обернутся почти трагедией через две недели! Но не буду забегать вперед.

Убедила-таки я его, что ему надо ролики с тормозами. Купили мы все необходимое, приехали домой поздно, часов в одиннадцать вечера. Но мне тут же приспичило покататься. Выехав на асфальт около гаражей, я поняла не далее как через минуту, что сильно заблуждалась в магазине насчет своих талантов «фигуристки», когда каталась там по карпету (ковровое покрытие пола), держась за магазинные полки. Здесь, дома, на родном асфальте, я стала часто и больно падать, тут же смекнув, что предстоит учиться кататься немало часов (накатать, словно летчику налетать часы), чтобы достигнуть не то что грациозности и легкости, которою я любовалась, но хотя бы выглядеть прилично на улице. Представляете, едет девушка в возрасте и падает, падает, падает. Нет, это никуда не годится. Майк тоже надел свои коньки и тоже слегка попадал, приземлившись несколько раз в кустах и на асфальте. Нападавшись вволю и набрав необходимое количество ссадин и синяков для поездки на Каталину, мы решили, что нет, не будем брать ролики с собой туда. Пусть они дома полежат. Тем более, что они большие и тяжелые.

Утром мы поехали в один из пляжных районов, откуда ходит пароходик на Каталину. Наши друзья уже были там. Пароход идет со скоростью тридцать миль в час и через час мы уже были на острове. Оставив вещи в гостинице, мы пошли осматривать что к чему. Подробно я описывать прелести Каталины не буду. Тех читателей, для кого это недосягаемо, не хочу раздражать. Тех же, кому знакомы поездки на острова с развитой туристической промышленностью, ничем не удивишь, а главное, не хочется. Замечу только, что остров действительно очень красивый. Все комфортабельно и презентабельно, для туристов. Промышленности там никакой нет, рыбная ловля запрещена (я заметила, что американцы здесь не такие страстные рыболовы, как в России), поэтому действительно с берега видно, как плавает средней величины ярко-оранжевая рыба, золотая рыбка. Неправ был Эсси, учитель-иранец, который сказал, что на Каталине делать нечего. Может, иранцам и нечего. А нам было чего. Осталась куча фотографий, таких же ярких, как и воспоминания.

Четыре дня пронеслись незаметно, и вот, вернувшись из поездки, мы опять окунулись в свои обычные дела. Майк - в работу, я - в погоню за ней. Продолжая свою охоту за работой (job hunting - распространенный здесь термин, как я уже упоминала), я набрела на одно место, где меня брали на минимальную зарплату. Сейчас это пять долларов в час в Калифорнии (минимальная плата растет примерно на 25 центов в год). Работать надо было по ночам, проводить инвентаризации в продуктовых супермаркетах, которые работают с семи утра до полуночи, поэтому инвентаризации проводятся ночью. Как и в прошлый раз с индийцами, Майк мне не разрешил браться за такую работу. Хотя я хотела - так надоело искать. Однако я не очень сопротивлялась, ведь ехать надо было действительно черт-те куда, за мизерную плату.

Через две недели после Каталины, однажды в субботу утром Майк собрался за своей бизнес-газетой, что продается на нашей улице, пару кварталов down the street (вниз по улице, дословно). Улица действительно идет с легким уклоном вниз, ведь мы тут как никак среди невысоких гор. Собрался он ехать на роликах. Я говорю ему: «Майк! Ты ведь не очень хорошо еще ездишь, это опасно». Но его было не переубедить. Разве мужчина будет слушать женщину? Тогда, прибавив, что я хочу посмотреть, как он будет падать, я пошла вслед за ним. Он покатился на своих роликах. Он и меня призывал надеть мои, но я сказала, что не готова еще к катанию на улицах и, пожалуй, воздержусь. Итак, я пошла по одной стороне улицы, он поехал по другой. Он достаточно прилично доехал до газетного автомата, купил свою любимую газету, пересек улицу и подъехал ко мне. Я ждала его, сидя на травке в тени. Добравшись до дома, мы разошлись. Он остался на улице покататься еще, а я пошла домой, надела наушники и стала слушать русские кассеты, лениво размышляя о том, как бы покачественнее провести выходные. Минут через двадцать мне пришла в голову мысль, что что-то он долго катается. Но я решила еще подождать. И вдруг через наушники до меня донесся звук дверного звонка. Какая-то женщина. Говорит: «Там ваш муж лежит на асфальте и не может подняться». У меня сразу мелькнула мысль, что, наверно, ногу вывихнул. Я выскочила и побежала в том направлении, куда она показывала. Был полдень. Палящее летнее солнце. Мой Майк, снорклочка, балериночка (потому что у него тоненькие ножки в шортах), лежит на цементированной дорожке, скрипя зубами от боли. Он не может даже двинуться с места. Попросил воды. Я сбегала, принесла. Говорит: "Я минут двадцать пять уже вот так лежу и ору, и ни одна сволочь не подошла". Отзывчивые вы наши соседи! А ведь за домом бассейн и там было человек пять-шесть, я видела. А я, как назло, была в наушниках. Хотя это и не совсем рядом с нашей квартирой, но он говорит, что так орал, что даже и у нас можно было услышать. Мы попытались ему помочь подняться, но малейшее движение причиняло жуткую боль. Эта женщина пошла позвонила 911. Приехали двое парней из fire department (пожарки), очень быстро. Тоже не стали его передвигать, хотя бы в тень. Говорят «Боимся трогать, повредить что-то, может, у него перелом». Они вызвали скорую, которая тут же приехала и мою балериночку положили на носилки и загрузив в машину, повезли в больницу. Я забросила домой злополучные коньки и тоже поехала с ними.

В регистратуре я дала необходимую информацию о нашей страховке и меня попросили пройти в комнату ожидания. Я села и стала читать газету. Вдруг тишину больницы разрезал пронзительный крик Майка, я тут же понеслась на крик. Ему делали рентген и еще пока не давали обезболивающего. Чуть позже мне сказали, что я могу пойти к нему. Он лежал на высокой каталке и шутил с сестрами, которые уже сделали ему укол морфия. Рентген показал перелом бедра. Все случилось так быстро, глупо, неожиданно, что мы с ним все еще никак не можем прийти в себя. Подошел доктор, сообщив, что лучше сразу сделать операцию. В ожидании операции ему несколько раз кололи морфий. Мы испугались, хотя виду друг другу не показывали. Он попросил ручку, бумагу и рассказал мне, что делать в случае неудачного исхода операции (про свой пенсионный фонд и т. д.). Пришлось позвонить его матери, сообщить. В три часа его увезли на операцию, а я пошла опять сидеть в комнату ожидания. Через полчаса приехала его мать и я ей все рассказала. Она жуткий нытик и пессимист по жизни, но тут, к моему удивлению, вела себя как положено. Операция длилась полтора часа. Врач сказал, что прошла хорошо, что у Майка сильное тело, кость скрепили четырьмя металлическими шурупами.

Через некоторое время вывезли мою балеринку, всю полусонную после наркоза. Повезли в послеоперационную палату. По дороге он ухитрялся слабо шутить, что теперь он будет предпочитать лыжи. Сестры хихикали. Когда до операции мы спросили о шансах на полное выздоровление, врач дал только 30%. Не очень-то веселая перспектива в 33 года. Поэтому мы испугались не показывая друг другу вида. Я, вернувшись домой, в панике и смятении, стала звонить верующим знакомым русским, американцам. Баптисты, мормоны и католики, все сказали, что будут молиться за выздоровление Майка.

На второй день, войдя в палату, я приятно удивилась, увидев его почти сидящим и жующим принесенный ему ланч. Надо отдать должное условиям больницы, врачам и обслуживанию. Все это просто идеальное. (Я здесь опускаю подробности о больших проблемах в системе американского медицинского страхования, расскажу когда будет более уместно). Кстати, нам повезло, что мы живем в тихом благополучном пригороде Лос-Анджелеса. Ведь если попасть в больницу где-то поближе к центру, она могла бы оказаться заполненной людьми, и возможно было бы не попасть так быстро на операцию. Да лежать в палате с другими. Гипс ему не накладывали. А на третий день стали уже ставить на ноги. Это после такой серьезной операции! Майк время зря не терял. Попросил принести ему его «игрушки»: газету, книгу, графики акций. И стал тут же названивать в свою акционерную компанию, что-то продавать и покупать. На четвертый день разрешили выписаться. Он уже стал томиться там, несмотря на отличные условия, еду по заказу и т.п. Привезли его домой. Квартира у нас двухэтажная. Это значило, что несколько недель он не сможет подниматься на второй этаж, где ванная, спальня, компьютер. Водить машину тоже не сможет, кто знает, сколько.

На пятый день до меня только дошло, что за несчастье на нас обрушилось. До этого я была словно в шоке. Я без работы и машины. Надо успевать ухаживать за балериночкой и не забрасывать поиски работы. Пока дождемся чеков по временной нетрудоспособности, надо как-то перебиваться. Я себе неприязненно подумала о том, что мне надо будет готовить еду два раза в день, и тут же ему пожаловалась. Он меня пожалел, но не может же он изменить своих привычек - он очень разборчивый в еде. Надо что-то вечно фантазировать. Но когда это надо было делать раза четыре в неделю, я справлялась. Теперь каждый день по два раза! Это для меня настоящая работа, хотя я и делаю все быстро. Майк меня утешил: иногда будем заказывать пиццу по телефону.

Устроили мы его на первом этаже поудобней. Он успокоился, старался обходиться без обезболивающего. Искупали его как следует на патио (типа веранды, летом там жарко и вода, которой мы поливаем цветы, как нагретая). На следующий день пришла медсестра из поликлиники. Принесла ему книжку про его перелом. Книжка - замечательная, вся в цветных картинках. Картинки напоминают рисунки в современном варианте Библии. Это не книжка, а просто прелесть. Называется «Перелом бедра». На лицах персонажей, изображенных на картинках (женщины-пациентки, обслуживающего медперсонала, членов ее семьи) такие блаженные улыбки, словно они всю жизнь ждали бедренного перелома и вот оно! наконец свершилось! Наконец-то можно попользоваться и вкусить всех достижений медицинской техники! Ну они просто все беспредельно счастливы: теща-пациентка, зять (хотя его можно понять), навещающий ее в больнице. И с чувством глубокого удовлетворения на румяных просветленных лицах люди на картинках ходят с помощью алюминиевой поддержки и натягивают носки с помощью специального приспособления-палки с крючком на конце. Майк прочитал книжку и почему-то отправил в корзину для бумаг. Я ее оттуда выхватила и стала читать. Это очень весело, поверьте. Никакой трагедией там и не пахнет. Если учесть, что я воинствующий оптимист, то я сразу решила, что мы должны попасть именно в те тридцать процентов благополучного выздоровления, о которых говорил врач.

***

А вчера меня вызвали помочь с переводом во время визита к врачу одной русской женщины. Позвонили из компании, занимающейся переводами - плоды моих неусыпных поисков. Я тут же согласилась и сказала, что приеду на следующее утро в медицинский офис. Район был неблизкий, но я, по наивности, как всегда, подумала, что свекровь меня подвезет. Майк позвонил ей, сказал, куда мне надо, и она взялась за свое нытье. Еще раз убедившись в ее никудышности, я откопала все свои карты и автобусные расписания и, словно стратег перед сражением, разложив их все на полу вокруг себя, вычислила, что мне надо брать (to take bus) четыре автобуса до нужного места. Район назывался Сан Бернардино. По фривею на машине это бы заняло не больше часа. Но я, как министр без портфеля или волк без зубов, а также бодливая, но безрогая корова, имею теперь водительские права, но не имею машины.

Выехать из дома пришлось в пять утра и минут двадцать проехаться на такси до автобусной станции, так как от моего дома автобусы начинают ходить позже. Представляете, как мне хотелось поехать по этому вызову! Дело в том, что я понимаю, как важно мне навести контакты с переводческими компаниями. Ведь русский язык - редкое явление в этой части Калифорнии.

Добралась я до нужного мне офиса очень хорошо и быстро. Настолько быстро, что приехала раньше на час сорок пять минут. Ведь меня запугали, что это недосягаемо-невыполнимо на автобусах. Вот я и перестраховалась со временем, боялась опоздать. Слушай всех. Явившись, не запылившись в семь тридцать вместо девяти пятнадцати, я ничуть не расстроилась. Раньше - не позже. Солнышко светит, птички поют. Жара еще не началась. Я позвонила домой, сообщила Майку, что добралась благополучно. Села в тени на скамеечку и стала писать письмо маме. За писаниной незаметно прошло полтора часа, и я направилась в офис. Русская пациентка, для которой меня вызывали, была уже там. Для нее было сюрпризом мое появление, так как переводчицу вызвало государственное учреждение, через которое она ходатайствовала о получении пособия по инвалидности. В офисе я помогла ей заполнить бумаги и пообщаться с врачом. Всего это заняло два часа. Потом она меня подвезла до автобусной станции и мы расстались, обменявшись телефонами.

Итак, я одержала еще одну маленькую победу здесь, в Америке, где вот уже третий год пытаюсь встать на ноги. И все как-то не встается, туго получается. Я ведь пытаюсь найти работу, соответствующую своим квалификациям, а это нелегко. Так что «победа в Сан Бернардино» для меня заключается в том, что я, во-первых, доказала своей мямле-свекрови, что она не свет в окошке со своей машиной (я сдавала на права на ее машине), во-вторых, я навела контакт еще с одной переводческой компанией, зарекомендовав себя аккуратным и компетентным переводчиком, в-третьих, познакомилась с хорошей русской женщиной (русских тут очень мало в этих краях), в-четвертых, подтвердилось, что я стою на правильном пути в своих поисках. Несмотря на дурацкие советы некоторых моих американских родственников наплевать на свое образование и опыт и идти торговать машинами или в магазин одежды. Я лингвист, творческий человек, люблю языки, писанину, переводы. Ну не умею я торговать, хоть ты меня застрели. Не мое это.

Вот так моя американская двухлетняя эпопея без работы преподнесла мне еще один удар - временную нетрудоспособность мужа. Ничего себе проверка на прочность. Но главное не унывать, и тогда все преодолеешь. Люди, которые тут живут по двадцать лет, говорят, что первые три-четыре установочных года трудно, а потом все становится на свои места. Русский характер и американские условия - совсем неплохое сочетание для нормальной жизни человека, заброшенного судьбой в чужую страну. Калифорния мне теперь родная, несмотря на мои трудности. А Прибалтика стала чужой сразу же после развала Союза. И я не хочу другого дома, чем тот, который тут обрела.

До встречи в следующем рассказе! Берегите себя!

Август, 1997 г.

11

В полночь, перейдя из гостиной в спальню, весело поболтав с Майком, затем безуспешно попытавшись заснуть, я поняла, что мне это не грозит в ближайшие три - пять часов. Со мной это бывает частенько, особенно если я посплю внизу у ТВ пару часиков. Поэтому я даже уж и не расстраиваюсь, тем более если впереди выходной день, я просто перехожу в офис и начинаю свои бумажные дела, читать или писать.

Сегодня же, припомнив, что после последнего рассказа, написанного три недели назад, произошли некоторые события, я решила их запечатлеть в очередном рассказе.

Многим, наверно, известна поговорка о том, что жизнь полна неожиданностей (Life is full of surprises). Как у кого, не знаю, а у меня она ими полна до краев. Более «неожиданной жизни» я тут примеров не знаю. А может, и своя рубашка ближе к телу.

Вот только я написала в прошлом рассказе, что я все без работы, а Майк с поломанной ногой (бедром, что еще хуже), как вдруг, неожиданно для самой себя, через три дня я начинаю работать в одном небольшом офисе. Неполный рабочий день, с боссом, который ничего не обещает, не гарантирует и не спрашивает никаких документов. Ведь я уже «собаку съела» в поисках работы и прекрасно понимаю, что такое положение вещей идет ну прямо вразрез со всеми правилами и установками, касающимися поисков и приема на работу в Калифорнии.

Все случилось очень быстро и странно. Я уже упоминала о том, что состою членом добровольной ассоциации «безработных профессионалов», на которую случайно набрела в процессе поисков работы. Это что-то типа клуба под названием «Опыт без пределов» (Experience Unlimited) при государственном агентстве по трудоустройству. В течение недели нам читали лекции буквально обо всем, касающемся поисков работы: резюме, интервью, выхода на нужную информацию и т.п. Все это было очень познавательно и полезно. Особенно мне, послушать грамотные американские речи и поучаствовать в дебатах. Вскоре я там заимела кучу знакомых. В клубе около семидесяти членов. Я одна русская. Женщин там мало, в основном почему-то мужчины. Меня как-то быстро все стали узнавать. Я это, кстати, отношу в счет моего «дубового» русского акцента, насчет своей внешности я не обольщаюсь. Разные люди находят меня в разной степени симпатичной. Я же иногда себе нравлюсь, иногда очень не нравлюсь. А насчет акцента, дело в том, что я знаю много разных акцентов, но вот русскому акценту наиболее подходит слово «дубовый». Те кто лингвисты, они поймут, о чем я. А те кто нет, не обижайтесь. Это чисто об акценте. Иногда смотришь ТВ, показывают русского кого-то и как он (она) говорит по-английски. Каждый раз ловишь себя на мысли «Боже мой, какая же дубовость, как у них уши не вянут (у американцев)». Но они у них не только не вянут, а они часто говорят, что такая дубовость "им очень ласкает ухо".

Хотя бы потому, видимо, что это очень отлично от всех привычных для них акцентов. (Например от испанского, который тут в южной Калифорнии превалирует).

Так вот в клубе меня стали узнавать даже те, которых я вроде и не знала. Появился и неровнодышащий Руди. Очаг неровного дыхания. Как же без него. Руди сорок два года, выглядит на десять лет моложе. Женат, лет с восемнадцати, что не очень характерно для американца. Я понимаю, что после такого количества совместно прожитых лет с женой можно наконец и задышать неровно, заслышав заморский экзотический акцент, и глядя в нахальные светло-зеленые русские глаза. У них тут в южной Калифорнии мой цвет глаз оказался очень необычным, так как преобладает коричневый цвет глаз. Руди стал подвозить меня домой, делая для этого немаленький крюк. На автобусах мне бы понадобилось около полутора часов на дорогу, а на машине двадцать-двадцать пять минут, быстро, мягко и с комфортом, практикуя разговорную речь. Трудно было отказаться от такого удобства. Когда он мне рассказал, как он рад встрече со мной и что он хочет работать непременно в тот же день, что и я (по правилам клуба мы должны волонтерить четыре часа в неделю), я, на всякий случай, стала носить юбки подлиннее и блузки поскромнее. Чтобы зря не раздражать Руди, усталого и замученного налаженной американской жизнью с одной американской женой, и от этого легко поддающегося всякого рода раздражениям. Раз в неделю мы работали четыре часа в офисе клуба, выполняя каждый свои обязанности. Потом он меня подвозил домой, каждый раз пытая: «Что ты собираешься делать в пятницу?» Ему очень хотелось поланчевать со мной. А мне только хотелось быстро добираться домой.

В наш день, среду, работала также Шер, женщина в ранних сороковых (дословно переводя с английского, о возрасте), то есть ей чуть больше сорока. Она высокая, немного угловато-неповоротливая и большая шутница. О том, что она одинока и ей это очень не нравится, она всегда всем рассказывает. И вот Руди как-то меня подвозит и говорит: «Ну почему бы нам с тобой не встретиться, не попартиться (это мною придуманный глагол от английского «парти», вечеринка)». Я, как всегда, начинаю мяться и ныть, как мне не до этого, как я устала от поисков работы. Я не могу ему прямо сказать, что, мол, знаешь, мил-друг Руди, у меня есть муж и партиться мне с тобой ни к чему. Но я боюсь его вспугнуть, поэтому начинаю «вилять хвостом», придумывая всякий раз новые отговорки, увиливая от прямого отказа. Он говорит: «А вот Шер, например (мол, не в твою рожу), она очень хочет партиться». И я, наивно округлив глаза, говорю: «Ну так ты пригласи Шер, у нее и время, наверно, есть свободное». Меня начинает давить хохот, и я сдерживаюсь, что есть мочи, чтобы не захохотать. Это бы испортило весь мой имидж наивной дурочки. Я представляю себе их рядом - невысокого, крепко сбитого Руди и высокую угловатую Шер - итальянская пара хоть куда! Это очень смешно, ведь они совсем разные. Он мягкий и вкрадчивый, смугло-испанистого вида, она громогласная, белокожая, и вообще, как танк или бронепоезд, без компромиссов. Руди в сердцах восклицает: «Ну я ведь не хочу Шер, я хочу тебя пригласить!» Вот так в очередной раз увильнув от приглашения, я выхожу из машины недалеко от своего дома.

Вот как-то звонят мне из клуба и дают телефон одного офиса. Там требуются люди печатать на компьютере документы по недвижимости. Я говорю: «Ведь я не профессиональная машинистка, у меня нет скорости печатания. Тут у них скорости бешеные - пятьдесят пять - сто десять слов в минуту. По сравнению с американской печатной «ракетой» я - лошадка, везущая хворосту воз. Но мне член клуба советует: «А ты позвони, не повредит!» И я звоню, твердо уверенная в тщете очередной попытки. Трубку берет мужчина. Начинаю объясняться. Он вдруг спрашивает: «Вы что, русская?» Я очень радуюсь такой умной догадке и начинаю быстро и сбивчиво говорить ему о том, что да, я русская, что я бьюсь-колочусь в поисках работы, что без работы третий год. Он говорит, что печатать я не смогу, но проверять-то документы я смогу. И назначает мне встречу в этот же день. Я, быстренько прикинув, что надо быть в надлежащем виде на интервью, собраться с мыслями, поэтому предлагаю утро следующего дня. Он соглашается, и утром, приодевшись, как обычно для интервью, в бизнес-слегка нарядный стиль, я еду.

Мой телефонный собеседник оказывается невысокого роста довольно симпатичным мужчиной лет сорока трех-сорока четырех. Зовут Грэг. (Гришка, значит, тут же смекнула я). Грэг из той породы людей, пообщавшись с которыми, через полчаса начинаешь думать, что ты их уже знаешь всю жизнь. Мы с ним находим общие темы для шуток, смеемся. Он мне говорит: «А что это ты так вырядилась?» Я говорю: «Ну как же, как учили, интервью все же». Он: «Да брось ты, тут можно и попроще, во всяком случае без каблука. А то, неровен час, тебя на улице схватят в таком виде». Он имеет в виду мексиканцев, которые сигналят, если только увидят кусок ноги. Мы с ним договариваемся, что он подкопит для меня напечатанных документов для проверки и через недельку позвонит. И как раз через два дня после этого Майк ломает ногу. Я неделю моталась дом - больница и думала, что ведь не верю, что этот Грэг позвонит и действительно даст мне какую-то работу. Ведь я уже четыре месяца бегаю с разрешением на работу - и никаких результатов. Сколько исхожено, сколько сделано звонков, сколько разослано моих резюме - и ничего! У меня три разных резюме: учитель английского для взрослых иностранцев, переводчик русского и клерк. Кстати «клерка» я изобрела после тщетных почти трехмесячных поисков учительской работы или переводчика. Не совсем тщетных, но пока все это такое редкое, внештатное, непостоянное. Например, я учитель на замещении (саб). Я называю себя в шутку «сабститутка». Вызывали пока всего три раза в одну школу. Вызывают, когда не выходит постоянный учитель. Но в списке-то у них тридцать таких желающих-сабститутов, как я! Попробуй дождись своей очереди на вызов. Переводы нужны еще реже. И вот, осознав все это, я в муках родила третье резюме на себя, на клерка. В котором написала, что я незаменимый и талантливый клерк, какого не сыскать во всей Америке (особенно учитывая опыт работы в разных советских офисах, где все офисное оборудование состояло в обычной картотеке и простом калькуляторе). Потому-то я и рожала его в муках. О скорости же печатания я там умалчиваю. Кому нужна такая «ракета» двадцать пять-двадцать шесть слов в минуту? И вот, почти уверенная в том, что Грэг забыл, что обещал мне дать работу корректора, устроив Майка дома после больницы, я все-таки звоню Грэгу, чтобы справиться о своей судьбе. И он действительно меня приглашает в понедельник приезжать на работу, первый день. Но я все не верю. Не верю, когда он мне показывает мой стол, не верю, когда отрабатываю первых пять часов за этим столом. Ведь он не спрашивает у меня никаких документов. Американцы ведь жуткие бюрократы, и тут, с Грэгом, это все совсем не укладывается у меня в голове. Сколько я переписала бумаг, заявлений в совершенно ненужных местах, где даже не собирались мне ничего предлагать! А тут вдруг дали работу и ничего не спрашивают. Ну батенька, это Америка, страна чудес. В конце недели я вкрадчиво говорю Грэгу, не хочет ли он, как бы невзначай, взглянуть на мои документы? Он, как-то отмахнувшись, говорит: «Ну ладно, сделай копии идентификационной карточки и разрешения на работу». Я тут же побежала барашком, сделала копии, приношу. Вот неделя, другая проходит, я работаю, о деньгах мне никто даже не намекает, словно я работаю в целях благотворительности. И вот наконец, в конце третьей недели, когда я уж надумалась всякого, мне дали первый в моей жизни в Америке чек - то, что я заработала за две недели. Тут только я поверила, что я при работе. Пусть она без гарантий, так как это частный бизнес Грэга, но все-таки это работа! Есть у него работа, он нанимает людей, нет - он от них избавляется. Но мне об этом думать некогда. Мне нужны деньги на машину. Я иду и работаю. В конце первой недели меня посетила мысль, что на такой работе можно деградировать, читая одни финансовые документы целыми днями. И я нашла отличный выход. Я принесла маленький магнитофон с наушниками, кучу кассет. И приятно провожу время, слушая свою русскую музыку или испанские уроки. Радио в офисе горланит целый день, но американский заезженный рок или новые, но уже заезженные шлягеры не отвлекают меня от занудства проверки документов, поэтому я прибегла к своим кассетам.

Тут я должна сделать небольшое отступление и рассказать о том, что со мной произошло на пятый день работы, когда я возвращалась автобусом домой. Не хотелось нарушать повествование о работе, поэтому я там не ввернула это из рук вон страшное событие.

Итак, работаю я первую неделю. В пятницу еду с работы домой в четыре часа. В автобусе. Один автобус идет полчаса прямо до дома. Очень удобно. Потому-то я и поверить не могла в такую находку. Еду, пишу письмо подруге в Москву. Сижу одна на двойном сиденье в середине автобуса, с левой стороны. И вот я закончила первую страницу и, видимо, собиралась достать из портфеля второй листок. Тут я почему-то взглянула вперед по ходу автобуса. Вдруг я вижу через лобовое стекло, что наш автобус резко почему-то виляет с правой крайней полосы, по которой мы едем, на пешеходную дорожку, потом я вижу, как мелькают кусты и деревья, вплотную к лобовому стеклу. Раздается жуткий, страшный треск удара. В следующую долю секунды я соображаю, что это авария. Также я успеваю подумать, что Майк дома, неходячий, ждет меня с работы, что возможно мы сейчас начнем переворачиваться, и я погибну и как это все страшно и глупо. И как жалко Майка и маму. Я была в аварии иа легковой машине три года назад. Я запомнила этот жуткий треск и звук удара. Машина наша тогда перевернулась полностью и снова встала на колеса, вся помятая, все стекла разбиты. По воле провидения, на водителе ни одной царапины, а я немного ушибла шею при ударе, да сломалась заколка в волосах. И все. А свидетели сказали, что мы смело можем отмечать свой второй день рождения в тот день - жуткое было зрелище. Теперь же, помня все это и осознав сейчас в автобусе, что надо что-то сделать, чтобы поменьше пострадать, я соскальзываю со своего сиденья на пол и упираясь руками в спинку переднего сидения, жду, что мы начнем переворачиваться. Последний сильный удар, мы врезаемся куда-то и останавливаемся. Народ от толчка летит вперед по салону. Было всего 16 пассажиров. Места много, есть куда лететь. Это теперь я шучу. Тогда, поверьте, было не до шуток. Когда мы остановились, заголосили люди, кто от ушиба, кто от испуга. Впереди салона автобуса показался столб то ли дыма, то ли пыли. Кто-то закричал: «Все О, кей, теперь все в порядке (мол, мы благополучно врезались)! Без паники!» Я же подумала, что раз автобус не перевернулся, то уж взорваться-то он уж должен, по крайней мере, ведь в мозгу нагромождение американских фильмов, где они обожают показать крушения и аварии. Мой портфель, в котором все мои документы, отлетел куда-то вперед, под сиденья. Я быстренько подумала: «Сразу выпрыгивать или поискать и схватить портфель сначала?» Как молниеносно работает человеческая мысль! Все произошло в течение считанных секунд. А сколько я успела передумать. Помню, еще подумала, что, возможно, если я начну искать портфель, то автобус взорвется и я из-за портфеля погибну. Но невзирая на такое мрачное предположение, жадность победила. Это могучее чувство (чувство собственности). Оно оказалось бесстрашным даже перед лицом смертельной опасности. Автоматически ему повинуясь, я все-таки нашла портфель на полу впереди, схватила его, и тут какой-то парень открыл снаружи среднюю дверь и помог мне выбраться из злополучного автобуса. Вернее, он почти снял меня, так как автобус висел на каменной стене около метра высотой, которая ограждала задний двор жилого дома и бассейн. Чуть бы посильней удар и мы бы перевернулись в бассейн - неплохая перспектива. Я так люблю бассейны и вот в нем же и погибнуть. Это вроде как: «Чем я тебя породил, тем я тебя и убью».

Что же произошло с нашим автобусом? Водитель, чернокожая молодая женщина, на скорости пятьдесят-пятьдесят пять километров в час почему-то внезапно потеряла контроль управления автобусом и резко съехала с полосы на узенький тротуар, потом автобус врезался в каменный забор, окружавший частный дом, разрушил его и, свалив несколько деревьев, и въехав уже практически во двор того дома, ударился о стоявший там пустой трейлер и остановился. То, что я приняла за дым, по-видимому было пылью от разрушенного каменного забора. Забор и деревья смягчили удар, и мы повисли на этой метровой стене. (Уровень двора был ниже уровня дороги на метр.) Иначе быть бы нам в бассейне. Сразу был сильный шок - хотелось и плакать от пережитого страха и одновременно смеяться от радости, что жива и не покалечена. Я отделалась синяками на коленях. Из дома выбежали люди. Представляете их состояние - тихий солнечный афтернун (послеобеденное время), пятница, и вдруг во двор, сквозь забор, въезжает хорошенький бело-голубой новенький городской автобус, как огурчик. И останавливается по-над бассейном. Одна из проживающих в доме сказала, что при звуке удара подумала, что это землетрясение. Калифорнийца, видно, ничем не проймешь.

Кто-то позвонил 911. Быстро понаехало видимо-невидимо пожарных и машин скорой помощи. Движение транспорта на улице, по которой шел автобус, было приостановлено. Что собрало толпы зевак. Закружились над нами вертолеты, снимая для ТВ. Всех пассажиров автобуса собрали посреди улицы в кучку, как ягнят. Появились репортеры из газет. С большими фотоаппаратами и видеокамерами. Я поняла, что настало мое время для съемок. Пришел мой звездный час. Может меня покажут по американскому ТВ. Я сидела на предложенной мне кем-то из пожарных большой коробке и незаметно для окружающих стала позировать фоторепортерам. Мне было смешно. Ну шок-шоком, авария-аварией, а съемки-съемками. Было такое чувство, что приехала съемочная группа. И я не хотела ударить русским лицом в грязь. Но в задачи репортеров видимо не входило сделать меня звездой сюжета об автобусной аварии и показать меня крупным планом, как я там восседаю на коробке.

Поэтому в газетах на следующий день можно было увидеть только мою голову в профиль, среди других пассажиров. Эту историческую статью и фотографию я до сих пор храню.

Сразу же после аварии мне кто-то дал на минутку телефон, и я, позвонив домой Майку, только успела сказать, что все в порядке, я в аварии, и я ОК. Батарейка в телефоне кончилась. Майк как раз смотрел ТВ и увидел нашу аварию, ее показывали с вертолетов. Наш побито-помятый автобус. Майк, зная, что я оптимистка, не поверил, что я ОК, и поковылял, бедняга, на костылях (тринадцать дней после операции) к соседу, просить, чтоб тот подвез его в больницу, куда повезли пассажиров. Я пыталась дозвониться домой из больницы, но не смогла. Через короткое время появился бедный Майк. На костылях, превозмогая боль. Он боялся, что я пострадала при аварии. Завершив бумажную волокиту в больнице, мы приехали домой на микроавтобусе соседа.

Вот такие удары судьбы обрушились на нас с Майком в августе. Это был очень тяжелый месяц. Не только пальмы, солнце, океан и голубые бассейны. Жизнь есть жизнь. Она течет по своим законам. Случаются аварии, происходят несчастные случаи. И никто от этого не застрахован. Моя мама сразу стала волноваться, не окажется ли Америка мачехой для меня. А один ее верующий знакомый даже сказал, что это мне знак от бога, чтобы я возвращалась в «родные» прибалтийские пенаты.

Возвращаться мне некуда, и не к чему и ни к чему. У меня тут хороший дом и муж, и вся моя жизнь, моя личная свобода в моих руках. Мне тут все нравится, а мои временные финансовые трудности - это разрешимая проблема. А несчастные случаи - что ж, они бывают со всеми, независимо в какой части планеты мы живем. Главное - мир с самим собой. Каждому отмерен свой срок. Принцессе Диане - тридцать шесть лет, матери Терезе - восемьдесят семь. Кто знает, сколько отмерено мне? Я думаю, что надо наладить свой ритм жизни, соответственно своим стандартам, и стараться делать добро людям. Ведь жизнь человека коротка, так давайте же ценить этот дар и жить, творя добро, каждый в меру своих возможностей. Я желаю всем и себе никогда не потерять веру в доброе и светлое. Вот на такой философской ноте я и заканчиваю свой очередной рассказ.

Август, 1997 г.

12

После того, как Майк сломал ногу и стал временно невыходным и невыездным, к нам стали наезжать в гости его друзья, морально его поддерживать. Мы уже два года живем в этом апартменте, но у нас почти никто из его друзей еще не был. У Майка четыре друга, все живут в разных местах и, по-моему, не все знакомы между собой. Время от времени у кого-то из них происходят какие-то события, которые стоит отметить, или сборища, и мы приглашаемся. Так мы шастаем то туда, то сюда. Друзья его в основном все как-то чуть получше обеспечены (может быть, потому, что ведь им не надо было три года поддерживать безработную жену-эмигрантку). Трое из них женаты, один холост. Мне всегда интересно понаблюдать за бытом американцев. В больших компаниях обязательно находятся люди, которых интересуют мои россказни или что-нибудь о России. Да и вообще я любитель всяких тусовок и поездок.

Как-то к нам домой приехал Остин. Остин, как и Майк, химик по профессии, но, не находя удовлетворения в применении своей специальности, он выучился на адвоката и после сдачи специального экзамена через некоторое время приступит к практике. Узнав, что я попала в автобусную аварию и посмотрев впечатляющие фотографии в газете, где о ней была большая статья, он посоветовал нам обратиться к специальному адвокату по авариям. Что Майк и сделал. Взял «желтые страницы», нашел там такого, позвонил ему и, объяснив нашу ситуацию, договорился с ним о встрече. А ситуация наша такова, что Майк в данный момент на костылях, денег у нас нет.

Приехал к нам симпатичный Джон, весь такой адвокатистый и деловой, и взялся за мое автобусно-аварийное дело. Велел нам все счета, которые будут приходить из скорой помощи, пересылать ему. Также он созвонился с хирургом и назначил мне прием у него. Медицинские услуги здесь очень дорогие, поэтому грех ими не воспользоваться, когда все оплачивается.

Офис хирурга, куда меня направил адвокат, оказался довольно большим, уютным, тихим и каким-то престижно-дорогим на вид. В кабинете врача по стенам были развешаны четырнадцать дипломов и сертификатов в красивых рамках (я специально посчитала), свидетельствующие о том, что их обладатель много учился, работал и набирался опыта в области хирургии, ортопедии, лазерной хирургии, и какой-то еще -гии, и чего-то там еще. Я долго и внимательно изучала все эти дипломы, пока переодевалась. Переодеваться тут дают в бумажный одноразовый халат. С таким халатом у меня связаны очень смешные воспоминания. В прошлом году мы ездили в другой медицинский офис и там мне тоже дали такой халат переодеться. Сзади его надо придерживать руками, чтобы полы не распахивались. Облачилась я в него, оставив всю одежду в одном кабинете, и так как ко мне туда долго никто не приходил, я отправилась в другой. Босиком, придерживая одной рукой полы халата сзади, а в другой держа портфель. У дверей кабинета меня встретил врач и говорит: «А куда это вы направились в таком виде?» Это было очень смешно - в бумажном халате, который надо придерживать, и с портфелем в руке. Это что-то вроде намыленного голого инженера у Ильфа и Петрова. В другой стране всегда можно попасть в какие-то смешные или нелепые ситуации. Но вернемся же к описываемым событиям.

Мне сделали рентген шеи и спины и дали направление на физиотерапевтические процедуры, куда я и хожу теперь уже шестую или седьмую неделю. Кабинет физиотерапевта находится на моей улице в десяти минутах ходьбы от дома. Сам физиотерапевт - поляк Чедо, приветливый и веселый, примерно моего возраста. Хотела назвать его симпатичный и вот воздержалась, хоть это и так. Я тут недавно перечитала свои рассказы и заметила, что у меня как американец, так обязательно симпатичный. Но я не виновата, что такие мне встречаются и попадают в мои рассказы. Между прочим, полно тут и всяких разновидностей сумасшедших и придурков. Тут ведь демократия. Всем почет и уважение. Причем, чем больше ты идиот или сумасшедший, тем больше тебе и почету. Да, это так! Но об этом я расскажу как-нибудь в другой раз. Поляк Чедо сначала называл меня Зоя, потом вдруг перешел на «Зойку». Я думаю, что-то ты, друг, совсем запанибратился. А потом я вспомнила, что ведь у поляков всякие Анки и Агашки в порядке вещей. Вскоре он и сам усомнился в «Зойке» и спрашивает: «А хорошо ли это звучит «Зойка»?» Я говорю: «Да вообще-то не очень-то, но сойдет». Он тогда стал рассыпаться в извинениях, объясняя, что он пытался быть ласковым в обращении ко мне. . Я объяснила, что ласковости моему имени придаст суффикс -еньк или -ечк. Но таких сложностей ему было не запомнить, и он опять стал звать меня Зоя. Хожу я туда на массаж и прогревания.

Массаж мне делают нежные девушки-ассистентки, обильно поливая меня почти горячим лосьоном. Девушки эти работают у Чедо по вызову. Платят им мало, поэтому работают студентки. Меняются как перчатки. Я уже устала запоминать их имена. Через каждые две-три недели Чедо мне пишет отчетик о проделанных процедурах. В отчетике он всегда не забывает поблагодарить хирурга за такого приятного пациента (как я). Теперь-то до меня дошло, почему я являюсь особо приятным пациентом. Вчера мы получили по почте копию счета за мои физиотерапевтические процедуры - две с лишним тысячи долларов. И я поняла, что более приятного пациента, чем я, навряд ли найдешь. Ведь я пока не собираюсь их прекращать, чего и не скрываю. А потом я еще хочу попользоваться их тренажерами, может быть.

Отчет Чедо о проделанной работе я отношу своему хирургу (тому, у которого четырнадцать дипломов) . Он меня осматривает и опять посылает на процедуры.

Кстати, хирург дал мне вначале направление в другой физиотерапевтический кабинет, но так как в тот надо было далеко ехать, то мы попросили поменять на этот, Чедин, что поближе к дому. Может, Чедо и не снились такие долгие пациенты, как я (по крайней мере, если судить по его старенькой машине), поэтому они меня там все любят. За постоянство. Небось не разгонишься платить по 500 долларов в неделю из собственного кармана.

Так получилось, что последняя работа Майка (перед травмой) была временная (temporary) . И Майк был тэмпом (temp-человек на временной работе). Быть тэмпом - ничего хорошего не сулит. Не то что хорошего, а вообще не положено бедному тэмпу ни медицинской страховки от работы, ни отпуска, ни оплаченных больничных - вообще ничего, никаких тебе ни бенефитов, ни бонусов. Бенефиты с бонусами (benefits and bonuses) - это все преимущества, которыми отличается постоянное место работы от временного или неполного рабочего времени. Бонусы-это денежные премии. Все хотят бенефиты и бонусы. Но когда нет другого выбора и счета требуют оплаты, тут уж не до жиру - приходится американцу соглашаться на тэмпа. Ездить Майку было очень далеко на эту временную работу, и он клял ее, на чем свет стоит каждый день. Да и название у этой компании было «Аллерган», словно что-то аллергическое. Когда с Майком произошла травма, он автоматически эту работу потерял (дополнительный антибенефит временной работы. Случись что с тобой, и ты уж безработный опять). Месяца через полтора, когда Майк уже начал хаживать на костылях (crutches), ему стал названивать один его бывший коллега Трент и предлагать ему работу. Когда-то, несколько лет назад, они вместе работали в одной фармацевтической компании и Майк обучал этого Трента. И вот теперь у этого Трента поинтересовались, кто же его обучал. Так Майк неожиданно для себя, на костылях, попал на рабочее интервью. Интервьюировали его аж 6 человек по очереди в один день. Но и этого им показалось недостаточно. Через пару дней, в субботу, к нам домой приехал еще один, седьмой интервьюир (как впоследствии оказалось подбоссник, это тот, что под боссом ходит, вроде любимой собаки босса). Они с Майком оживленно беседовали часа два у нас в гостиной. После чего эта новая компания согласилась Майка ждать, пока он сойдет со своих костылей, недели три.

За неделю до его первого выхода на новую работу мы с ним побежали (он бежал на костылях) искать машину. Ведь он больше не мог водить свой трак (truck) с простой коробкой передач, так как там надо левой ногой нажимать на педаль сцепления. Теперь же понадобилась машина с автоматической коробкой управления, без лишней левой педали. Вечером перед покупкой машины мы накупили всяких специальных газет и журналов, рекламирующих продажи машин. Просматривая все это, Майк сказал: «БМВ я не хочу, я в них плохо разбираюсь (когда-то в шестнадцать-семнадцать лет он подрабатывал в автомастерской), и год надо брать не раньше, чем 1984 (выпуска машины)». На следующий день мы прошвырнулись по двум дилершипам (autodealership - продажа машин), где ничего не нашли подходящего и поехали на еще один. Тут Майк орлом набросился на одну машину. Она была как раз БМВ 1984 года выпуска, то, что, кажется, вчера он еще не хотел. Не муж, а загадка. Машина была небольшая, в идеальном состоянии и с маленьким майлиджем (mileage - от слова мили, по-русски километраж). Было трудно поверить, что ей столько лет. Мне она показалась какой-то маленькой, и я усомнилась, удобно ли ему, длинноногому, там будет сидеть. Но он примерился и сказал, что в самый раз, и прибавил, что ведь машина покупается для меня, а он будет на ней ездить только первые месяцы, пока ему не купим что-то другое. Он мне скомандовал сесть за руль, и мы совершили небольшую тест-поездку вокруг продажи. Потом поехали в банк и, соскребя там все с его кредиток, оформили финансовую часть. Через два дня мы подогнали к тому же дилеру (dealer - агент по продаже) наш трак и отдали его чуть не даром - за тысячу баксов. Совсем неплохо мы «подогрели» того дилера, с которым совершили две сделки за три дня. Наварился он на нас два раза. Ну что ж, такова судьба всех непрактичных людей, к каковым мы с мужем принадлежим. На нас всегда кто-то делает деньги. И я сильно подозреваю, что продажные агенты считают нас лохами. Но каждый в жизни на своем месте и занимается своим делом. Кто-то умеет делать деньги. Мы же очень любим и умеем только их быстро тратить. Зато мы быстро и без хлопот избавились от своего старого трака, который стоял без дела уже почти три месяца. Я ведь не умею водить с простой коробкой. Последнее время этот трак дорого обходился Майку из-за бесконечных подделок и запчастей, которые приходилось к нему покупать. Так мы из-за его травмы вдруг оказались при другой машине, а он и при новой работе.

На следующий день было воскресенье. К Майку пришел его друг Роберт, который живет неподалеку и они воткнулись в телевизор, в футбол. В воскресенье к ТВ лучше не подходи - сплошной футбол. Воскресенье иногда очень нудное для меня, так как Майк весь день торчит у ТВ. Но теперь у меня есть средство передвижения! О котором я мечтала почти два с половиной года! Всю свою американскую жизнь. До того мне осточертело ходить пешком тут, где все с шестнадцати лет на машинах. «Да как-то и унизительно даже - молодая здоровая женщина и вдруг хожу-брожу два года, как какая-то нелегалка безработная, бомжиха или инвалид. А уж как неудобно без машины с ненавязчивым местным общественным транспортом - и слов нет.

И вот я в воскресенье села «за баранку своего пылесоса» и покатила. Как-то два с лишним года назад, хозяйка, у которой я снимала первое жилье, возила меня в один тряпичный магазин. Он мне так запал в душу, что я о нем помнила все это время. И вот (не прошло и двух с половиной лет) я рулю туда сама. Еду и думаю: «Сбылась мечта идиота... Сбылась мечта идиота..». Вот так твержу и твержу про себя одну эту фразу без конца. И при этом блаженно улыбаюсь, как и положено заправскому идиоту. А душа поет! Тот, кто долго о чем-то мечтал, а потом этого достиг, отлично поймет мое состояние в тот момент.

А через неделю, в следующие выходные дни, я созвонилась с русской подругой (чью свадьбу я описываю

здесь в четвертой главе), и мы с ней поехали в тот же заветный магазин. Там мы уж вволю наперебирались тряпок, потом приехали ко мне и, быстро перекусив, бросились примерять обновки. Без умолку треща. Ведь мы с ней живем со своими американскими мужьями и в повседневной жизни по-русски говорить не с кем. А она, бедняга, вообще живет в семье родителей мужа. У меня-то только муж. Хочешь говори с ним, хочешь не говори. А ей вот приходится там сюсюкаться с целой семьей каждый день. Не позавидуешь. Особенно ее там достает согнутая в три погибели, бессмертная, девяностолетняя бабка. Стоит подруге взяться за телефон и начать говорить по-русски, бабка тут как тут, как Кащей, стоит над душой, всем видом показывая, что ей позарез нужен именно сейчас телефон. Срочное дело. Звонить другому Кащею. Или она бросается тут же что-то якобы прибирать, мельтешить перед глазами, приговаривая, что у нее болит спина. Интриганка! В России столько и не живут, сказать бы ей. Кащей же живет полной светской жизнью. Накудрявленный, нарумяненный, наманикюренный, ездит по «светским раутам» к таким же подружкам и друзьям. Причем ее везде надо возить. Она приехала в Калифорнию из какого-то другого штата (сто лет назад) и наотрез отказалась садиться за руль в Калифорнии. Сказала, что такое сумасшедшее движение не для нее. И вот так она третирует всю жизнь свою семью. Так как ее везде надо возить. Но моя русская подруга ничего сказать не может, ведь живет в одном доме. Так что бывают и такие американские мужья, до того ленивые, что не могут обеспечить своей семье отдельное жилье.

Еще, как мне кажется, стоит коснуться работы замечательной иммиграционной службы, которая вся такая неторопливая и тянучая. Мы там был ишесть месяцев назад на собеседовании с иммиграционным чиновником (immigration officer) и получили бумагу, что через сто двадцать дней можем смело справляться о моем деле получения статуса постоянного жителя. Задержка статуса, сказали нам тогда, была из-за того, что из ФБР не получен ответ о моих отпечатках пальцев. Я поехала туда не через сто двадцать, а через сто восемьдесят дней, так как была занята и было не до этого. Ну думаю, теперь уж точно получу статус, ведь прошло столько времени и я уже два года в браке с гражданином США. Приехала, дали бумажку - явиться через две недели в семь часов утра. Через две недели я приехала в восемь. «Поздно, больше не принимаем». На следующий день в семь тридцать - тот же ответ. Один там с рупором работник (ведь огромная очередь) отрупорил ценный хинт (hint - намек, совет): «Приходить надо раньше семи». На третий день я села в самый первый автобус, который в пять тридцать отходил, неподалеку от моего дома, и через час я была у здания АйЭнЭс (INS - Immigration and Naturalization Service). Еще будучи в автобусе, я обнаружила, что у меня нет с собой заветной бумажки - вызова. Но я решила рискнуть, вдруг примут, ведь все документы с собой. Рискнула. Отстояла все очереди, уже хотели принять, но увы! без бумажки не могло быть и речи. Но я человек настырный и на следующий день (в четвертый раз) поехала опять первым автобусом. Опять отстояла-отсидела все очереди, приняли и сказали: «Надо бы Вам еще одни отпечаточки сделать! После этого приедете через шестьдесят - девяносто дней, проверите». Я всего ожидала, но только не опять «отпечаточков», мать их так. Я ведь уже их делала несколько раз. Словно я какой-то вор-рецидивист, который не вылезает из лагерей. Итак, опять оттянули на три месяца. Разговаривая с разными людьми-иммигрантами, я пришла к выводу, что многие ждут статуса по семь, а то и больше лет. Так что в моем случае, выходит, что два с половиной года, это совсем недолго, а как бы даже быстро. Ох, волокитчики, ох, бюрократы. Но надо ждать.

В то время, пока я была занята хлопотами с иммиграционным офисом, моя временная работа, найденная с таким трудом, стала как-то постепенно убывать, а вместе с ней и мои небольшие заработки. А точнее, убывать начал мой босс. Грэг, мой босс, принадлежит к той категории бизнесменов, у которых любое дело спорится. Он нигде не упустит ничего прибыльного. Та работа корректора, на которую он меня нанимал, пока ему больше не требуется. Он окунулся с головой в новый бизнес, что-то связанное с рыбой, и уехал куда-то на острова. Я опять без работы! Это уже похоже на какое-то хроническое заболевание у меня - моя безработица. До кучи к безработице и безденежью понадобилась помощь зубных врачей. Они тут дорогие, даже если я на страховке мужа. Но зубы не ждут. Не могу же я быть беззубым учителем или переводчиком. И я целую неделю ходила к дантисту, расплачиваясь кредиткой мужа и каждый раз приговаривая: «Ах, мой бедный муж!» Когда я пришла в очередной раз к зубному, врач пошутил: «Вы, наверно, хотели бы быть сейчас в моле, а не у зубного». (Мол- shopping mall- цепь красивых магазинов). Я ему ответила: «На мол не хватает денег, все уходит на дантиста». На что они с ассистенткой скромно промолчали. В результате проделанных надо мной зубных работ, теперь у меня вместо одного переднего верхнего зуба будет стоять его съемный заместитель, который мне надо носить несколько месяцев, пока не заживет десна и можно будет поставить на это место постоянный зуб. Теперь я буду говорить не только с акцентом, а еще и с пластиной во рту (как бы прихрамывая при ходьбе и пришепетывая при разговоре). Вот ее-то мне, этой пластины, и не хватало! А я-то думаю, чего это мне не хватает во рту, чтобы улучшать свое произношение. Оказывается, пластины. Постоянно ощущаешь во рту что-то постороннее. Но врач сказал, что это дело привычки и что некоторые пациенты до того привыкают, что отказываются ставить постоянные зубы, так и ходят со съемными пластинами всю жизнь. У Майка съемные глазные линзы, у меня теперь съемный зуб.

Отличная пара ночью: кто без глаз, кто без зуба, красавцы хоть куда. Но опять-таки есть плюс - в постели Майк не хромает. Надо всегда во всем видеть положительную сторону вещей.

Итак, моя мучительная эпопея «приживания в Америке» продолжается. Говорят, что кто-то живет без проблем. Я хотела бы вживую увидеть такого человека. Если я сама не нахожу себе проблемы, то они меня находят. Это как про гору и Мухаммеда. Утешает то, что не будь проблем, не о чем было бы писать. А так - постоянно есть какой-то матерьялец, жизнь подбрасывает. Как говорится, нет худа без добра. Очень верная поговорка.

А пока hasta la vista («аста ла виста»), как говорят испанцы, до встречи!

Октябрь, 1997г.

13

Со времени написания предыдущего рассказа прошло три месяца и у меня произошли некоторые значительные перемены. Если еще в ноябре я металась в поисках работы и не знала как определиться, то теперь, три месяца спустя, я уже знаю, кто я, что я, и где. Наметив себе примерный план действий на ближайшие месяцы, я несусь галопом к намеченной цели. Два месяца назад я отправила заявление на работу в один колледж (преподавать английский иностранцам) и меня вызвали на интервью. Я, конечно, не чаяла и не гадала, что могу пройти это интервью. Ведь мне предстояло конкурировать с профессиональными американскими учителями, для которых английский родной язык.

Поэтому, ничуть не обольщаясь на свой счет, за несколько дней до интервью я готовилась к провалу. Я не хочу сказать, что я все делала для того, чтобы провалить интервью, совсем наоборот. Но внутри все мне говорило: «Зачем я туда иду, только расстраиваться. Ведь меня никогда не выберут. Ведь они как только заслышат мой акцент, сразу меня забракуют». Там нужно было приготовить мини-презентацию урока, ну совсем мини - пятиминутную. За пять минут надо было показать кто ты и что ты, какой ты учитель, показать, как ты пишешь на доске, и вовлечь комиссию, которая в тот момент была как бы в качестве студентов, в активную работу на этом пятиминутном уроке.

Сначала я приготовила три вида урока, потом вдруг в последний день все их отбросила и быстро придумала другой, решив, что именно он будет отвечать поставленным требованиям.

Интервью продолжалось двадцать минут. Среди членов комиссии была декан отделения языков. Помню, как она задала мне каверзный вопрос: «А Вы играете в гольф?» Я со страху забыла, что мы с мужем иногда играем в любительский гольф, и ответила отрицательно, поспешив заметить, что хотя к спорту равнодушна, но всегда стараюсь быть в хорошей форме. Она (декан) повернулась к другим членам комиссии и говорит: «Подумайте только, она не играет в гольф!» По ее тону я не поняла, шутит ли она, или же это действительно большое упущение с моей стороны. «Ну, девушка, это провал!» - подумала я. И до, и после интервью, я давала себе ни много - ни мало - 0,1 процента шансов на прохождение. Как видите, почти совсем не давала.

Через пять дней после интервью было Рождество. Самым лучшим бесценным подарком к нему оказалось поздравительное письмо из колледжа от этой самой «деканши-гольфистки» о том, что я успешно прошла интервью и при первой возможности мне дадут часы, класс.

Такая возможность появилась очень быстро, сразу после рождественских каникул. И хоть мне дали класс только два раза в неделю по два часа и ехать мне надо жутко далеко, но счастью моему не было предела! Это ведь мой первый постоянный класс (на один семестр) в Америке! Не говоря о том, что платят там за четыре часа столько, сколько клерку за шестнадцать. В моем классе тридцать два человека из Мексики и один из Сальвадора. Когда я им пытаюсь что-то сказать по-испански, они «балдеют» («тащатся»), это ведь их родной язык. Как описать это чувство, когда на тебя с восторгом смотрят тридцать три пары глаз и называют тебя «учитель», Maestra (словно я их гуру), и благодарят без конца? Многие живут в Америке по десять - двадцать лет и почти не говорят по-английски, хотя давно имеют право на получение гражданства.

Наконец-то мне дали (не прошло и двух лет и семи месяцев) долгожданный статус постоянного жителя. Теперь я являюсь обладателем маленькой, но очень важной пластиковой карточки с грозной надписью Alien Resident. Почему грозной, потому что alien по-английски значит «пришелец, инопланетянин». И вот, я такой пришелец, теперь весь из себя законный. Получив «инопланетянина», я тут же объявила Майку, что теперь имею право менять мужа. Это так, не столько для острастки, сколько для красного словца. Чего уж его стращать. Он у меня очень ласковый, худенький, большеглазый, пьет молоко галлонами (галлон - четыре литра) и предоставляет мне полную свободу действий.

С деньгами, как всегда, напряженка. Ведь я даже не работаю половины времени, а только двадцать-тридцать процентов. Поэтому пока нет от меня особого вклада в семейный бюджет. А точнее, то немногое, что я зарабатываю, я тут же трачу на себя. Вот, дантисты мне выдвинули целый проект зубных работ. Ведь не могу же я без приличной улыбки. Приходится много платить. Тут это очень дорогое удовольствие, хотя у нас и есть медицинская страховка. Например, коронка может стоить шестьсот долларов, а со страховкой платишь двести-триста. Но говорят, что гарантия тридцать лет.

Теперь я стою на учете как учитель на замещении в пяти школьных районах. В пять меня уже вызывали, а вот шестой молчит как рыба, будто меня там и нет в списке и будто я не обивала там порогов. Если три месяца назад я еще не была уверена в том, хочу ли я учить хиспаников (иностранцы в классах в основном испаноязычные) или нет, то теперь я знаю, что хочу. Меня вызывают в разные взрослые классы, где я практикую испанский по ходу дела. Я знаю много слов, но связно говорить умею только несколько фраз, о том, насколько я знаю испанский и что мне нужна практика. Мексиканцам очень удивительно, что вот я русская, преподаю английский и еще что-то пытаюсь лепетать по-испански.

Недавно меня вызывали в один утренний класс (классы бывают утром и вечером, три-четыре часа обычно). Класс был огромный, человек тидцать пять и очень разношерстный. В перерыве ко мне обратилась одна молодая женщина-мексиканка, стала спрашивать что-то о России. Мы с ней разговорились. У нее, оказывается, проблема: она замужем за американцем, живет в американском окружении и совсем не имеет возможности общаться на своем родном испанском. Вернее, у нее нет никаких друзей-подруг мексиканцев. Английский у нее тоже очень туго подвигается, т.к. ее муж владеет английским и испанским и дома с ней говорит только по-испански. Ситуация у нее какая-то странно тупиковая при всем материальном благополучии. Ведь работать она не может устроиться на приличную работу, так как не говорит нормально по-английски. Муж старше ее лет на тринадцать, и никуда не хочет ходить, ее развлекать. Ходить одна она не хочет, это может разрушить семью, ведь у них растет сын. Ее семья в Мексике, и она часто чувствует себя очень одиноко.

Я, словно охотник, учуяла дичь. Я давно хочу заиметь испанскую подругу, более-менее образованную и которой нужен английский, примерно моего возраста. Чтобы взаимовыгодно обменивать английский на испанский. Мне, чтобы заговорить на испанском, нужна практика. Я хорошо читаю и у меня хорошие основы, я часто слушаю мексиканское радио и смотрю мексиканское ТВ, но нужна практика разговора. Энджи (Энджела), так звали мою новую знакомую, кажется, была подходящей кандидатурой для меня. Я ей подсунула свою визитку, и после урока она меня подвезла домой. Я ведь до сих пор «безлошадная». К своему стыду. ("Мечта идиота", когда я села наконец-то за руль, о которой я писала выше, произошла чуть позже событий, описываемых в данный момент). Но теперь, после того как с Майком случилась травма, у меня есть классная отговорка, на случай, если кто заметит, что учитель без машины. Я говорю : «Муж сломал ногу и после операции не может ездить на своей машине, поэтому пользуется моей, более удобной. Скоро купим ему».

Недели три я была занята и мы никак не могли встретиться с Энджи, чтобы начать обмениваться уроками. Но вот на прошлой неделе, проснувшись в воскресенье, я поняла, что хочу провести его с толком. В воскресенье Майк обычно упирается в телевизор дома, кака я уже писала, или идет упираться в него к другу неподалеку. Я позвонила Энджи, которая собиралась ехать в мол за покупками. Shopping mall - это огромный красивый торговый комплекс, где можно приятно провести время с подругой. Такие молы есть в разных районах. Я тут же напросилась ехать вместе. Через два часа она за мной заехала и мы покатили. Машина у нее новенькая, с иголочки. Я ее спрашиваю: «Какая это марка?» И слышу в ответ: «Я не помню». Мне б твои заботы, подумала я. Муж у нее обеспеченный, дома у них у каждого по компьютеру. Это говорит об обеспеченности. В моле нам попался сначала обувной магазин, и я тут же оторвала себе «корочки на микропорочке», а точнее, очень модные сапожки на платформе. Потом Энджи направила свои стопы прямиком в магазин «Виктория Сикретс» (Victoria Secrets). Я, по простоте душевной, подумала, чтобы поглазеть на красивое дорогое белье, как это обычно делали мы с русской подругой. Но нет, эта американско-мексиканская птица оказалась не нашего полета. Оказалось, что у нее там карточка, и она, получая оттуда каталоги, является там постоянным покупателем. Да, я забыла сказать, что по дороге в мол она подъехала к специальному автомату, вставила в него свою кредитку и автомат ей «отстегнул» несколько купюр «кашки». «Кашкой» я называю наличку, так как по-английски это cash. Американцы многое могут делать, не выходя из машины - купить еду, отправить письмо, взять деньги в автомате. Поэтому становишься очень ленивым, когда садишься за руль. Это происходит автоматически, независимо от того, нравится тебе это или нет. Это я поняла позже, когда сама села за руль, а пока не буду забегать вперед.

«Живут же люди», - подумала я тогда. Не то что некоторые (под которыми я, естественно, подразумевала себя) - третий год живу тут, ни тебе машины, ни тебе счета в банке, а ведь бегаю как, суечусь. Но каждому свое. Один бегает, второму все дается прямо в руки. И кстати, совсем необязательно, что этот второй, которому дается все легко и сразу, более счастлив, чем «сучок» (тот, который суетится и всего достигает сам). Но на «Виктория Сикретс» у меня, конечно, денег нет. Мне оттуда перепадает что-то раз в год, муж дарит на какой-нибудь праздник. А Энджи там отобрала себе кой-чего. Расплатившись, мы нырнули в следующий магазин одежды. Пока я там все рассматривала и примеряла, мне случайно очень подошли одни джинсы и топка. «Топка» - это от слова top, что по-английски «верх», а тут так называется вся «верхняя одежда», будь то блузка, майка, кофточка, в общем, «топ». (Я всегда «обрусиваю» американские слова и в этом нахожу большое развлечение. Майк тоже много знает моих гибридов. Иногда, когда кто-то рядом, нас могут и не понять.) Вернусь же в магазин одежды, где я украдкой, превозмогая сильные угрызения совести, достала из своего бумажника кредитку, которую мне Майк дал на какие-то экстренные случаи. Я вспомнила, что ведь через неделю Valentine's Day (Вэлэнтайнз День святого Валентина - это когда любимые любимым дарят подарки), и решила, что окажу Майку большую услугу тем, что избавлю его от рысканья за подарком для меня. Потом мы заехали с Энджи в барчик и там поделились друг с другом своими историями жизни с американскими мужьями. Часов в шесть вечера она привезла меня домой.

Я пропустила ланч, но к ужину все-таки решила, что надо явиться домой. Вообще это было очень необычно, что я куда-то поехала без Майка. Как-то мы с ним всегда везде вдвоем ходим.

Приезжаю домой - Майк стоит у плиты и как заправская домохозяйка готовит ужин, при этом обильно посыпая макаронами и поливая томатным соусом плиту. Настроение у него отличное, т. к. он был у друга и они как следует посидели. Я ему тут же сообщила, что потратила чуть денег с кредитной карточки (чтобы не слишком веселился). Но я не превысила своих лимитов, сказал он. И тут меня посетила мысль, что несмотря на свои финансовые недохватки, ведь я счастлива. Муж шелковый, свобода полная. Чем не жизнь? Урока у нас пока не состоялось с Энджи, но это все впереди.

Для того чтобы закрепить свое право на преподавание в Калифорнии, я должна брать несколько классов (предметов, методологически-педагогическо-теоретическую чушь). За все везде и всегда надо платить. Потому-то у меня и денег нет. Работаю пока еле-еле, а хочу везде успевать и все делать наравне с нормальными людьми (у которых есть деньги или работа). Эти классы я беру в университете Риверсайд. Нас там шестнадцать учителей в классе. Все американцы. Одна я там акцентирую (говорю с акцентом) всем на удивление. Когда я знакомлюсь с новыми людьми, я теперь им прямо в лоб говорю, что я преподаю английский, чтоб долго не мучились догадками. Чтоб им два раза не переживать шок, пусть уж сразу знают. Да, русская, да в Америке, да английский. Но у них тут демократия, поэтому они долго не переживают. Наш преподаватель в этом классе тоже араб и говорит с акцентом. Но он тут уже семнадцать лет и доучился до докторской. А у меня все впереди.

Но классы в Риверсайде это еще не все. Мне же надо начинать учебу на степень магистра, по-английски это «мастер». Поэтому я как-то недавно целый день посвятила полностью визитам в два университета, ближайших к моему дому. И очень удачно. Попала в одном из них прямо на семинар. Американцы обожают всякие семинары, конференции, сборища. Обычно при этом всегда бывают легкие закуски и прохладительные напитки. Такое впечатление, что американец очень боится умереть с голоду. Я, кстати, уже много лет назад заметила, почему это в американских фильмах вечно показывают, как люди едят. Теперь-то я поняла почему. Да потому, что это на самом деле так, они часто едят, везде ходят с ланчевыми боксами (коробками). А на описываемом семинаре после закусок мне предложили подавать заявление на магистра образования к ним в университет. Я сразу загорелась этой идеей. Как-то в прошлом году мне попал в руки журнальчик, приложение к газете «ЛА Таймз», «Парад». В нем, действительно как на параде, были опубликованы фотографии нескольких десятков американцев разных сословий и профессий и внизу каждой фотографии были указаны возраст человека, имя, профессия и зарплата за год. Это был результат статистического исследования. Больше всего мне запала в душу одна фотография и подпись под ней. На фотографии была женщина сорока лет, в меру упитанная американка из Техаса, администратор от образования. Ее зарплата была что-то около ста семидесяти тысяч долларов в год. Неподалеку была фотография нашего теперь уже скандально-известного президента Клинтона, зарплата которого немного больше: двести тысяч в год. С тех пор у меня в душе осталась какая-то неосознанно-неоформленная мысль о том, что люди в системе образования имеют очень неплохие зарплатки. Я не знаю, как для кого, но для меня это очень существенно. Передо мной всегда наглядный пример моей мамы-в-законе, пример того, как не надо жить в Америке. Зачем человеку Америка, если он «лежачий камень»? Владея английским и испанским (в Калифорнии это большое преимущество для работы), она выцарапала какую-то раннюю пенсию (четыреста тринадцать долларов), которой не хватает на оплату ее двухкомнатной квартиры, и теперь всех кругом обвиняет в своей бедности и несостоятельности. Больше всех достается Майку, ее единственному отпрыску. Поэтому он неделями оттягивает удовольствие пообщаться с мамой. Чем можно заниматься тридцать лет, даже не получив гражданства за все это время, продолжая путаться с иммиграционным офисом - это мне непонятно. Поэтому я так и бегаю, пытаясь улучшить свои доходы, чтобы это мне гарантировало нормальную спокойную старость (если доживу). Образ моей несчастной испанской мамы постоянно меня стимулирует. Несчастная мама ездит на машине в супермаркет, пьет кофе по утрам, без которого у нее не работает голова, и клянет свою жизнь.

Так что, образование мне очень нужно. Повыше и покачественнее. Чтобы оно мне сулило приличные должности. А пока быль моя довольна сурова. Чтобы провести двухчасовой урок со своим мексиканским классом, я еду три часа тремя автобусами! Я тут переписываюсь по компьютеру с подругой из Праги (мы с ней родом из Прибалтики). Она меня поздравила с получением первых постоянных часов и приободрила: «Ничего что часов мало, зато ты всегда можешь приходить на работу свеженькая и хорошо подготовленная». На что я ей тут же ответила, что особенную свежесть я приобретаю, находясь три часа в автобусах и на остановках между ними. Но такова жизнь. И я продолжаю бороться за улучшение ее качества.

Время от времени пописываю статейки. Вот, например, американская пресса то и дело пишет в последнее время о сексуальной революции в России. Я долго терпела их дилетантские комментарии, но наконец написала маленькую, но задиристо-гадкую статейку и послала в редакцию. Там есть такая фраза «Могу с полной ответственностью заявить, что в Америке секса нет» (они ведь всегда говорят, что в Союзе не было секса) . Я конечно очень потешалась, когда писала свою статью, представляя, как вытянутся лица у американцев в редакции. Они-то думали совсем наоборот. Вот так я иногда позволяю себе похулиганить.

А пока-до встречи в следующей главе!

Февраль, 1998 г.

14

Начало марта, но я давно уже открыла бассейновый сезон. Приехав с непыльной и приятной работы (два с половиной часа преподавать английский мексиканцам), я тут же завалилась в бассейн, позагорать. Купаться еще холодно, в бассейне вода не успела прогреться. А в джакузи она сейчас днем приятной освежающей в жару температуры. У меня перерыв между утренним и вечерним классами, целых пять часов. Можно сделать уйму дел и отдохнуть, привести в порядок свои мысли и обдумать свои дела, которые у меня не так уж и плохи на данный момент.

В соседнем с нашим школьном районе, там, где я встала три месяца назад на учет как учитель-заместитель, после моих многочисленных просьб наконец предложили мне начать два класса в разных местах. Хотят понаблюдать за мной, как у меня пойдут дела. Помещений для этих классов нет (середина учебного года), поэтому две элементарные школы (elementary schools) как я их для себя называю (начальные школы), предоставляют мне возможность вести двух с половиной часовые классы (со взрослыми студентами) в их кафетериях, пока дети учатся. В перерыве между завтраком и ланчем.

Почти одновременно, с разницей в одну неделю, я начала два класса «начальников» (начальный уровень изучения английского). Очень важно для меня быть не просто учителем, а очень хорошим учителем - таким, чтобы мексиканцы шли ко мне в класс как на праздник, с удовольствием. Почему? Потому что я не имею права держать класс меньше двадцати человек. Удержать в классе двадцать студентов не так-то и легко, учитывая следующие факторы. Многие из них сроду не учились в школе, или закончили три-четыре класса, дом полон детей, на улице отличная погода - весна - лето. Поэтому мне надо из кожи вон лезть, чтобы показывать им урок за уроком, как им нужен английский, и дать им почувствовать, что они делают прогресс в его изучении.

Попадаются ну очень медленные. Тупые, более точно. Но у меня язык не поворачивается так их называть, даже для себя. Ведь эти люди приехали в Америку искать лучшей жизни. Тупые, наверно, сидят дома, ничего не ищут и не хотят.

Чтобы понравиться мексиканцам, своим студентам, я прилагаю все свои усилия и опыт, и, по-моему, небезрезультатно. Они хвалят мой класс, меня, и вообще нет ничего приятней для учителя, чем когда видишь, как самые скромные и стеснительные люди начинают улыбаться и произносить первые в своей жизни слова по-английски. В офисе одной из школ, где я работаю, есть одна женщина, Изабел, которая как-то очень настороженно ко мне отнеслась с самого начала. Видимо, очень удивительно, чему это я могу научить, если сама говорю с акцентом. Но я не лыком шита, я уже прошла через десятки школьных офисов и таких настороженных и не сильно дружелюбных взглядов. Поэтому больше меня этим не удивишь и не напугаешь. Обычно такие клерки начинают переспрашивать по десять раз одно и то же, словно пытаясь подчеркнуть, что они плохо меня понимают. Поэтому приходится быть чуть ли не подхалимкой (ух! ненавижу!) к таким «твердым орешкам». А про себя я всегда вспоминаю строчку из монолога Чацкого из «Горя от ума»: «...к собаке дворника, чтоб ласкова была...» (Школьный клерк зарабатывает в час в три-четыре раза меньше учителя). Вот такие клерки и являются для меня «собакой дворника», но они говорят без акцента, потому что здесь родились, а я с акцентом хочу преподавать их родной язык. Как будто мало учителей-американцев. Вот такие у меня есть тут, как говорится, технические трудности, на первых порах. В общем-то это и не трудности, а словно неприятные занозы, от которых хочется быстро избавиться. Куда более важно понравиться директору взрослой школы или человеку, курирующему программу «Английский как второй язык», в которой я работаю.

А вот директору-то этого района я как раз-то и нравлюсь. И, по-моему, даже слишком. Его зовут Тони. Он высок, светло-чернокож, строен, симпатичен и очень приветлив, лет под пятьдесят. Я тут иногда хаживаю, когда позволяет время, в испанский класс, где учитель испанского мистер Роча. Роче лет пятьдесят пять на вид и он тридцать пять лет работает в системе взрослых школ. Знает всех и вся. Он меня предупредил: «Если Тони захочет тебе помочь с работой, жди приглашения на свидание. Но никому не говори, что я тебе сказал. Он мой друг, я его хорошо знаю. Я бы и сам не прочь с тобой провести время». И Роча игриво заулыбался. Однако промолчал, что же его останавливает от прямого предложения. Ах так, подумала я, значит вы, американцы, не настолько уж и пассивны, насколько я думала.

...Прошел почти месяц с того дня, когда я, валяясь в бассейне, начала писать эту главу. Это необычно для меня - останавливаться, не дописав до конца. Обычно я пишу не отрываясь, несколько часов, от начала и до конца. Так я написала все предыдущие главы. Но теперь у меня уважительная причина. Я была занята работой.

Прогнозы Рочи не состоялись. Тони предоставил мне возможность начать два класса и ни разу не намекнул ни о каком свидании. Я все время была в напряжении из-за рочевского предупреждения: ведь в Америке приставать с сексуальными домогательствами, особенно на рабочем месте, это подсудное дело. Статья гражданского законодательства называется «sexual harassment». Это может стоить человеку работы и карьеры и надолго его убрать из системы образования, где особенно с этим строго. Если Тони и имел на меня виды, то благоразумно воздержался.

Майк тем временем меня доставал: «Выясни, сколько они тебе собираются платить за предложенные постоянные часы». Ведь заместителям в том районе не доплачивают в час добрых восемь-девять долларов, по сравнению с тарифом оплаты постоянного учителя. И этот школьный район уже печально известен мне своим не в меру раздутым офисным персоналом и жутко тянучими бюрократическими проволочками. Чтобы поставить меня туда в списки заместителей, они тянули резину полгода. Теперь, чтобы перевести меня по бумагам на нормальную зарплату учителя, тоже ждать полгода? Об этом и спрашивал меня Майк. Ему-то хорошо права качать, он гражданин и живет тут всю жизнь. А я новоиспеченный иммигрант, с таким трудом начинающий работать. Но ничего не поделаешь, под нажимом Майка мне пришлось стать требовательной и, по моим понятиям, нахальной. А по понятиям Майка - требовать законно заработанного. Я стала нажимать на Тони. Хотя, учитывая все вышесказанное, мне совсем этого не хотелось делать. Но нытье Майка еще хуже, да и деньги на машину нужны позарез.

Я позвонила Тони, его не было, и я оставила ему сообщение на автоответчике: «Тони, я уже работаю на всю катушку с двумя классами, как насчет зарплаты?» Потом я приехала к нему в офис в свободный день, секретарши Бэкки на месте не было, и он, безрукий без нее, как и все начальники, но все-таки дал мне заполнить какие-то ведомости. При этом клялся и божился, что как раз-то по ним мне и будут платить как учителю.

Сидела я с этими ведомостями два с половиной часа, не поднимая головы. Надо было записать посещаемость каждого студента за три недели. Ну, думаю, теперь-то все. Но что-то мне говорило, что этого недостаточно. Поэтому на новой неделе, после утреннего класса, я по дороге домой взяла и самовольно заехала в отдел кадров этого школьного района. Это, конечно, было нахальством сверх степени. Тут это так не делается. Тут надо пройти через звонки, назначенные встречи и много-много бюрократической сутолоки. Но я решила прикинуться дурочкой и спросить, как бы невзначай, о своих правах. В отделе кадров толстая тетка, которая там верховный главнокомандующий и которая ставила меня на учет как заместителя, категорически заявила: «А что это Вы пришли? Это так не делается. Я ничего не знаю. Мне не поступало никакого сигнала о том, чтобы перевести Вас на ставку учителя. Должно быть общее собрание и там должны утвердить Вашу кандидатуру». (Прямо как во времена собраний партийных членов в советской бюрократической машине! Никогда в жизни бы не подумала, что американская бюрократическая машина еще и похлеще.)

Позвонить мне оттуда тоже не дали. Я спустилась вниз и позвонила из городского телефона Тони. Он, как нарочно, оказался на месте. Я говорю: «Я в отделе кадров» - «Что ты там делаешь?» (Он казался взволнованным и испуганным. Скажет, небось, ну, связался с этой русской на свою голову.) Я ему объяснила, что думала, что так лучше. Хотела ускорить бумажный процесс. Прибавила, что у меня в семье очень трудное финансовое положение. И что пока я работаю с его классами, в других школах на замещении мне бы платили намного больше и давали бы больше часов. Он объяснил, что мне нужно только ждать. Ждать решения этого самого собрания.

Притащившись автобусами домой, я позвонила Майку на работу и доложила, что если меня не выгонят за нахальное отношение к властям, то все будет хорошо.

Спустя десять дней заплатили мне все-таки по прежнему заниженному тарифу, но так как часов было много, чек получился приличный. Самый большой из тех, что я тут получила после того, как начала работать в школах. Хоть я и чувствовала, что мне не доплатили добрые три-четыре сотни, но на фоне того, что даже Майк удивился сумме чека, мы успокоились и поняли, что «процесс пошел».

Вот так я добиваюсь своего места под калифорнийским солнцем, трудно и настойчиво.

Мы время от времени покупаем за доллар лотерею. Я говорю Майку: «А вдруг мы выиграем один раз, ведь никто от этого не застрахован, как и от плохого. Каковы твои планы были бы, если бы ты вдруг в одночасье стал человеком выше среднего достатка, даже почти богатым?» Мы с ним дружно решили, что сразу бы побросали все свои напряженные работы и поехали бы путешествовать. А потом, ведь надо же что-то делать. У меня куча всяких прожектов и планов запасных, на тот случай, если не надо работать. В основном все связано с проблемами русских эмигрантов. А вот Майк чего хочет я не знала. Когда, три года назад, мы с ним женились, у меня было очень много волнений и тревог. Я могла предполагать все. Особенно с моим-то богатым воображением и доверчивостью. Я думала, а вдруг он наркоман, а вдруг бабник, а вдруг еще чего. Травку американцы любят покурить. Я, как свежий приехавший человек не знала, что это такое, есть ли этому границы. Я боялась в душе всего. И очень хотелось остаться в стране. За плечами у меня был трехлетний брак с русским мужем, любившим крепко поддать, а то и распустить руки, когда поддаст, и, естественно, я боялась всего. Пьянки, наркомании, гулящего мужа я никогда не имела и не собиралась иметь. А тут, получилось так, что вдруг я замужем за иностранцем, которого совсем не знаю. Приходили даже мысли, что будь у него деньги, он бы был наркоманом. Вот тут-то я все это и вспомнила и спросила его. Напомнив, что от своей химии он что-то не в восторге, по моим трехлетним наблюдениям. Оказалось, что Майк бы ударился в политику. Но в каком качестве? - поинтересовалась я. Он ответил что-то вроде: «Чтобы поддавать пинка под зад всем гнилым политиканам». Вот так. Негрозящая нам перспектива стать богатыми, если бы состоялась все-таки, могла бы сделать нас совсем другими. Сейчас мы работающие таксисты - (такспейерз (taxpayers) - налогоплательщики), химик и учительница, а тогда бы стали общественной благотворительницей и политиком.

Но это все мечты. А пока - живем жизнью рядовых американцев. Напечатали тут недавно мой рассказ в другом американском штате. И прислали русскую газету с моей публикацией. Просмотрев газету, я нашла там одну интересную статью. Писал мужчина из Флориды. Русский. Россию заставили покинуть из-за несогласия с горбачевской политикой. Живет здесь десять лет. Статья была на целую газетную страницу. Статья была грустно-философская, об эмиграции. В конце статьи автор давал свой адрес. Я ему написала. Получила письмо в ответ, критикующее то, что я пишу, и задиристое. Задиристое потому, что, видимо, он понял из моего письма, что я его жалею из-за его проблем одиночества. Вот тут-то его и задело, русского мужичка. Он начал перечислять своих американских любовниц, и даже одна там была женой несколько лет. Сразу почувствовался характер русского мужчины. Они часто любят перечислять свои победы с женщинами. Но мне его все равно опять стало жалко. Ведь если многие американцы ходят до тридцати - сорока лет неженатые, не могут встретить себе подходящую пару, то как же русский мужчина сможет ужиться с американкой? Американки эмансипированы до предела и капризны. Русские мужчины разбалованы русскими женщинами. Нет, такая пара не может быть счастливой. Поэтому как бы он там ни гордился, а все-таки русским мужчинам намного труднее здесь, чем женщинам. Что мы, русские женщины? Многие из нас нашли тут настоящее счастье - хорошего мужа, хорошие условия жизни, кучу перспектив и возможностей для внутреннего, а если хочешь, карьерного или любого роста. Его слова, моего задиристого флоридца, насчет моей писанины были почти обидными. Он сказал, что если он что-то пишет, то рожает каждое слово в муках. А то, что пишу я, это быстрые «горячие блины», написанные на компьютерах. Нет, задиристый Вы наш. Я не пишу на компьютере. Я пишу от руки, а потом перепечатываю. Хотя он подал мне неплохую мысль. Я не имела целью печь горячие блины для продажи. Мои истории и статьи появлялись, когда мне хотелось что-то сказать людям. Никаких я денег на этом не заработала. А времени трачу на это очень много. Моя цель - показать людям, которые идеализируют или ругают Америку, не зная ее, показать им ее такой, какая она, окружающая меня, есть на самом деле. Причем, если бы я жила в Нью-Йорке, во Флориде или в другом штате с другим мужем-американцем, моя судьба могла бы сложиться совсем иначе и меня бы окружали другие люди и события. Но я здесь, в южной Калифорнии, в Лос-Анджелесе, и показываю именно здешние штрихи. Например, я знаю здесь, русскую пару они беженцы из Крыма. У них совсем другая жизнь, так как они оба русские. Я же русская, плотно замешанная в американские условия, работаю среди американцев, преподаю их родной язык. И мои взгляды и суждения, конечно, будут отличаться от взглядов русской жены русского мужа. Дома они говорят по-русски. Есть ли у них близкие друзья-американцы? Сомневаюсь. Так как они тесно общаются только с членами своей русской семьи. Так что тут сколько разных случаев, столько разных и примеров. Но будучи в Прибалтике, преподавая там английский и не имея понятия о том, что из себя представляет реальная Америка, я была бы счастлива прочесть что-то о ней, увиденное глазами русского эмигранта. Глазами женщины. Ведь мужчины, у них совсем другие проблемы и жизнь. Из книги «Я Эдичка» Лимонова я совсем мало что узнала для себя полезного об Америке. Тем более, что он был в Нью-Йорке. И когда мне пришлось сюда ехать, я совершенно не знала, что меня ждет. Я например, была уверена, что смогу сразу найти работу, хоть какую-то, возможно, продлить визу (у меня была сорокапятидневная студенческая). Я могла много чего думать и предполагать. Без информации чувствуешь себя очень беспомощным, витая в своих домыслах и предположениях. В моих же рассказах и статьях я описываю свои пути и конкретные шаги здесь, многое было ошибочным. Человек, прочитавший это, уже запомнит, и не станет эти ошибки повторять.

Вот так, своими рассказами, я хочу помочь информацией русским, интересующимся Америкой. Если когда-то у меня будут деньги, я хочу создать клуб русской культуры. Но пока хочу помогать русским, чем могу - вот моей информацией. До встречи в следующей главе!

Март-апрель, 1998 г.

15

Конец июля. Стоит жуткая жарища. Прошедшая зима была необычно холодная для Калифорнии. Такие зимы, говорят калифорнийцы, случаются один раз в четыре-пять лет, а то и реже. Было довольно много дождей. Зима была затяжная, еще в апреле-мае были дожди. Казалось, что тепло никогда не наступит. Лично я не очень переживала, ведь местные дожди и непогоду все равно никак нельзя сравнить с прибалтийскими. Как вспомню тамошние дожди с ветрами, холод, когда погода часто губила хорошее настроение. Тут другое дело.

В теплом климате можно и пережить дождик иногда. Тем более, он тут не бывает по несколько дней. Полдня идет дождь, катятся реки воды, чуть не потоп. Вторая половина дня, дождь прекратился, и через несколько часов все сухо, будто его и не было.

Помню, как раз в мае, Майкл купил себе мотоцикл и наконец-то отдал мне машину. И вот я сама села за руль. Очень страшно было первые две недели. Мне все время казалось, что меня обязательно кто-то собьет, стукнет. Или я кого-то стукну. Или погибну. Всякие кошмары мерещились. Но дело в том, что предаваться кошмарам мне было абсолютно некогда, да и не в моем стиле. На улицах я не очень боялась, где скорость поменьше. Но на фривеях было очень страшно. Средняя скорость на фривеях шестьдесят пять миль в час (сто пять километров в час), и мне пришлось сразу же брать фривеи на работу. Не хочешь или боишься - поезжай тремя автобусами и трать полдня на поездку. Поэтому я в душе дрожала, но ехала везде. Потом надо было брать классы для учителей в одном дальнем университете. Тоже ехать по фривею час, совсем в другой конец. Майк как раз и поспешил отдать мне машину к началу этого класса со словами: «Я не собираюсь тебя возить по всем твоим делам». (Это характерная особенность американских мужей, в частности моего. Он мне ни в чем не помогает. Но и не становится поперек дороги. У меня полная свобода передвижения, своих дел и т. д.)

Правда, первый раз он мне показал дорогу. Второй раз меня вызвалась сопровождать свекровь. Как назло, попали с ней в пробку (как говорят американцы «We were stuck in the traffic») на фривее, пришлось съехать, слегка подзаблудились. Она всю дорогу ныла, а я старалась ей зубы заговорить и отвлечь от нытья. И я сказала себе: «Нет уж, хватит с меня всяких нытиков и нервных, поеду-ка я сама. Будь что будет». И поехала. Класс для учителей заканчивался в девять вечера. В полной темноте мне надо было брать почти незнакомый фривей. (Фривеи не освещаются никак. Светишь себе своими фарами.) Ехать домой. Да к тому же он очень противный, потому что узкий на довольно большом протяжении, всего две-три полосы. И вот меня, в моей маленькой машиночке вдруг как стали теснить огромные монстры, грузовые траки, с двух сторон. Это было неприятно, а точнее, страшно. Вот так, раз за разом, я ездила и становилась все смелее.

Один раз заехала ну совсем к черту на кулички, в международный аэропорт Лос-Анджелес. Я туда прилетала три года назад. Я знала, что он очень далеко, почти недосягаем, часа полтора, если не больше, гнать по фривеям. Но меня таки туда занесло. Мне рассказали направление, дали номера дорог, и я поехала. Целью моей поездки тогда было посетить одну конференцию, на которую заманивал по телевизионной ночной программе один миллионер и сулил всех присутствующих научить как можно очень быстро и легко разбогатеть. (Сказки для таких, как я.) Вот я и клюнула, доверчивая пташка. И понесло меня черт-те куда. Еду, а по сторонам только мелькают названия районов, которые мне строжайше не рекомендовалось посещать. Юго-восточный Лос-Анджелес. Печально знаменитый перестрелками, бандами. Ну, думаю себе, «Влип очкарик». Но продолжаю нестись вместе с потоком машин. Несусь и размышляю: «Средь бела дня, почему же это вдруг должны начать стрелять именно в мою машину? Так много всяких других машин кругом».

Потом показался аэропорт, и я вскоре доехала до искомого отеля. Никакого миллионера, так сладко певшего накануне по ТВ, там не было и в помине и в регистрации мне сказали, что не было в расписании такой конференции. Так что все это была какая-то липа. Я подозревала эту липу, но Майку не сказала, а решила все проверить сама. На обратном пути я вдруг обнаружила, что еду в противоположном направлении, вдруг впереди показались небоскребы центра ЛА. Ну, сестрица, куда же ты едешь, вместо дома, спросила я себя и съехала с фривея. В районе Сото. Как Майк потом сказал, тоже не очень-то хорошем. Спросив направление на бензозаправке, теперь уж я поехала домой. Даже не домой, а на вечернюю работу. Зато после этого дня у меня появилось очень приятное чувство, что теперь я могу ехать куда угодно и найти что угодно, имея направление (номера дорог). Тут я по-настоящему почувствовала, что я на машине. Наконец-то.

Теперь уже три месяца я лихо фривею всюду и везде, забыв все былые страхи и опасения. Когда становишься членом водительской братии, начинаешь понимать, что ведь движение-то тут очень упорядоченное, знаки очень легкие, водители вежливые. Без этих составных было бы невозможно движение в многомиллионном городе. Я думала, что мне понадобится полгода, чтобы перестать бояться водить, но вот у меня это произошло за два-три месяца. Даже сама не ожидала от себя такой прыти. С молодыми двадцатилетними все ясно. Когда ты молод, ничего не боишься, море тебе по колено. Но когда тебе под сорок, становишься осторожным и опасливым, все рассчитываешь и размериваешь, и я думала, никогда мне не избавиться от страха быть сбитой, попасть в аварию. Но это произошло автоматически.

***

Вызвали меня как-то в суд, переводить для русского подсудимого. Ах так, подумала я, мои соотечественники уже в подсудимых ходят в новой стране. И поехала. Все было интересно. Я еще никогда не переводила для суда. Ехать надо было далеко, шестьдесят две мили на северо-восток, в сторону Лас-Вегаса. В глухие степи. В точном переводе это «высокие пустыни». (Кстати, открытое море, океан, тоже в точном переводе «высокие моря»). Всю сознательную жизнь практически связана с английским языком и не перестаю удивляться в себе непропадающему интересу к нахождению новых слов и значений, сравнению с русским. Как это важно - любить свою специальность!

Поехать в этот суд мне хотелось еще по одной причине. В своих учительских классах я познакомилась с одним учителем-американцем, который когда-то преподавал в колледже именно в тех степях, и что самое примечательное, весь его класс состоял из русских! Я ведь три года в южной Калифорнии, но «мы такого не слыхали никогда (загудели заиграли провода)». Этот учитель дал мне координаты того колледжа, и я запросила там заявление на работу, отослала его и в момент вызова в этот суд как раз ждала результатов. Мне очень хотелось преподавать английский русским, своим, как говорится. Поэтому мой интерес к пустыням был очень неслабый. И тут, как раз на руку, этот суд. Дай-ка, я думаю, съезжу и проведаю, как там пустыни, тяжело ли ехать. Майк сказал, что ехать все время в гору и машина будет «уставать». Туда-то в гору, но ведь обратно-то с горы! Меня, неунывающего оптимиста, ничем не проймешь.

Домчалась я очень быстро, за час. Нашла нужный зал. Кстати, здание суда на вид не очень большое, одноэтажное. Но это только на вид. Внутри там оказалось огромное количество залов, в которых одновременно проходили слушания разных судебных процессов. Я приехала на полчаса раньше, и у меня было время там побродить и почитать вывешенные на стенах расписания. Потом я нашла свой зал. Мне очень не терпелось скорее представиться: «Я русская переводчица». В коридоре, у дверей нужного мне зала, появилась парочка моих лет. Мне стало сильно подозреваться, что они русские, но говорили они так тихо и мало, что нельзя было разобрать. У мужчины были ярко-голубые глаза и цветная рубашка. Очень смахивал на русского. Женщина была неприметная, могла быть любой национальности, хотя круглолицая. (Я сама довольно-таки круглолицая и считаю, что это потому, что я русская.) Стали запускать в зал. Наконец-то я дорвалась, чтобы представиться. Представилась, кто я, откуда, от какой компании, и села в зале.

В зале было мягко, тихо и так здорово. Меня не покидало чувство, что снимают фильм, и я вот тут играю переводчицу. Наверно, потому, что я видела американские суды только в кино. Это одна из популярных голливудских тем - показать судебный процесс. Я рассматривала зал, ожидая когда же понадобятся мои услуги. Мне было очень интересно, справлюсь ли я со всей этой юридической терминологией. Привели парочку подсудимых (там рассматривалось одновременно несколько дел). К этому времени моя подозрительно русская пара мне представилась, заслышав, что я переводчица. Точно, русские. Они мне показали, который из подсудимых русский. Это был мужчина лет пятидесяти с сединой в волосах и при бороде. Их друг. Мужчина (с голубыми глазами) мне поведал вкратце что к чему, за что задержан друг. Задержанные здесь одеты в ярко-оранжевые костюмы.

Ждали адвоката, но он где-то заблудился-потерялся по дороге и прислали какого-то другого. В этот день так мне и не пришлось ничего толком переводить, так как слушание дела отложили на шесть недель. Русский задержанный очень возмущался, что он, невинный, должен сидеть в тюрьме до рассмотрения дела. Возмущался он мне потихоньку, закон есть закон.

Выйдя из зала суда на улицу, я направилась к машине, уселась и собралась снимать свои «гогольские» туфли, чтобы удобно было ехать домой. Гогольские - это потому,что в суд я шла гоголем, в лаковых туфлях на каблуке. Я никуда не ношу такие туфли. Но в суде они очень кстати пришлись, как мне показалось. Русская пара тоже вышла из здания суда, к ним присоединился еще один молодой темноволосый и темноглазый мужчина, и они стояли разговаривали неподалеку. Потом один из них (тот что голубоглазый) подошел к моей машине и спросил, не хочу ли я с ними поехать к ним домой тут недалеко попить чаю, познакомиться. Я согласилась. Он сел в мою машину показывать дорогу, а его жена со вторым другом поехали на своей. Это было недалеко, минутах в десяти. Живут они (эта пара, муж и жена) в обычном доме, у них трое детей, от пяти до одиннадцати лет.

Я так и не поняла, зачем они меня пригласили. Они почти все время молчали. Что же, я к ним молчать приехала? Приходилось все время поддерживать беседу. Такое впечатление, что им или сказать было нечего, или их кто-то обязал меня на чай пригласить. Но ничего, я справилась с ситуацией. Рассказала им о себе, показала свои опубликованные рассказы с картинками, задавала им вопросы, чтобы не казаться самой себе Чацким с его монологом. Детишки забегали вокруг меня, когда я похвалила их матрешек, и стали мне показывать другие русские сувениры. Детки очень милые. По-русски говорят с акцентом. А с такими молчунами-родителями, по-моему, им трудно определиться на каком же языке им надо разговаривать. Но родители говорят с ними по-русски, а в школах все по-английски.

Погостив часок, я поблагодарила за чай и, распрощавшись, направилась к выходу. Их друг, молодой армянин (он живет далеко от степей, в районе, более близком к центру ЛА, где много армян), вызвался меня проводить до фривея. Он оказался Сусаниным, так как мы с ним блуждали по Викторвиллю (так назывался городок, куда меня вызывали на перевод) добрых полчаса. Он впереди ехал на своей машине, я сзади, на своей. Это - проводы по-американски. Сама бы я нашла фривей в два счета. Это «элементарно, Ватсон». Если ты в глуши, выезжаешь на улицу покрупнее, останавливаешься у первого магазинчика или бензозаправки (gas station) и спрашиваешь, где нужный тебе номер фривея. Это очень легко. Но ведь Сусанин (а может, Сусанян по-армянски?) заблудился, не прошло и 20!!! минут. Да тут за 20 минут отмахаешь 20 миль и глазом не моргнешь. Время не хочется терять, когда надо возвращаться домой издалека. Но делать было нечего. Пришлось до конца пользоваться услугами такого сомнительного гида. С моей стороны было как-то невежливо сказать ему "А поеду-ка я своей дорогой". Но не прошло и 20 минут, как он нашелся: заехал на заправку и там ему указали направление. И тогда он меня послал. И даже на нужный фривей, но на север (это в сторону Лас-Вегаса), но мне, увы, не нужно было на север, а надо было на юг, домой. Поэтому я съехала при первой же возможности и нашла въезд на южное направление. Теперь мой гид ехал все время за мной. Через полчаса он повернул на запад, в свой район, а я поехала спокойно куда надо. Да, в процессе проводов, он мне и пообедать предложил вместе. Но я скромно отказалась.

Так я съездила в Викторвилль. Позже, когда меня вызвал на интервью мой будущий руководитель программы по поводу работы в Викторвилль-колледже, я уже знала куда ехать, и что это занимает один час по времени. Своему интервьюиру, моему будущему начальнику-декану английского отделения, я сразу приглянулась, и мы, не откладывая дела в долгий ящик, сразу же стали обговаривать мои рабочие часы. Т.к. ехать мне надо было очень далеко, я просила пару дней в неделю и как можно подольше класс, 5-6 часов. Вообще во всех школах, куда меня тут забрасывали на замещения, самый долгий класс это 5 часов. А более часто - это 3 или 4 часа. С Викторвилльским деканом мы договорились на 10 часов в неделю. (Время учителей-почасовиков ограничено законом).

Прошло полтора месяца. Я начала работу в Викторвилль-колледже. В моем классе 18 русских и украинцев, одна камбоджийка и пятеро студентов из Мексики (четыре мексиканки и один Педро-мексиканец). Русских примерно fifty-fifty (половина на половину) женщин и мужчин. Я очень люблю свой класс. Только мне жалко камбоджийку, так как английский у нее очень лимитированнный и я ей не могу помочь на ее родном языке. Мексиканцам-то я запросто помогаю. В свободное время я самостоятельно изучаю потихоньку испанский и т.к. классы в другом месте моей работы состоят из испаноязычных латиноамериканцев (мексиканцев в основном), то я уже знаю много слов, постепенно увеличивая свой активный словарный запас. Мне очень легко работать с "испанцами". Свой класс здесь я веду естественно по-английски. Если вижу, что они не понимают, русским перевожу на русский, мексиканцам говорю по-испански.

Однако стараюсь не злоупотреблять терпением нерусских студентов и не говорить много по-русски во время урока. Но в перерывах я тарахчу без умолку. Ведь мои новые русские (и украинские) студенты живут здесь кто год, а кто и меньше. А я все-таки тут уже больше трех лет и прошла огни и воды за это время, приживаясь к американской, калифорнийской культуре. Мне есть много чем поделиться с ними. Конечно первая забота у них, это как выучить язык и начать работать, да чтоб более-менее подходящую работу найти, а не какую попало.

Например у меня тут есть одна русская знакомая, которая живет в 20 минутах от меня. Замужем за американцем. Я ее тут пропесочила как-то в одной из предыдущих глав. За дело. За то, что она невежливо со мной обошлась. Мы с ней не общались почти два года. Но вдруг она позвонила. Оказывается, соскучилась по голосу. А на самом деле, видно настолько невмоготу стало без русского общения, что она решила пойти на попятную и извиниться. Я человек лояльный. Я все всем прощаю. Я только не прощаю измены близким мужчинам (мужьям, например. Но таких прецедентов и не было). Все другое я всем прощаю. Оказывается, она ходила изучать английский и бросила это трудное дело. Устроилась куда-то на кухню, в буфет какой-то, где делает всякую работу за минимальную плату. Минимум сейчас пять долларов семьдесят пять центов в час. Это очень мало. Одному жить на такие деньги, я и не знаю как. У нее, конечно, есть муж (среднего достатка, как и все в этих краях, где живем мы), но хочется иметь какие-то свои карманные деньги. Эти карманные деньги (для моего кармана их бы не хватило) ей достаются очень тяжело. Машину она не водит. Не хочет, не может, муж не настаивает, она, видно, не просит, боится. Ей чуть больше сорока лет. Как сказали бы американцы, она в «ранних сороковых» (in her early forties). Учиться она, видимо, не любит, в России особо никогда не училась. У нее даже нет никакой специальности. Английский знает очень плохо. У нее очень небольшой выбор деятельности: или сидеть дома, или работать на самой низкооплачиваемой работе. Я бы на ее месте ходила бы в школу день и ночь. Выучила бы язык, чтобы хоть какую-то специальность приобрести. Но я ведь не могу навязывать свое мнение. Тем более, она такой человек, что и слушать не станет. Не самый легкий человек для общения. Все время спорит, доказывает что-то, навязывает свои идеи. Мне не очень-то что навяжешь, но выслушивать приходится, из вежливости. Очень ее жалко по-человечески. Она вдруг серьезно стала интересоваться религией (одной разновидностью христианства). Муж ей запрещает дома устраивать сходки, поэтому она встречается со своими единомышленниками вне дома. Но ведь у нее нет машины.

Вот, например, она звонила мне несколько недель «Приезжай, я хочу познакомить тебя с одной женщиной». Я наконец выбрала время, поехала к ней. В доме у нее жарко, нет кондиционера. Нет бассейна. Для меня это невыживаемые условия. Посидели у нее в этой жарище полчаса, она мне надавала «завлекательной» литературы, как я теперь поняла, хочет меня вовлечь в эту секту (когда я сказала секта, она обиделась. Поэтому я называю «вид религии»). Все книжки-брошюрки у нее есть на русском языке, с красивыми цветными картинками (завлекалочками). Она серьезно в это верит, задает себе вопросы, ищет истину, мучается в душевных исканиях. Посидев полчасика (кстати для справки, она какая-то жадноватая, не предложила ничего, хоть мне и не надо. Но если у меня кто-то в доме, мне обязательно кажется, что он или голодный или умирающий от жажды. Но это, наверно, индивидуальные качества характера. Хотя, по-моему, русские бывают очень гостеприимными. Другая русская тут - подтверждение последнему), и напряженно поговорив, ведь мы не виделись два года, произошла куча перемен в жизни у каждой из нас, мы с ней поехали в ближайший супермаркет. Там она договорилась встретиться со своей знакомой. Этой женщине шестьдесят девять лет, выглядит на свои годы или даже чуть старше. Меня это удивило, обычно здесь женщины выглядят моложе своих лет. Тем более она миссионерка, не занимается никаким тяжелым трудом.

Она американка, по-русски говорит с сильным акцентом, и словарь у нее религиозный. Если моей любознательной русской что-то непонятно, американка объяснить тонкостей не умеет на русском языке.

Мы пересели в шикарную новую машину миссионерки и отъехали от супермаркета, остановившись в тени большого дерева на небольшой нелюдной улице. И повели беседы. Я переводила все их дебаты, не преминула задать и миссионерке каверзный вопрос по ходу дела. Когда она мне показала красивую картинку с райскими кущами, сытых красивых людей на фоне райской природы и всяческого изобилия (разных фруктов, пасущихся ягнят и всего такого прочего) и стала говорить, что вот именно их вид религии, если стать ее последователем, приведет к такой жизни после смерти. Я спросила: «А где же тут рабочие на полях, которые трудятся день и ночь за мизерную плату, чтобы позволить другим людям ничего не делать и всем пользоваться? Или рабочие на фабриках, которые производят (одежду, например)? Им, наверно, некогда забавляться с ягнятами на зеленом лугу и объедаться виноградом в тени дубравы». Она сказала: «Тех людей, которые зарабатывают себе на хлеб насущный тяжелым трудом, наказал Бог за прегрешения Адама». Видно, эту русскую, что работает на кухне и встречается с этой миссионеркой, тоже наказал Бог. А миссионерку, сразу видно, наградил шикарной машиной. Я спросила после у Майка сколько такая стоит, он не знал, шестьдесят, восемьдесят тысяч или сто. Что касается меня, то я потратила три часа своего личного времени. А в это время меня, между прочим, могли вызвать в какую-нибудь школу на замещение. Значит, я потеряла примерно шестьдесят пять долларов. Я не уверена, буду ли награждена райскими кущами (мне там было бы скучно) или «мерседесом», если войду в их секту. А вот что я потеряла, возможно, подработку, это я знала наверняка. Я считаю, лучше синица в руках.

Теперь прошла неделя после того случая, и моя русская звонит и говорит: «Ну, ты прочла те книжки, что я тебе дала?» Я сказала ей правду. Что была очень занята, что только просмотрела, что такое чтение не дает мне работы для ума (он пошел, она сказала, он принес, она замечательная) и я навряд ли могу читать это запоем. Тем более, как-то еще в свою автобусную жизнь, я подобрала на остановке аналогичную брошюрку на английском языке. Я немного почитала, ведь это на английском, интересно, как звучат такие религиозные мотивы. Теперь она меня зовет в их церковь. У меня тут, кстати, есть знакомые всех разновидностей религий. Но пока еще никто не был так настойчив, как эти. Я понимаю, что она не может (эта русская) найти друзей среди американцев, т.к. не знает языка, а на русском вот нашла такое общение. Может быть, некоторые русские женщины, живущие в России, завидуют: «Вот Америка, американский муж, дом, у мужа машина (правда, здесь еще и две дочки от прежнего брака, приезжают на выходные, мучают русскую мачеху)». Так вот я вам обрисовала ситуацию, где не только завидовать нечему, а просто жалость берет. Когда человек говорит: «Я потеряла интерес к жизни. Детям я не нужна, они выросли и обходятся без меня. Я не вижу смысла жить». Вот вам и такая Америка. На это приведу здесь одно изречение, которое где-то попалось мне на глаза и очень понравилось. Русский перевод мой. Может, кто-то может перевести лучше.

A mind, like a home, is furnished by its owner, so if one's life is cold and bare he can blame none but himself.

«Мысли человека, как дом, меблированный его владельцем: так, если жизнь человека холодна и пуста, он не вправе кого-то в этом винить, кроме себя».

Она и не винит никого, она просто потеряла цель жизни и не знает куда бредет, и это печально. Я знаю лекарство, да она меня не послушает. Надо идти учиться, общаться с людьми своего возраста, а не запираться с пожилыми людьми, уже прошедшими большую часть своего жизненного пути и готовящимися на покой.

Хочу пару слов сказать о Майке. Травма его зажила и почти не беспокоит. Беспокоит его другое. Я тут выяснила, что он ездит на работу, как на каторгу. Он так и сказал: «Я делаю время». В дословном переводе с английской фразы (to do time), значит "сидеть в тюрьме", срок мотать. А я и не ведала, наивная русская жена, что моя американская половина мотает срок. Он химик, как я уже тут упоминала, работает в фармацевтической кампании. Говорит, народец на его новой работе подобрался довольно-таки поганый, всё-то норовят «нож в спину» (как выражаются американцы) воткнуть, то есть нагадить человеку за глаза. Говорит, работают какие-то филиппинцы, ну совсем тупые, как роботы, только умеют выполнять команды. Вроде бы и образование есть. Но дальше выполнения команд их мозг не работает. У начальницы есть фаворит (здесь это без секса, в отличие может быть, от России). Тут с этим делом строго, статья «сексуальные домогательства» (sexual harassment, о котором тоже выше говорилось), так что не похараскаешь-то очень. Даже если по обоюдному согласию, все равно люди этого не делают на работе. Никакой экзотики, наверно, скажут некоторые. Да, это одна из характеристик американской жизни. Поэтому, например, за мужа можно быть спокойной, что на работе его никто не подцепит, или наоборот.

Семейная жизнь здесь - одно спокойствие. Она дает тебе силы заниматься своими личными делами сколько угодно. При условии, если, конечно, муж любимый. А-то, может, у того, кого выбрали из России, и не все гладко. Меня никто не выбирал, не вывозил. Я сама сюда приехала. Потом Майк приехал в тот дом, где я остановилась. Мы с ним выбрались сами, одновременно и естественным путем. И благодарим судьбу за нашу встречу.

И хотя жизнь наша довольно напряженная, но мы счастливы, как я понимаю. Хоть Майк и недоволен работой. Сам виноват. Иди, учись и меняй карьеру. Лень, значит, мотай срок по своей специальности, которая у тебя уже есть вместе с наработанным опытом. Почему наша жизнь напряженная? Потому что такова жизнь любого среднего американца, который (или которая) проводит много времени за рулем, на работе и приезжает домой, чтобы отдохнуть от всего этого напряга. Иногда даже не хочется брать телефонную трубку. И мы не берем, когда не хотим. Слушаем, как автоответчик говорит нам сообщения. Когда я дома одна, я ношу трубку с собой. А с Майком я этого не делаю. Мне и без нее хорошо.

Пытаюсь начать учебу в университете и взять высокую планку. А вдруг получится? Тогда, может, поднимемся до уровня среднего верхнего, который предполагает не такой сильный напряг и лучшую зарплату.

На этом закончу свою очередную главу книги, длиною в жизнь (как бы это громко н звучало, но это факт), и пожелаю всем удач, успехов и оптимизма. До встречи в следующей главе!

Август, 1998 г.

16

Почти пять месяцев у меня не было ни сил, ни желания сесть за продолжение своей американской повести. Иногда мне приходила мысль, что желание писать у меня иссякло насовсем. Но вот очередная бессонница, я села писать письмо сестре. Письма я ей пишу иногда на обратной стороне своих рассказов. И вот я перечитала свой девятый рассказ, вспомнила кусочек своей жизни, потом заглянула в последний, пятнадцатый, что был написан почти пять месяцев назад, и решила, что хочу продолжить свою историю. Может быть, меня «подогрела» фраза из письма сестры «Мы твои рассказы читаем всем городком. Если бы на них не было твоих фотографий, мне бы никто не поверил» (сестра живет в небольшом городке европейской части России). Я подумала, что хоть меня нигде и не публикуют, так хоть люди читают, и то хорошо. Перестали публиковать, так как мне надоело просить редакции. Я махнула на них рукой. Мое тщеславие удовлетворено, так как публиковали меня в разных изданиях здесь и в России. Устала просить и напоминать о себе. Не хотят и не надо. Вот разбогатею, тогда сама издам свою книгу. И стану еще богаче. Если не пролечу. (Пока я писала этот рассказ, пришла публикация моей статьи про русскую девочку из Санкт-Петербурга, значит, совсем не забыли еще.)

За прошедшие пять месяцев моя жизнь набрала максимальные обороты. Я загрузила себя до предела работой и учебой. Так загрузила, что сама взвыла от перегрузки. И вроде ни от чего достигнутого не хочется отказываться. Значит, надо держать темп.

А это нелегко оказалось. Работы у меня немного, то есть денег очень сильно не прибавилось. А что прибавилось, все быстро уходит на оплату учебы, дантиста, выплаты по кредитным карточкам, содержание машины. А машину мне нужно содержать в идеальном состоянии - иначе я потеряю работу. Дело в том, что я работаю с двумя классами в двух разных местах. Один класс тут недалеко, на худой конец можно было на такси подъехать или на автобусах, это четырнадцать минут на машине. Туда я езжу три дня в неделю и работаю по три часа. Класс мне нравится, так как там одни мексиканки, то есть все «хиспаники» (Hispanic), и я с ними немного подучиваю испанский по ходу дела. Второй класс находится очень далеко, шестьдесят миль в один конец. Езжу я туда два раза в неделю, и урок продолжается пять часов. Час еду, пять часов стою, бегаю, прыгаю перед классом, еще один час еду обратно домой. Эти семь часов довольно напряженные. Но и это бы было ничего, если бы я не связалась с учебой. Поступила я в один из калифорнийских университетов, чтобы получить следующую степень, степень магистра. Дело в том, что если хочешь преподавать в колледже, то они там предпочитают преподавателей со степенью магистра. И хоть я уже и работаю во втором по счету колледже (куда еду в такую даль), но чтобы стабилизировать свое профессиональное продвижение, надо повышать образовательный уровень. (Как учитель, я всем рекомендую чему-то постоянно учиться. Это вносит особый смысл в монотонность нашей жизни.)

И вот я поступила учиться. Я хотела учиться давно, но сначала не было статуса жителя, потом несколько месяцев, когда только начала работать, не было денег. И вот, наконец, я и за рулем, и работаю, и я сразу помчалась на учебу. Майк поморщился, когда надо было платить первый чек за первый семестр, поскрипел, но деваться некуда. Я ему сразу заявила: «Не нравится - я могу уйти. Это моя жизнь, и я не собираюсь ждать три года, пока у нас появится больше денег. Я работаю, и свои деньги имею право тратить на что хочу». Американские мужья очень тихие, они боятся, что жена уйдет и ему придется опять кого-то где-то искать. А им лень. Он с работы приехал, сел в кресло с газетой перед ТВ, потом перешел на диванчик. Тут тебе жена под боком. А попробуй-ка одному. Надо идти, ехать куда-то, кого-то перебирать, искать. Это лень. Вот сейчас я сижу пишу в другой комнате, слышу в тишине зов. Время - четыре часа ночи. Мне завтра не на работу, вот я и разгулялась, бессонничаю вволю. Он не нащупал меня рядом, беспокоится. Я пошла успокоила, что я здесь, рядом, пишу свои бесплатные рассказы, а не ушла к богачу. Это я конечно для вас, читатель, шучу. Но вы ведь знаете, что в каждой шутке есть доля истины. В моей же шутке ее большая доля. Но об этом при случае. А здесь закончу про эту учебу.

Уж и не знаю, каким ее словом назвать. Плохим - не поворачивается язык, ведь это учеба по моему личному желанию. Хорошим - не находится у меня для этого хороших слов. Моя специализация в будущей степени магистра (которую я получу через полтора-два года, если выдержу этот сумасшедший ритм) называется «Администрация образования». Звучит хорошо, внушительно, веет от этих двух слов высокой зарплатой и уважаемой должностью. Вот на это-то я и клюнула. Когда подавала документы, лелеяла мечты: «Как хорошо, как все славно, буду себе ходить учиться, книжечки читать, профессоров слушать, а через два года у меня уж и степень в кармане и зарплата высокая». Какая же я глупая была. Да за эти два года эта учеба из меня выпьет все соки, вымотает все силы, убьет все желания, а с зарплатой - это еще один интересный вопрос. Это обычная лотерея жизни. Какой билетик вытянешь. Где освободится вакансия, кто тебя порекомендует, как пройдешь собеседование и т. д. Учеба очень трудная. Не потому что надо много читать, а потому что надо много бегать в свое личное время и выполнять какие-то немыслимо-дурацкие административные работы, поручения. Причем сначала все это надо выдумать самому, потом это все надо выбегать, выстрадать, т.к. надо назначать встречи со всякими высокими администраторами, объяснять им, что ты учишься, где и что ты от них хочешь. Но этого мало. Надо еще все описать, записать и создать так называемые свидетельства твоей административной деятельности. А потом, после многочасовых мучений за компьютером, профессор просмотрит все эти выстраданные бумаги и одним росчерком пера отметит, что не совсем готово, что надо бы еще побегать, пособирать письма и подписи. Ой! Короче, влипла я жутко. Я ведь терпеть не могу бюрократию, а это именно то, что я, оказывается, себе выбрала.

В моей университетской группе - тридцать два человека. Все матерые американцы, учителя средних и начальных школ. Многие уже имеют степени магистра, есть даже один доктор наук. Но вот хотят такого магистра, который им сулит место директора школы. Им-то точно сулит, этим матерым волкам от образования. Они варятся в этом соку много лет. Они готовят такие презентации перед классом, что я думаю всегда: «Ведь это готовый профессиональный директор, куда им еще учиться два года?» Мне же не надо должность директора школы, мне надо что-то во взрослом образовании. А я там одна такая. Да притом русская, да с акцентом, да не матерая, не волчица, а овечка. У меня была мысль бросить. Но я решила не сдаваться без боя, а понаблюдать, как у меня пойдет в первом семестре. Теперь каникулы, через три недели начнется второй семестр. И я, как порядочная овечка, опять пойду на заклание, причем добровольно. Вместо того чтобы работать побольше часов и улучшить свое материальное положение, я трачу все свое свободное время, часто и все выходные, на эту учебу. Это не жизнь, а каторга, которую я себе устроила. Но теперь взять и бросить - жалко. Как тот чемодан, который тяжело нести и жалко бросить. Уж буду нести свой крест, куда деваться. На худой конец, хоть степень будет, и то хорошо. Уж об остальном я пока перестала мечтать. Кроме этой учебы, ведь у меня еще одна. Это обязательные классы для учителей. Вот я закончила первый уровень, теперь надо браться за второй. Эта учеба легкая, но тоже надо ехать тридцать пять миль, тоже много писанины. Вот она моя каторга - две работы, две учебы - денег нет. За обе учебы надо платить.

Когда я ездила свои шестьдесят миль два раза в неделю, я практически постоянно превышала скорость. Так как я вечно опаздываю. Не потому, что я неорганизованная, а потому, что надо не забыть сразу десять дел: тут копии для этого класса, там встреча с тем администратором, тут договоренность с этим. В результате я все успевала, но все в последний момент. Я слушала рассказы других о том, как их останавливали и штрафовали за скорость, но как-то не относила это к себе. Это продолжалось несколько месяцев. Причем на фривеях в свой дальний колледж, где поменьше машин, я разгонялась так, что за такую скорость уже не штрафуют - чуть ли не сажают. Но как-то Бог меня сохранил от знакомства с американскими «посиделками». А остановили меня недалеко от родного дома, когда я ехала в свой мексиканский класс утром на работу. Не успела я выскочить на хайвей, там скорость сорок пять миль, не успела я разогнаться до шестидесяти, как черная машина позади меня стала издавать какие-то странные звуки. Мое зеркало заднего вида было повернуто так, что я не видела, что это полицейская черная машина с фонарями «на голове». Я только подумала: «Ну что эта черная машина ко мне прилепилась?» Но когда я услышала звуки сирены и посмотрела получше в зеркало, то поняла, что «я приехала». Поняла, что теперь я опоздаю в класс не на обычных десять минут к своим безропотным мексиканкам, а неизвестно насколько. Я остановилась. Полицейский подошел к моей машине и сообщил мне радостное известие, что я превышала скорость. Я пыталась ему сказать, что это в первый и единственный раз, что я опаздываю на работу, где меня ждет класс двадцать человек. Но он и не слушал мой жалкий акцентированный лепет. Он проверил мои права (симпатичный был такой, рыжик фигуристый), страховку и дал мне ticket (дословно «билет», то есть бумажку, когда явиться и куда). Я взяла свой тикет и поинтересовалась: «Как в таких случаях, мне надо Вам спасибо говорить или как? Я не знаю, я в первый раз». Он улыбнулся, попрощался и отчалил. Я приехала на работу в смятении. Так как я человек совестливый, то я понимала, что обижаться мне грех, так как я нарушала много и долго, а попалась рядом с домом на пустяке. Ведь могло бы быть намного хуже. Если бы меня поймали на том дальнем фривее, то мне и в суд надо было бы ехать к черту на кулички. А тут все под боком, рядом.

Три дня назад Майк специально приехал на два часа раньше со своей работы, и мы торжественно поехали вдвоем в суд. Почему торжественно, потому что первый раз, все как-то ново и неизведанно. Майк оказался опытным нарушителем (а скромничал, три года молчал, я и не знала, что он несколько тысяч заплатил родине за нарушения). Он не мог позволить мне пойти без его профессионального сопровождения. Он там знал все ходы и выходы. Да и платить-то ему, чек выписывать. У меня и чековой книжки нет еще, мы с ним на одном счете. Нам пока особо считать нечего или делить. Очередь огромная, все нарушители. Постояли минут сорок пять. Оказалось, что платить немного, чуть больше ста долларов.

Боялись, что будет двести или триста. Да еще надо пойти в traffic school (школу вождения), отучиться там восемь часов. В суде выдали список этих школ. Их - тысячи. Майк сказал, что они все соревнуются между собой, пытаясь доказать, какие они веселые юмористы. Так как занятия проводятся с юмором, чтобы нарушителям было нескучно. Я позвонила в несколько школ. В двух сказали, что оплата двадцать пять и двадцать шесть долларов, а в третьей пятнадцать. Вот туда я и поеду, в веселую и дешевую. Да, названия у этих школ тоже всякие смешные, с претензией на юмор.

В начале декабря мы ездили на вечер, организованный от работы Майка. Он очень не хотел ехать, но его присутствие было почему-то обязательно. А я сказала ему, что мы никуда не ходим, так хоть на вечер сходим обязательный. Мы поехали в шопинг-мол и купили мне красивое длинное темно-зеленое бархатное вечернее платье. Жену надо показывать не в чем попало своим сослуживцам и начальству. Майк терпеть не может свою начальницу, и я подумала, что, может, когда они увидят, какая у него простая русская жена, может, его полюбят лучше. (Видите, какая я скромная овечка. Но об этой моей скромности американские волки не знают.) Вечер был в красивом большом отеле, в банкетном зале. Мы много танцевали, я беседовала с мужем негодной начальницы. Он оказался доктором философских наук. Не успела я углубиться в его специальность, как Майк меня почему-то выдернул из светской беседы и потащил танцевать. Но все-таки я успела поумничать чуток в своем вечернем платье. Больше мне его, к сожалению, некуда было надеть, и я его надела на Рождество к тетке Майка. Это было не очень уместно и слишком шикарно для домашней обстановки. Но родственники, они на то и родственники, чтобы все терпеть, а Америка на то и Америка, чтобы надевать все, что тебе заблагорассудится и кажется удобным в этот момент.

У тетки Майка Эстеллы есть необыкновенная способность одаривать родственников такими подарками, которые потом невозможно сдать в магазин. Пользоваться ими тоже не хочется, так как качество оставляет желать лучшего. Но ей очень нравится дарить. Майк меня давно предупреждал об этих ее повадках, но я все не верила, говорила, что он на тетку бочки катит. И вот я сама теперь стала жертвой такого ее подарочка. Это оказалась страшная дамская сумка, черная, с коричневой окантовкой (что за плебейство). Я лучше буду ходить с пластиковым пакетом, чем возьму такую сумку в руки. Врала Эстелка бессовестно и прямо мне в мои овечкины глаза. Она сидела рядом со мной, когда я открыла подарок (все открывали свои подарки). Я достала сумку и надела на лицо приятную счастливую улыбку, хотя внутри воскликнула: «Какая страсть!» А Эстелка мне говорит: «Видишь, Зоя, это очень дорогая сумка. Такие стоят по сто долларов». Вскоре я поехала в мол, чтобы убедиться в наглой Эстелкиной лжи. Я прошла несколько магазинов и наконец в одном, средне-дорогом, увидела похожие коричневые эмблемы на их сумках. Я подошла к продавщице и показала ей свою сумку. Она сразу сказала: «Это подделка, у нас таких нет». Эта сумка оказалась дешевой базарной подделкой под дорогую марку. Я бы и оригинал никогда не купила, так как он совершенно не соответствует моему вкусу. Но там хоть можно было похвастаться тем, что это дорогая вещь. А тут уж совсем не по делу. Та же история произошла и с Майковым подарком. Ему подарили джинсы, вроде бы той марки, которую он носит. Но материал имеет свойство садиться на один размер после стирки. Поэтому я поехала в магазин их обменять на следующий размер. В магазине мне сказали: «Это не из нашего магазина, видите, здесь не наша бирка». А я и не заметила крохотную подлую бирку с неизвестным словом «Тилли». Следуя зову своего настырного характера, я попыталась найти этот магазин, но, увы! такого названия нет ни в одном справочнике в библиотеке. Опять подлость - куплено на базаре, подделка. И мы приняли с Майком решение - на следующее Рождество смываемся в Аризону, подальше, в другой штат, от милых родственников и их подвошных подарков. Мы-то покупали им подарки в большом приличном магазине, без подвоха. Да сколько дней я бегала, так как Питер, муж Эстеллы, заказал неизвестно что. А с другой стороны, они вроде добрые. Всегда встречают всю семью, угощают. Хотя это очень нудно и скучно глядеть на прыгающих разбалованных Эстеллиных внуков.

Прошло три месяца после получения мною первого штрафного билета. Теперь я их получила уже три. Как-то первые полгода я никогда не попадалась, а тут в течение пяти месяцев три раза. Четвертый билет нельзя получать - отнимут права на полтора года. Майк очень расстроился, но делать нечего. Свою мучительную учебу я сменила в новом весеннем семестре на другой профиль. Не вынесла моя поэтическая душа этой административной муры, хоть она и обещала мне быструю степень. Я поменяла ее на психологию. Теперь тоже беру два предмета. Тоже очень много читать и писать всяких психологических размышлений, но не надо бегать ни по каким администраторам и никому кланяться. Учиться долго до степени - четыре года. Но я устала торопиться. Решила - тише едешь - дальше будешь. Читаю умные книжки по психологии, слушаю лекции двух докторов наук и готовлю из себя психотерапевта-консультанта. Здесь эта профессия очень распространена в разных сферах американского быта - можно консультировать семьи, можно индивидуальных пациентов, можно работать при учебном заведении. Путь до степени неблизкий, и есть время обдумать свой окончательный выбор. Собираюсь отвлечься от повседневной калифорнийской рутины во Флориде. Лечу на неделю на весенние каникулы навестить русскую подругу, повесив очередной долг на кредитную карточку. Приеду - расскажу.

Март, 1999 г.

17

Как я и обещала в конце предыдущей главы, рассказываю о своей поездке во Флориду. Я туда съездила навестить русскую подругу, которая тоже замужем за американцем. Почему я вдруг полетела одна, без мужа, да по очень простой причине - на поездку для меня одной надо было денег в три раза меньше. На двоих не хватило. Флорида оказалась очень далеко от Калифорнии: на противоположном восточном побережье Соединенных Штатов, совсем другого океана, Атлантического. Я летела в небольшой городок в южной Флориде, в пятидесяти милях от Майами. Мой самолет летел долго и нудно, восемь с половиной часов, делая посадки в штате Теннесси, а потом во Флориде. И наконец в нужном мне, еще одном аэропорту Флориды. Прилетела я в десять часов вечера в субботу, ровно на одну неделю, когда на всех моих работах и учебах были весенние каникулы. Предполагалось, что Инна (подруга во Флориде) будет мало работать эту неделю и что в нашем распоряжении будет машина и мы сможем поездить туда-сюда.

Но все вышло совсем не так, как мы предполагали. Инна работала почти всю неделю, обещанная нам машина, оказалось, требует ремонта. Утром на второй день, пока хозяева спали, я вышла во двор погулять и решила искупаться в небольшом канале, сразу за домом. Весь городок Форт Лодердейл пересечен такими каналами для поддержки уровня воды. Я знала, что оттуда люди берут воду для поливания газонов, например. Особой стерильностью он не отличался, но вода очень теплая, и я решила быстро искупаться. Не успела я туда залезть, как из дома выбежала взъерошенно-встревоженная Инна и закричала нечеловеческим голосом: «Ты что, с ума сошла, а ну-ка быстро вылезай оттуда, там крокодилы заплывают, тебе что, жить надоело!» Оказывается, она проснулась и, не обнаружив меня в доме, забеспокоилась. А когда увидела меня в канале, то ее чуть кондрашка не хватила от страха. Оказывается, у них там водятся аллигаторы, и они иногда заплывают в разные места канала и едят что-нибудь живое, что попадается. У них там плавают какие-то диковинные утки, похожие на индюков, и вообще все птицы еще экзотичнее калифорнийских. А на следующий день Иннин муж разговаривал по телефону со своей коллегой по работе, которая живет в трех милях от них, по каналу. Ее собака пошла искупаться, и ее съел аллигатор. Я сначала не знала, шутят они или что, плакать мне или смеяться, что меня мог съесть аллигатор. (Представляете, приехал человек в Америку, устроил себе жизнь, поехал навестить подругу, и там около дома человека съел аллигатор. Да, некрасивая история, хоть и конец довольно экзотический.) Но услышав про съеденную собаку, я поверила. Иннин муж человек серьезный.

Поехали на океан. Океан очень теплый и смирный. Им, океанам, надо было бы явно поменяться названиями. Наш Тихий в Калифорнии совсем не тихий, и купалась я там за четыре года хорошо, если раз пять-шесть. Вода довольно прохладная, а главное, что волна почти сбивает с ног. На пляже сгораешь, к океану подходишь - холодно, да еще буйный вместо тихого. А в южной Флориде океан мне очень понравился. 28 марта вода очень теплая. Инна уже успела разбаловаться за полтора года жизни во Флориде, сказав, что такая вода для нее не теплая. Теплая это летом, когда как подогретая. Но я пошла сразу купаться. С огромным удовольствием бросилась в воду, сразу с кем-то познакомилась. Чтобы не ударить лицом в грязь, в горячке поплыла, оживленно беседуя, довольно далеко в океан: на радостях, что дорвалась поплавать на просторе. Молодой человек, с которым я познакомилась в теплой атлантической волне, тоже не сдавался и плыл рядом, засыпая меня вопросами. Но вскоре я предложила повернуть к берегу, сказав, что подруга будет беспокоиться. Одно беспокойство от таких гостей (понаедут всякие сумасшедшие из других штатов), то ее крокодил чуть не съел, то гляди, утонет или барракуда какая-нибудь укусит, в океане. Я, когда там плавала, еще не знала про барракуд. Это потом Иннин тихий муж рассказал, что в год два-три человека съедаются барракудами (хищная большая рыба с острыми, как бритва зубами) на атлантическом пляже. Когда я поморщилась от такой информации (по-моему, ничем не лучше крокодила), он ободряюще заметил: «Подумаешь, два-три человека! Что это есть на фоне двух миллионов, которые сюда приезжают каждый год отдыхать!» Вот такие они, флоридцы, лихие, им ни по чем ни крокодилы, ни барракуды, ни хурриканы. Хурриканы (hurricanes) - это океанские шторма огромной разрушительной силы, которые у них случаются. Например, в 1992 году был очень сильный ураган, который нанес многомиллионный материальный ущерб городу, разнеся в щепки целый район. Народу погибло не очень много - сказал Иннин муж-оптимист. Когда мы ехали на пляж, он показал мне часть города, разрушенную до основания семь лет назад. Но даже пальмы стояли на месте. Не говоря уже о домах. Кстати, пальмы тут запросто втыкают, и они растут. Это я по Калифорнии знаю.

Молодой человек в океане поинтересовался, не хочу ли я весело провести время, подплыв так близко, что я задела его рукой (за живое).

Я извинилась, а он сказал: «Ну что вы, какой пустяк». А про себя, наверно, подумал: «Задела бы она меня еще разок и подольше», очень уж по глазам его было заметно, как ему хочется время провести. Но у меня в Калифорнии скучающий муж, мне не до молодых людей. Майка, конечно, жалко было, ему очень хотелось тоже поехать, мы так любим путешествовать. Но пока и без того полно долгов по кредитным карточкам. Через два дня мне стало скучно - без машины, Инна работает. Я освоила велосипед и поехала по окрестностям. Съездила к Инне на работу, на почту. На следующий день у нее был выходной, и мы поехали в «Мир бабочек». Посмотрели разных красивых бабочек. Вечером нам дали машину и мы поехали в большой шоппинг мол. В последний день перед моим отъездом, в пятницу, на меня вдруг свалилось огромное счастье - мне ее муж дал с утра машину, и я поехала на пляж. Направление у меня было нарисовано на бумаге, но я, конечно, не знала где запад, где восток, и, поругав себя в очередной раз за бестолковость, что не умею по солнцу определить, где запад, где восток, я поехала наугад, надеясь, что угадала правильно. Но я, конечно, не угадала и попала вместо океана на фривей. Там я увидела указатель «Майами» и подумала, что было бы с кем за компанию, можно было бы съездить. Ведь это всего пятьдесят миль, ближе, чем я два раза в неделю еду на работу! Я еду шестьдесят миль. Но компании у меня не было, машина новенькая, чужая, не хотелось злоупотреблять доверием людей. И я развернулась и поехала обратно, теперь уже в нужном направлении, к океану. Приехав на побережье минут через двадцать пять, я поставила машину на стоянку и позвонила Ининому мужу, сообщив, что со мной и его машиной все в порядке. На пляже я позагорала, искупалась, пособирала ракушки. Это был самый счастливый день за многие месяцы моей напряженной сумасшедшей жизни. Никуда не надо было бежать, ехать, нестись, ни о чем не надо было волноваться, никому не надо было ничего готовить или убирать квартиру. Только тепло, океан, новая машина, полная свобода и я.

Главное отличие Флориды (того места, где была я) от Калифорнии в том, что она совершенно тихая, спокойная, теплая.

Народу мало (я не имею в виду места, где собираются туристы). Движение небольшое. Все находится близко, за что ни возьмись - океан, шоппинг мол. Даже до Майами, и то всего пятьдесят миль. Это сорок пять минут езды. От нас, где я живу в Калифорнии, до океана не доедешь за сорок пять минут. Надо час. На работу Майк едет час каждый день. Я еду час два раза в неделю. У нас толпы и толпы народа, огромные расстояния, сумасшедшее движение. Вся жизнь какая-то суматошная. И я задумалась, как бы взглянув на свою жизнь в Калифорнии из теплой тихой Флориды с аллигаторами: А так ли я живу? А куда я несусь, рвусь, мчусь? А зачем мне это надо? Жить бы так вот тихо у теплого океана (подумаешь, хурриканчик пронесется раз в два года, или, подумаешь, аллигатор или барракуда, это уж кому какая судьба), работать не напрягаясь, учиться не напрягаясь, в свое удовольствие. А если муж закапризничает переезжать, может уехать одной? Теперь-то я не спешила бы с замужеством. Я бы выбрала что-то очень солидное и подороже. Вот такие мысли на меня навеял спокойный теплый Атлантический океан и южная Флорида. Но об этом пониже. А пока закончу описание своего счастливого дня. Проведя пару часов на океане, я поехала домой. Приехала, там никого нет, никто меня не ждет с машиной. Я очень обрадовалась и, оставив записку, где я и что, поехала в шоппинг-мол. Там я накупила подарков себе и мужу, намерилась всего, получив море удовольствия. Никаких толп, полно всяких распродаж, мне показалось, дешевле наших, калифорнийских. Добросовестно потратив отведенные на подарки деньги, я поехала домой.

Инне пришла посылка с косметикой из Франции, заказанная по каталогу. Впервые за всю свою жизнь (добрая половина уже прожита) я тоже заказала себе французскую косметику. А то все вечно себе отказываешь во всем, чего-то покупаешь распродажное, дешевое. Мой замечательный день закончился достойным образом - разбором и обсуждением французской косметики и болтовней с подругой. На следующий день я улетела обратно к себе домой, в Калифорнию. Самолет опять летел так же долго. На этот раз было аж три посадки. Первая во Флориде, вторая в Техасе и третья в Аризоне. Четвертый раз самолет наконец-то приземлился в аэропорту Лос-Анджелеса. Я выпорхнула из самолета загоревшая, похудевшая, в белых коротких брючках в обтяжку, вся как на пружинах, с твердой уверенностью, что я хочу жить во Флориде, сразу решив огорошить Майка такой новостью. Но огорошивать было некого. Я стояла и крутилась и вертела головой, но Майка нигде не было. Один американец поинтересовался насчет какого-то рейса. Мне делать было нечего, и я ему показала указатель. Но он от меня не отходил. Все выпытывал: «А что если муж не приедет? Не хочу ли я с ним полететь в Сан Хосе?» Да, сейчас, подумала я, прямо все брошу и полечу в Сан-Хосе. Я сказала, если муж не приедет, то позвоню, оставлю мессидж (сообщение) и поеду на такси домой. Неужели я потеряюсь в своем городе? Пометавшись минут пятнадцать, я пошла выбирать из багажа свою спортивную сумку. Оказалось, что Майк стоял там у барьерчика и меня ждал. Мы с ним друг друга искали в разных местах. Я забрала свою сумку, и мы пошли разыскивать свою машину. Калифорния меня встретила 3 апреля дождем и жутким холодом. Вот тебе и встреча. Я с налету начала Майку рассказывать про Флориду и закидывать удочку про свои планы.

Я его доставала с идеей о Флориде два дня подряд. Сначала он спорил и злился, а потом сдался, как-то быстро и сразу. Нам как раз отказали в страховке на машину по какой-то дурацкой причине. Погода не улучшалась, тепло не приходило. И он сказал мне на третий день: «Ты меня увезешь отсюда от этих дурацких проблем?» И я радостно закричала: «Да, да, уедем отсюда!» Дело в том, что в этом году нам пришлось заплатить огромные подоходные налоги. Поэтому, чтобы не выбрасывать на ветер деньги за квартиру, перед нами встал вопрос ребром о покупке дома. Во Флориде дома намного дешевле, раза в полтора-два, по сравнению с Калифорнией. А первый взнос вообще раз в шесть-восемь ниже. Тут еще попробуй, накопи сначала на первый взнос. Добрым людям (молодым парам) помогают иногда родители набрать на первый взнос. Но нам с Майком это не грозит, у нас с ним только у каждого по бедной маме. Моя-то мама понятно, что бедная, русская пенсионерка, пережившая все невзгоды с развалом Союза, да и перед этим. А вот Майка мать по своей доброй воле бедствует - неудачная мне попалась свекровь. Ленивая. Работать не хочет. А могла бы. Выглядит на десять лет моложе. Квартира, машина. Но нет, все ей не так и все не то. Скучно, и нудно, и скудно. Но чтобы не идти на работу, она ставит перед собой какие-то нереальные цели и находит всякие отговорки.

Как я отметила в прошлой главе, я теперь усиленно изучаю психологию и психологическое консультирование. Теперь день ото дня я становлюсь умнее и умнее. Я теперь все знаю про всех. Про все виды депрессий, недовольств и всяких разных психических неполадок. Меня теперь голыми руками не возьмешь. И пусть в меня Майк вцепился мертвой хваткой и отпускать от себя не хочет (я бы не сказала, что мне это неприятно), но я потихоньку добьюсь еще одной, более престижной и более высокооплачиваемой специальности, и все равно улучшу свой уровень жизни. Пусть не с более зажиточным мужем, но путем приобретения новой специальности. Американское общество делится на пять основных социальных прослоек. Наверху пирамиды - три процента богачей, ниже -

двенадцать процентов высшего среднего класса (доктора, юристы, удачливые бизнесмены, годовой доход которых примерно от ста пятидесяти тысяч и выше). На ступень ниже идет средний класс, двадцать пять - тридцать пять процентов, к каковому мы с Майком и принадлежим (я - учитель, он - химик, обычные образованные люди, с не очень высоким годовым доходом и очень высокими подоходными налогами). Еще ниже, тридцать - сорок процентов, нижний средний класс, водители такси, электрики, работники обслуживания. Здесь люди обычно с не очень высоким образованием, специалисты всяких профилей, но зарплата может быть и выше, чем у среднего класса. Например, если эти рабочие захотят побастовать и потребовать повышения зарплаты, они защищены трейд юнионами (профсоюзами). В самом низу общественной лестницы находится примерно двадцать процентов населения. Это очень бедные люди, работающие на непрофессиональных рабочих должностях (полевые работы, на конвейере и т.д.) за минимальную плату, или те, которые живут на пособия, а так же бедные пенсионеры (такие, как мать Майка, которые не заработали на нормальную пенсию и ничего не скопили).

Теперь я смотрю на все окружающее сквозь новую призму - глазами психолога. Я перечитала много биографий известных психоаналитиков, терапевтов, авторов основных методов лечения в психотерапии. Все они жили или живут долгие, насыщенные и счастливые жизни. Я смотрю на одного своего преподавателя, доктора наук, психолога Джерри. Ему шестьдесят два года. На вид едва можно дать пятьдесят два. Мы учимся по его учебникам. Когда уж он успевает и работать, и писать, и поддерживать себя в идеальной физической форме - не знаю. Но я чувствую, что выбрала интересную, хорошую, нужную профессию и стою на правильном пути. К тому же зарабатывают они несравнимо больше учителей.

Моя горячка с переездом во Флориду прошла. Я уже узнала всю информацию насчет учителей, смогла ли бы я там работать. Смогла бы, но опять долгая волокита с оформлением учительских прав, уже по флоридским стандартам, и опять поиск работы. То же самое и с Майком. И я пока успокоилась. Мне нравится тут моя работа и учеба. Надо туда съездить вместе с Майком, посмотреть дома. Если и ему понравится, будем решать вместе.

Сейчас конец семестра. Я читаю свою психологическую литературу, пишу свои трактаты. Учиться нелегко, очень большой объем работы, но интересно. Чувствую, как расту в своих собственных глазах. Хочу дать небольшой совет тем людям, у которых пошла серая полоса в жизни: уезжайте из дома, хоть на неделю, хоть на два дня, полностью смените обстановку. Посмотрите на свою жизнь со стороны, может, что-то заметите такое, что требует исправления и вмешательства. Не сидите сложа руки. Занимайтесь тем, что приносит вам радость, а может, заодно и пользу другим людям.

Желаю всем удачи и прощаюсь до следующей главы. Drive safely! Ведите машину осторожно! - как сказали бы на прощание в Калифорнии.

Апрель, 1999 г.

18

Три часа ночи, выходной день. Я лежу и читаю учебник по психологии, свое домашнее задание. Мне надоело читать про то, как надо воспитывать себя и делать из себя личность, ведь в основном я довольна тем, что из себя сейчас представляю. Я хочу переключиться с психологии и почитать что-нибудь другое. Я вспоминаю, что на днях поучила письмо от подруги из Питера, в котором она спрашивает: «Как лето провели? Куда съездили в отпуск?» Эти вопросы меня натолкнули на мысль о написании следующей главы своей повести, о событиях за последние месяцы. Но лень меня накрепко приковала к постели. Мне приходит мысль-мечта. Я лежу и мечтаю, как

Ноздрев с Маниловым. Но я Ноздрев не 19 века, а конца 20-го, поэтому и мечты мои технократические. Я мечтаю о компьютере. У меня есть обычный, как бы стационарный, в другой комнате. Но к нему надо идти, садиться, сидеть и печатать. А это ведь лень. Все спят кругом. Я им завидую. Я тоже хочу лежа. Я и писать хочу лежа. И я поняла, чего мне не хватает - переносного маленького компьютера - лаптопа (lap - «сидячее место» на коленях, top - верхушка, дословно «то, что находится у сидячего человека на коленях»). А вообще-то это уже и коленями не назовешь. В общем, по-русски и перевести-то как-то неуклюже получается. Поэтому я заметила как в последнее время стало много заимствований из английского языка в русском. Хоть Ленин и боролся за чистоту русского языка. Но ведь как это удобно взять уже готовое слово, вместо того чтобы придумывать велосипед. Во времена Ленина действительно многие вещи можно было объяснить русскими словами. Что бы Ленин теперь сказал про компьютер и словарь к нему. Наверно быстренько бы их освоил и пустил в ход на пользу революции.

Так вернемся же к лаптопу. Значит, теперь у меня будет мечта. Как плохо быть богатым - не дадут помечтать. Пошел и купил. Никакого полета для фантазии и мечты. Всего лучше быть не богатым, а средним. Чтобы оставалось место для мечты. Бедным быть тоже плохо, так как мечтай не мечтай, все равно это не сбудется. А средним - самое то, что нужно. Помечтал, поработал над этим вопросом, глядишь, мечта и сбылась. Ну вот опять я отошла от лаптопа. Так вернемся же второй раз к нему. Лаптоп - это очень удобно. Я бы его сейчас поставила перед собой и печатала бы лежа. Вот так лень становится двигателем научно-технического прогресса, причем толкает к его внедрению прямо в спальню.

Но пока, без лаптопа, топать мне лапами лень (простите за неуклюженький каламбурчик-с), поэтому я беру простые и надежные механические средства - бумагу и карандаш - и начинаю писать. Эти средства у меня всегда тут под рукой. Меня все равно не поднимешь сейчас. И пусть я лучше потом буду в муках перепечатывать свои каракули. Но лень - от нее никуда «не спрятаться, не скрыться» (как сказал поэт, а потом кто-то спел). Я сегодня уже совершила одну грандиозную победу над собственной ленью - погладила трое брюк и платье. Я гладить ненавижу всей душой (так же, как моя мама страстно любит гладить все подряд). Об этой своей ненависти я всегда сообщаю своим студентам тогда, когда привожу им примеры глагола ненавидеть (to hate). И они мне начинают рассказывать, что они ненавидят делать. Кстати, половина или больше людей ненавидят гладить. Я в основном покупаю себе и мужу одежду, которую гладить не надо. Но иногда бывает что надо. Такой одежде очень не повезло с хозяйкой. Ей (одежде) приходится висеть после стирки долго, месяц-два в шкафу, дожидаясь моего вдохновения погладить. Но специальное вдохновение (муза с утюгом) все не приходит и не приходит. Тогда, через месяцок-другой во мне начинает заговаривать совесть: надо гладить! надо гладить! Сначала тихонько, потом прямо кричать начинает. За лень я себя всегда ругаю, но не очень сильно. Ведь от этой домашней лени никто и ничто не страдает. Только моя совесть. А ей положено быть многострадальной.

Вернусь же к вопросам подруги из России о лете и об отпуске. (Читатель-то уже и забыл, что я о них хотела написать, впрочем как и я тоже. Но главное не забыть, а вовремя вспомнить.) Казалось бы, какие обычные вопросы. Но это там мне так казалось. Здесь, в Америке с Калифорнией, эти вопросы мне не кажутся уже обычными. Во-первых, в Калифорнии нет ярко выраженных времен года. Снег зимой, листочки весной, солнце летом, дожди осенью - это все было там, в прошлом. Я здесь почти пять лет и столько же не видела снега. Только вдали, на верхушках гор или по телевизору, когда в новостях показывают какие-то северные штаты. Скучаю ли я по зиме и снегу? Пожалуй, я бы хотела на денек в ту зиму, со снегом и свежим морозным воздухом, а потом опять быстренько сюда в тепло и лень. (Мы-то все время работаем, но погода здесь «ленивая».) Круглый год в южной Калифорнии, куда меня занесла судьба, все зеленое. Зимой бывает попрохладней, но до нуля температура почти никогда не падает, в основном примерно десять градусов тепла (ночью падает до пяти, днем поднимается до пятнадцати-восемнадцати). Так и Рождество отмечаем 25 декабря - с ярким солнцем и в открытых «голых» (сверху) платьях.

Где-то глубоко в воспоминаниях живет начало той весны - апрель, май. Когда распускаются первые листья и впервые снимаешь надоевшие за зиму теплые сапоги и надеваешь модные туфли. По-моему, это ощущение весны там я любила больше всего: первое теплое солнце, туфли и нервные взгляды мужской половины. Это так приятно волновало! Я помню, мне дали группу студентов (я жила в Риге) из летного гражданского вуза. Там были одни молодые мужчины. Была весна. Как-то раз я надела черную узкую юбку, красный свитер и красные туфли и пошла на урок. Я писала на доске. Потом я что-то объясняла, рассказывала. Кто-то меня перебил и говорит: «Зоя Владимировна, а не могли бы Вы еще раз это написать на доске, я не успел в прошлый раз списать». Это было так очевидно, что мы все дружно захохотали. Народ там был очень воспитанный и веселый.

Здесь у меня этого чувства весны и обновления нет. Понятия «провести лето» и «съездить в отпуск» отсутствуют. Лето почти всегда. Отпуск у работающих американцев (vacation) очень короткий. Я вычитала в статистике, что в Америке самый короткий отпуск в мире. У моего мужа, например, отпуск две недели. Он профессиональный химик с двенадцатилетним стажем. За пять лет, что я с ним живу, он ни разу «по-человечески» (с русской точки зрения) отпуск не брал. Одно время, правда, был без работы, около шести месяцев. Все как-то берет по два-три дня. То туда поедем, то сюда. Делаем небольшие вылазки по Калифорнии, или в Неваду (Лас Вегас, например). Планировать поездку на десять-двенадцать дней - это надо уйму денег, какие-то специальные сборы, заказы билетов-пакетов. (Тут все пакетами. Туда входит билет, гостиница и, может, какая-то программа достопримечательностей). И куда, собственно, ехать, если мы живем на расстоянии часа от океана, при солнце и при бассейнах? Разве что в зиму, на Аляску? Что-то мы пока по Аляске не скучаем.

Путешествовать мы с Майком очень любим и при первой возможности стараемся куда-нибудь убежать, сбегануть как бы, на машине, куда глаза глядят. В последний раз они у нас поглядели в сторону северной Калифорнии. Так далеко поглядели, что мы доехали аж до Сан-Франциско (примерно семьсот пятьдесят километров от нас). Был праздник, четвертое июля. День Независимости (Independence Day). Независимость от английской королевы отмечается с 1776 года. Мы решили сбежать из дома, сменить обстановку. Мы давно поговаривали о Сан-Франциско, но на этот раз мы туда не собирались - очень далеко. Мы просто поехали на запад, доехали до океана и повернули вдоль побережья в северном направлении. Из дома мы выехали рано, часов в шесть, чтобы успеть до транспортных пробок проехать Лос-Анджелес и самые людные места. Часов в одиннадцать мы остановились в небольшом городке, поели что-то типа завтрака, переходящего в обед. Пока Майк пошел обратно в кафе за своими забытыми там солнечными очками (здесь в Калифорнии это «тени» «shades»), я забежала в «кожаный» магазинчик. Посмотрев как там все красиво и дорого, я пришла к машине. Майк раздобрился после еды и милостиво мне разрешил сесть за руль. Обычно он не любит, когда мы вместе, чтобы я сидела за рулем. Он говорит, что не хочет нервничать. (Мужчины такие нервные, им палец покажи, они уже нервничают).

Итак, я села за руль, мы выехали на фривей (freeway скорость 65-70 миль, то есть 110-120 км), и Майк вскоре мирно уснул. Пока он спал, я поставила свою русско-испанскую кассету и ехала себе, слушая испанские диалоги и наслаждаясь окружающими видами. Зеленые луга сменялись цветочными, потом лугами с коровами. Потом дорога вышла к океану и потянулась вдоль побережья. Сначала океан был далеко, потом ближе и ближе, и вдруг он оказался внизу под обрывом, с левой стороны дороги, а справа пошли отвесные горы. Слева - обрыв в океан, справа - сплошная гора. Дорога узкая, всего одна полоса в каждую сторону. Два противоположных направления разделены только ярко-желтой полосой на дороге. Мало того, что дорога стала такая узкая и страшная (обрыв и гора, что хочешь, то и выбирай), так она еще вдруг стала очень сильно вилять. Ну так вдруг завиляла, что скорость надо было сбавлять в два-три раза.

При этом навстречу тебе так же виляет нескончаемый поток машин.

Майк спал, как младенец, не подозревая, что его жизнь находится в руках такого водителя, как я. Но тут он проснулся. Когда он открыл глаза и увидел, по какому безобразию я еду - он немедленно мне приказал съехать при первой возможности и дать ему рулить. Я так поняла, что моего бедного мужа чуть не хватила кондрашка от страха, что он меня прошляпил и позволил вести машину по такой дороге. (Меня и саму-то чуть она не хватила, но я мужественно терпела, пока он спал.) Это меня развеселило (когда я поняла про его кондрашку). Я ведь уже полтора года за рулем, но он по-прежнему не верит в мою «водительскую звезду». Слава богу, что хоть не делает мне таких комплиментов, как своей матери, когда та за рулем. С ней он не церемонится и говорит «you're driving like shit» (ты водишь как нехорошее слово). С родителями у американцев своеобразные отношения, но об этом подробнее как-нибудь в другой раз (в двух словах эти отношения в основном лимитируются встречами по большим праздникам). Я сильно подозреваю, что о моем вождении он точно такого же мнения. Я не обижаюсь, так как считала и считаю, что водить машину это не женское дело. Здесь приходится. Кто же меня будет возить на работу, на учебу и по делам.

Итак, он сел за руль и больше уже меня ни разу за него не пустил, хотя ехать пришлось много часов. В каком-то месте я призаснула. Проснувшись, я спросила, скоро ли Санта-Барбара (та самая, из телесериала, только вживую она другая), и получила ответ, что мы ее уже проехали. «А куда же мы едем?» - поинтересовалась я. «Не знаю, на север», - ответил Майк. Его ответы на мои вопросы всегда страдают отсутствием подробностей и определенности. Лучше бы он и не отвечал. А ведь вежливый, а вернее, не хочет разводиться. (Зато он очень разговорчивый с друзьями. Там его не остановить. Наверно, все мужчины такие.)

Виляя вместе с дорогой вдоль океана, мы иногда останавливались на десять-пятнадцать минут, чтобы выйти из машины и размяться. Виды - красивейшие, как будто перед тобой открытка. И они не повторяются, эти открытки. Дорога идет то вверх, то вниз.

Мы спускались к океану, собирали камешки и фотографировали друг друга. И ехали, ехали вперед, на север. Когда мы были в дороге уже часов восемь, нам очень надоело ехать, но до Сан-Франциско оставалось всего два-три часа и мы решили уж доехать. Хотя у нас не было даже и одного дня в запасе, чтобы провести там. Но суть в конце концов не в том, чтобы посетить Сан-Франциско качественно, а чтобы, убежав из дому, просто что-нибудь посетить. Приехав-таки в Сан-Франциско в шесть вечера, мы сняли гостиницу, и через час, освеженные и переодетые, мы вышли в вечерний город, готовые к ужину и новым впечатлениям.

Уже стемнело. На улицах в самом центре полно каких-то бездомных и бродяг (homeless and bums). Город нечистый, какой-то мусор кругом. Чувство небезопасности. Мы быстро устали от ходьбы (непривычные, все время за рулем) и обрадовались, когда наконец-то набрели на какой-то итальянский ресторанчик. Сели за столик. Молодая блондинистая официантка принесла меню. Моего немногословного супруга словно подменили. Обменявшись несколькими дежурными фразами с официанткой, он спросил ее: «Что у вас за акцент, Вы, случайно, не русская?» Я от такого изощренного нахальства чуть не подпрыгнула на своем стуле, обуреваемая негодованием. (Да как он посмел, нахалюга молчаливая? Я тут сижу себе рядом, русская жена, а он, американец, первым узнает русский акцент и пристает к блондинке!)

Официантка действительно оказалась из Киева. Рассказала, что она приехала по вызову на учебу и вот подрабатывает на жизнь официанткой. К счастью для меня и моего праведного гнева втихомолку, за соседний столик сел молодой, красноносый и краснолицый мужчина. Он говорил с французским акцентом, и я сразу его назначила своей жертвой в отместку за официантку. Ему было никак не избежать беседы со мной. Не все же только Майку приставать к русским блондинкам. Могу и я пристать к краснокожим французам. Кожа у него была красная несколько минут, так как на улице было довольно холодно. Вскоре он оттаял, кожа приобрела нормальный цвет, и он стал привлекательным брюнетом. Так как он был один, он тоже положил глаз на ту же официантку, долго расспрашивая и уточняя что-то о выборе из меню. Чуть позже, когда он утолил первый голод и жажду, я выбрала подходящий момент и заговорила. Я справилась об его акценте. Он, как я и догадывалась, оказался французом, приехавшим в командировку. Он был образованным человеком и приятным собеседником. Я обожаю французский акцент в английском. Они так забавно произносят «р» и другие звуки на французский манер. Я всегда слушаю французов по ТВ. Тут есть один повар-француз, весь из себя, в полном расцвете сил и лет, с внешностью культуриста и вообще Ван Дамско-Аленделонского плана. Как он затесался в повара, непонятно. От него зал (женщины) прямо млеют от восторга, особенно когда он поливает свои десерты сливками и рассказывает со своим французским акцентом как их надо есть.

Ну а в ресторанчике в Сан-Франциско мы поговорили с французом на все темы. Я вовлекла в беседу и Майка, хотя знаю, что он не любит французов. Ужин сам по себе (еда) был так себе. Часов в десять мы, распрощавшись с французом, вышли из ресторана. Душа требовала продолжения.

Ведь это был единственный вечер в Сан-Франциско. Наутро мы должны были уезжать. Мы зашли в какой-то бар с живой музыкой. Так здесь называется (live music), если играют сами музыканты. Но там уже не обслуживали. Музыка «доживала» последние полчаса. Мы вышли оттуда и нашли другой барчик с бандой (band) музыкантов. Банда состояла из двух гитаристов и ударника. Одеты они были как-то оборванно, как попало. Зато один гитарист играл очень мастерски. Даже зубами. Майк сказал, что надо иметь очень большое умение, чтобы играть зубами. А я прибавила, что и крепкие зубы. Не какие-нибудь там коронованные. Попробуй-ка ухвати струну зубами, да еще и поперебирай так быстро. Да, видимо, он был мастер. А оборванная одежда - это конечно же их самовыражение. У стойки в толпе сидели две женщины лет тридцати пяти-сорока на вид, активно слушая музыку. Нам с Майком показалось, что они неровно дышат друг к другу. Позже, когда я что-то спросила у двух мужчин, мне показалось, что и они тоже, что и те женщины. Мы пришли с Майком к выводу, что затесались в бар для смешанных «голубых». Говорят, их там тучи, в Сан-Франциско.

Утром мы совершили небольшую экскурсию по городу и пустились в обратный путь. Это было четвертое июля, большой американский праздник. Салют мы посмотрели в прибрежном городке Монтерей. И после девяти вечера в кромешной темноте поехали в южном направлении в сторону дома. Было очень страшно. В голову полезли всякие ночные страхи, документальные фильмы об убийствах и всякие прочие кошмары. Я взмолилась остановиться. Мы нашли небольшой мотель с несколькими припаркованными машинами и провели около него ночь в своем траке. Трак (truck) - это типа грузовой машины. Кабина у нас там растянутая и сзади есть место для спанья. На нем-то я и спала. Проведя ночь до рассвета, мы тронулись в путь.

Утром стало веселее, все страхи исчезли. Мы ехали опять вдоль океана. Видели стадо то ли тюленей, то ли морских львов. Они валялись прямо на берегу в какой-то грязи. Мы выскочили из машины в запрещенном месте и быстро сделали несколько фотографий.

Домой вернулись усталые, но довольные и заправленные новыми впечатлениями. Тут мы неожиданно вспомнили, что надо бы купить дом, что уже невмоготу жить в этой съемной квартире. Об этом и о другом в следующих главах. Take care! See you in the next chapter!

Август, 1999 г.

19

Как-то в одном из прошлых рассказов я грозилась: вот сяду за руль, такого вам порасскажу про свои приключения! Но в жизни все получилось иначе. Сев полтора года назад за руль, я стала ездить по своим работам и учебам. Приключениями там и не пахнет. За неделю так наездишься, что в конце недели никакого желания нет сесть за руль и еще куда-то тащиться самой. Так вот я и жила полтора года - спокойно, без приключений и с невыполненным обещанием читателю. И вдруг вчера подвернулся благоприятный случай для кой-какого приключения, и я сразу же вспомнила о своем читателе, которому хочется приключений, и стала ковать железо, пока горячо, предвкушая что будет чем поделиться новеньким. Вчера был день рождения Майка. В лучших традициях американской семейной жизни, муж и жена отмечали день рождения в разных местах, каждый со своими друзьями. Нет, не думайте, что уж совсем так все исковеркано у американцев. Просто на это была причина. Недели три назад мы с Майком ездили к его другу и тот пригласил Майка на концерт, как раз в день рождения Майка. Жена этого Брайана не хотела идти на этот концерт, и Майка всегда приглашают на какие-то лишние билеты. Майк никогда не может отказать друзьям, поэтому было решено, что он пойдет с Брайаном на концерт в день своего рождения. Тем временем я, чтобы не пропадать даром в мужнин день рождения, тоже наметила себе кой-какие планы.

Мой план был до гениальности прост - сходить куда-то развлечься в новенькое интересное место с интересными людьми и чтоб самой не вести машину, чтобы отвезли и привезли (да еще чтобы ни за что и не платить). Как видите - простенько и со вкусом. У меня тут с год назад завелся один друг. Сначала мы познакомились по компьютеру. Потом я пыталась его познакомить с какими-то своими русскими подругами. Один раз мы встречались втроем: мы с Майком и он. И ходили ужинать в ресторан. Друг, я вам доложу, что надо. По всем своим данным он очень годится мне в друзья. Он очень не бедный. Хорошо образован. Занимает высокую должность на работе. Имеет несколько домов, которые сдает, и годовой доход в четверть миллиона. Проблем у него нет, кроме одной: у него нет подруги жизни. Назовём его Эдвард. Тут не очень давно я познакомилась с русскими братом и сестрой, очень милыми и симпатичными людьми. Эдвард ни разу не встречал мою новую подругу, и я решила их познакомить и заодно провести хорошо время. Я быстро связалась с Эдвардом по компьютеру, и он тут же откликнулся. Мы давно не встречались и всегда любим поделиться новостями. Эдварду я наказала взять какого-нибудь друга для компании, чтобы вчетвером куда-то сходить. И мы сходили. Так сходили, что я сразу же решила разразиться очередным рассказом.

Мы забрали мою подругу из дома и пока еще раздумывали куда поехать поприличнее поужинать, Эдвард сказал, рассматривая район: «Тут недалеко есть стриптиз-бар». Мысль мне показалась оригинальной, но я ее не стала развивать. Оказывается, она засела у меня в голове и объявилась через несколько часов. Мы поехали в один из припляжных районов в классический итальянский ресторан и там поужинали. Настроение было преотличное. Еще бы. На такие рестораны у нас с Майком чего-то не хватает - то ли денег, то ли времени, то ли ехать лень, а скорей всего все это вместе. Друг Эдварда оказался таким же умным, как и сам Эдвард. Доктор наук, хотя очень молодой. Лет тридцать. Он лучше нас с подругой знал всех президентов СНГ по именам, знал всех русских классиков-писателей, композиторов. Машина у него была шикарная. Правда, вел он очень быстро и немного нервно, на мой взгляд. Это потому что командовал парадом Эдвард, объясняя куда свернуть, повернуть и какой фривей брать (to take a freeway).

Я так поняла, что между ними была негласная договоренность, что тот всех везет и развозит, а Эдвард за все платит. За ужином нам с подругой купили цветы и мы, конечно, были очень довольны таким обхождением. После ужина мы поехали к Эдварду домой, а его друг уехал, так как ему надо было далеко ехать и рано вставать на работу на следующий день. Мы же втроем стали смотреть фильм, лениво беседуя. За беседой меня вдруг осенило: что-то мы скучно сидим. И тут я вспомнила свое обещание читателям: приключения. Вспомнила - и сразу поделилась с Эдвардом, отметив как бы невзначай, что я никогда в жизни не была в стриптиз-баре, что видела их только в фильмах. Майка я в такое место один раз не пустила (он должен был с друзьями идти на мальчишник, провожая жениха в семейную жизнь), и давно стало ясно, что мне в сие злачное место никак не грозит попасть с Майком. Эдвард как раз был тем человеком, с которым смело можно пойти куда угодно. И мы поехали. Как раз в тот стриптиз-бар, куда Эдвард один раз был приглашен на «мальчишник». Ну и ну. Я такого не ожидала. Я была уверена, что там танцуют красотки в бикини. Но красотки танцевали вовсе без ничего, причем целью танца является как раз получше все показать, как там и что. Чтобы не дай бог кто из присутствующих не ушел непросвещенный, что там и как у женщины располагается и выглядит. Когда мы еще стояли в очереди, чтобы пройти в зал (как за хлебом, только в очереди одни мужчины), я на стене увидела огромный плакат с неприлично раскрытой блондинкой. Я смущенно отвернулась к другой стене, но стена была зеркальной, и плакат опять назойливо на меня уставился. Я подумала, что ничего себе, плакатики. Оказалось, что не плакатики, а все так и надо показывать, причем со сцены.

Зал там был небольшой. Алкогольные напитки запрещены. Несколько рядов стульев как в театре. Небольшой барьерчик сзади стульев. За барьерчиком тоже люди стоят. И кругом около стен мужчины, мужчины, которые требуют зрелища. Те, кто сидят в первом ряду, очень близко у сцены, имеют сомнительную привилегию прикоснуться к частям тела выступающей. Сомнительную, потому что пока дойдет очередь, к тем частям уже прикоснется очень много народу. За это ей бросают деньги. Говорят, что это однодолларовые купюры. Вот вышла одна чуть ли не толстая. Быстренько показала все что положено, быстренько встала на четвереньки и, шустро собрав все доллары, убежала со сцены.

Между делом по залу бродят одетые в минимальные костюмчики молодые девицы. Они наклоняются ко всем по очереди сидящим и что-то шепчут им. Я не могла понять, что это такое. Проституция в Калифорнии запрещена законом. Посоветовавшись с подругой, мы пришли к выводу, что это они приглашают мужчин на частный танец (private dance) куда-то там в отдельную кабинку. Я наблюдала за одним недалеко стоящим парнем лет двадцати двух азиатского вида. Он стоял, стоял, потом не выдержал, поддался на уговоры одной из девиц и исчез. Вернулся он довольно быстро и опять встал на свое место. Когда на сцене появилась новая «актриса» и стала, сидя на полу, всяко раскрываться, этот молодой азиат очень сильно вытянул шею, чтоб получше рассматривать. И я подумала, что, наверно, зря он потратился на частный танец (говорят, это стоит двадцать долларов), раз так тянется опять.

Еще когда мы подходили к этому бару со стоянки машин, я заметила, что кроме нашей, на стоянке была только одна дорогая машина. Остальные какие попало. Помню, мы с подругой дажа выразили опасение Эдварду насчет публики. Но решили, что у них должны быть охранники (guards) в таких местах. Так вот внутри посетители очень подходили по своему внешнему виду своим машинам. Меня почему-то не покидало впечатление, что это мексиканские садовники «просматривают» (просаживают на зрелище) свои с трудом заработанные под жарким калифорнийским солнцем доллары. С подругой мы позубоскалили насчет девиц. Я говорю: «Небось пишет такая мексиканка домой своим необразованным родителям (в Мексике очень низкий уровень общего образования. Я знаю, так как учу мексиканцев), что она тут в Америке в колледже учится, имеет хорошую работу в офисе».

Мы посмотрели «выступления» трех девиц и решили, что с нас хватит впечатлений, еще и останется. Замечательно и познавательно проведя вечер, мы поехали по домам. Хотя какой-то странно-неприятный осадок остался в душе на какое-то время. Как-будто хотелось сказать этим стриптизершам: «Ну что ж вы так, девушки, совсем уж все показываете». Как-то даже неловко за них и почему-то за всю женскую половину вместе с собственной персоной. Сама-то я ангелом никогда в молодости не была, но чтобы уж так вот прямо со сцены и такому большому количеству, что-то тут как-то не то. Как-то даже жалко их. Шли бы учиться, что ли. Хотя я слыхала в некоторых ток-шоу по ТВ, как стриптизерши с видом потревоженной праведности доказывают шумящей аудитории, что они этим занимаются, чтобы скопить денег на колледж или на воспитание ребенка. Оправдывает ли цель средства? Оставим это моралистам. Но мне кажется, что про воспитание детей лучше бы они помолчали, такие мамы. По-моему не готова быть нормальной матерью, нечего неполноценных людей плодить. Но это мое частное мнение. Каждый человек сам себе судья. Но дети ведь не виноваты, что родились в семье, которая их заранее лишила лучшего выбора в этом мире.

* * *

...Я не садилась дописывать этот рассказ несколько месяцев. Судя по дате на рассказе, целых восемь. Ведь я его начала писать в марте (хорошо, что я всегда ставлю дату), а сейчас уже январь следующего двухтысячного года. Слава богу, благополучно пережили Новый год, вокруг которого было столько страхов и опасений - компьютеры, сбои, религиозные предсказания. За эти восемь месяцев в моей жизни произошло столько больших и разных событий, что, наверно, начну с настоящего момента, а потом загляну в прошедшие месяцы, пытаясь не выйти за привычные мне уже рамки рассказа.

Сейчас три часа ночи. Мне не спится, хотя утром на работу и поспать не мешало бы. Да еще какие-то легкие признаки гриппа (подхватила вчера от своих студентов). Я читала, потом ворочалась с выключенным светом, потом не выдержала - встала, оделась и пошла в комнату-офис с не очень определенной целью. Дело в том, что мы три недели назад переехали из апартмента, где жили четыре года, в недавно купленный дом. Купленный - это громко сказано. Но по-русски долго объяснять. Заплатили мы всего несколько тысяч (пару месячных зарплат) за первый взнос и все. Это по какой-то новой программе для людей с хорошей кредитной историей. Теперь нам предстоит платить долгие годы по полторы тысячи в месяц плюс счета. За апартамент мы платили 825 долларов в месяц, но с января, перед нашим выездом из него, менеджмент уже всех жильцов комплекса предупредил о повышении платы на тридцать долларов. Мы очень рады, что вовремя оттуда смылись. Ремонт менеджмент не делает - хоть двадцать лет живи. Как хочешь, так сам и чисть свой апартамент.

Так что вот через четыре с половиной года жизни в Калифорнии с американским мужем я дожила до собственного дома. Как бы там ни было, а плати в срок - и дом твой, как гласят многочисленные пакеты бумаг, которые мы замучились подписывать при оформлении покупки. Дом был отнят банком у человека, который не платил месячную плату два года. Так что сделку мы оформляли с банком (через агента по недвижимости, естественно). Так как человек не платил два года и его никак не могли выгнать, понятно, что, предвидя в конце-концов свое выселение, он не очень старался поддерживать в доме порядок (это очень-очень мягко сказано). Точнее, состояние дома было таково, что, казалось, он (бывший владелец) специально старался побольше подгадить будущим покупателям дома. И это ему неплохо удалось. Ремонт уже идет у нас три месяца, и так как платить наемникам мы уже не в состоянии, а Майкл делает все предельно медленно, то зажить в готовом после ремонта доме нам не грозит, по-моему, в ближайшие восемь-девять месяцев. Слава богу карпет (палас) настелили, и все потолки и стены отбелили, новые шкафчики на кухне нам повесили, все красиво и дорого (в кредит), кухню медленно, но Майк заканчивает (сам кладет плитку). Мы уже живем тут три недели, приспособившись к как бы полупоходным условиям. Компьютер был не подключен, и я вдруг вот встала ночью и как-то неожиданно взяла его и весь подключила. А только что лежала и раздумывала, сколько надо платить подключальщику, ведь Майку некогда. Оказалось, я сама на все руки. Все-таки недаром в пору моих поисков работы и ожидания бумаг ходила немного в разные компьютерные классы. Вот Майк удивится, когда утром встанет. Он и так меня вечером похвалил за сообразительность. Мне надо было сегодня ехать в колледж, где я работаю, подписать бумаги. По дороге туда оказалось, что фривей на север, по которому я езжу, закрыт. Я съехала с фривея в раздумье, как же мне попасть на север. Не я одна съехала. Там стояла пара машин и еще стали подъезжать. Меня вдруг осенило, что надо ехать на восток и оттуда, должен же быть выход на север. И я, быстрей всех американцев, влилась в действующий фривей и угадала все правильно. Теперь, после того что я сама подключила компьютер с принтером, я сама поражаюсь своей догадливости. Пусть знает, какие они, русские жены. Хотя он уже и знает за прожитые годы.

Еще большое событие - приехала в гости на шесть месяцев моя мама. Она уже тут со мной полтора месяца везде разъезжает по моим классам и моим делам, то хваля, то ругая Америку и её жизнь.

Как раз перед ее приездом Майка послали на химическую конференцию с его работы. О чем я и хочу тут поделиться. Послали в штат Луизиану, в город Нью-Орлеан. Это находится на юге Соединенных Штатов, посередине между Калифорнией и Флоридой, на реке Миссисипи. Я поехала вместе с ним, отпросившись со своих работ на три дня. С учебы отпроситься пришлось путем прочтения дополнительной книги по психологии и написания по ней доклада. Но разве это могло меня остановить! Я обожаю путешествовать в новые места. Мой бедный муж-то ехал работать, ему каждый день надо было торчать на конференции. Сразу же после нее он, как часы, шел в казино, которое как будто специально открыли к нашему приезду (за две недели). Там он честно просиживал несколько часов, ухитряясь немного выигрывать каждый день (выгодно отличаясь от меня, закоренело-матерой проигрывальщицы). Жили мы в старинной гостинице в так называемом Французском квартале (первые колонисты в Луизиане были французы), где номер стоил

250 долларов в день (оплачивала работа Майка). Гостиница так себе, но цена высокая, так как находится в историческом центре города.

Мне все настолько понравилось в Новом Орлеане, что я даже на прощание, когда мы уезжали через неделю, купила аудиокассету с местной музыкой. Эта музыка у них там звучит на всю катушку с утра до вечера из всех магазинчиков в центре, торгующих сувенирами. Сувениры Нью-Орлеана - это преимущественно маски и куклы-шуты, отражающие одну из главных достопримечательностей города - парад-фестиваль Марди Грас, который проходит у них в марте каждого года, привлекая огромное количество гостей со всех концов. Фестивалят они несколько дней, взвинчивая цены за жилье и все остальное до предела. Так что простым смертным с обычным достатком попасть туда сложно в это время. Второй замечательной достопримечательностью является там наличие плантаций, о которых русский читатель видел фильмы и читал, например, «Унесенные ветром» Маргарет Митчелл. Посмотреть своими глазами на то, о чем ты только читал и считал недосягаемым - конечно, настоящее удовольствие (я чуть подробнее опишу пониже).

Еще одна примечательная особенность Нью-Орлеана - наличие там болот и аллигаторов в них, туда туристов возят на экскурсии. Ну и, конечно, Миссисипи, про которую я только читала раньше у Марка Твена. Совершенно другая культура, какой-то другой дух витает там, по сравнению с Калифорнией. Там много многоэтажных старинных зданий, построенных еще французами - первыми колонистами (а в Калифорнии их почти нет, ведь тут землетрясения). Такое впечатление, что каждый день праздник, все только и веселятся, пьют пиво прямо на улицах (в Калифорнии это запрещено), курят сигары, и только и тусуются по джазовым фестивалям. Почти половина черного населения, видимо, осталось со времен плантаций. Народ добрый и приветливый.

Я после приезда в Нью-Орлеан сразу бросилась читать просвещающие брошюрки, где, что и за сколько можно посмотреть. В первый же день нас с Майком выловил на улице какой-то агент и заманил посмотреть гостиницу, в которой предлагалось купить номер в собственность (по программе обмена жильем во время отпусков). За прослушивание настоятельных рекомендаций о покупке номера полагался приз. Он-то и был нашей конечной целью. Призом оказались два билета на посещение местного аквариума. Аквариум не удивил нас ничем. Им трудно тягаться с калифорнийскими. Такая возможность «зарабатывания» призов мне очень приглянулась, учитывая то, что я хронически проигрываю в казино. Майк пошел на следующий день на свою конференцию, а я вышла в город, размышляя, где бы подцепить опять какого-нибудь агента, чтобы выиграть билеты на поездку в болота к аллигаторам и на одну из плантаций. Эти билеты стоят примерно сорок долларов каждый. На ловца и зверь бежит, правильно говорят. Вскоре из будки, типа газетной, меня стала зычным голосом подзывать девушка, суля мне море бесплатных экскурсий, если только я соглашусь послушать их агента. Девушка меня предупредила, что мне нужно сказаться незамужней или же идти вместе с мужем. Так как мужа в наличии не было, пришлось наврать с три короба, что я одинокая, приехала из Калифонии на встречу со своим бойфрендом, который живет во Флориде, а в данный момент находится на конференции. Обручальное кольцо переместилось в сумочку, и я ринулась на встречу с агентом, готовя себя к нудному их уговариванию в течение часа или двух. Заработала я таки эти два билета, о чем и поведала Майку, когда он вернулся после конференции.

Обе поездки (на плантацию и к аллигаторам) были очень интересные. Очень было жаль Майка, которому надо было вместо развлечений париться на конференции. Но такова была цена нашей поездки. Плантация называлась «Вечнозеленая», подтверждая правильность своего названия наличием длиннющей широкой аллеи из старинных дубов, которая тянулась от дома владельцев до места, где располагались дома рабов. Гид нам рассказала всю историю семей, владевших плантацией с 30-х годов 18 столетия. В настоящее время она принадлежит одной богачке, пожилой женщине, которая разрешает в ее отсутствие туристам смотреть кое-какие комнаты внутри огромного дома. Дома, где жили рабы, находятся на довольно значительном расстоянии от хозяйского дома. Их сохранено 23 на этой плантации. Это дома из почерневшей древесины, довольно большие, разделенные на две половины, где в каждом проживали две семьи рабов. Нью-орлеанцы очень гордятся тем, что жизнь рабов в их штате была не такой тяжелой, как в других штатах, так как по французскому закону того времени из Африки вывозили семьи и не разделяли их в этом штате. Им давалась возможность жить своими семьями. Позади домов у рабов были небольшие огородики, с которых они даже возили продукцию продавать на рынок в город. (Плантация находится милях в тридцати-пятидесяти от города.) Нам показали документ, содержащий список рабов в 1835 году на этой плантации, с подробными описаниями их цен, возраста и рабочих качеств. В списке было пятьдесят три человека. Возраст от двадцати одного года до сорока пяти, в основном двадцати и тридцати с чем-то лет. Только пара человек были за сорок и один, по-моему, был пятидесяти пяти лет от роду. Детей совсем мало или вообще не было. Самая низкая цена раба - 300 долларов, это за такого, который не обладал никакими профессиональными навыками и мог работать только в поле (на плантации, например, срезать сахарный тростник). Самый дорогой был 1200 долларов, кажется, это был кузнец. Нас пустили заглянуть в пустой темный дом только от порога. Дальше была протянута веревка. Я сделала фотографию на фоне тростника, который намного выше человеческого роста. Говорят, беглым неграм помогали местные индейцы. Хотя убежать там трудно, кругом болота, летом жуткая жарища. В ноябре было очень тепло, я ездила на все экскурсии в коротких шортах. Погода там была теплее, чем в Калифорнии.

В глубь болот нас возили на небольшом пароме, где капитаном был очень экзотический брюнет лет сорока восьми, в сомбреро и с охотничьим ножом за поясом, коренной житель. Акцент у них очень интересный, своеобразный. Дяденька был симпатичный и не без чувства юмора. Юмор в основном был аллигаторный, ведь целью поездки было посмотреть аллигаторов в их натуральной среде обитания. Сначала нам попадались маленькие аллигаторчики, сантиметров по семьдесят длиной. Они сидели и «куковали» на корягах, торчащих у берега из болота. Все тут же бросались с фотоаппаратами их щелкать. Потом мы подплыли к одному месту и наш капитан стал показывать куда-то в направлении болотных камышей. Мы действительно увидали крокодила (правильно, аллигатор. Это разные виды, я теперь знаю). Он медленно плыл в нашем направлении. Из черной воды была видна только его продолговатая макушка и глаз. Тогда капитан стал звать его по имени «Будру! Будру!» и, о чудо, аллигатор, оказалось, знает свое имя. Все туристы в ажиотаже стали орать не своими голосами: «Будру, Будру, иди к нам, не стесняйся!» Капитан наткнул на палку кусочек сладкой белой пастилы и стал тыкать ею в аллигатора. Тот поартачился для приличия, но все-таки проглотил. Защелкали фотокамеры. Потом капитан вытворил такое, что я бы никому не поверила, если бы это у меня не было запечатлено на собственной фотографии. Он перегнулся с парома к воде, протянул к аллигатору руку, и, схватив его «за шиворот», приподнял его, для фотогеничности, из воды. Никогда в жизни не думала, что аллигатора можно как-то приручить, чуть ли не сделав из него одомашненного. Но капитан очень тепло об аллигаторах рассказывал и говорил, что им присущи многие положительные качества, а не только кровожадность и желание кого-никого слопать. Например, он сказал, что многие ошибочно считают, что аллигаторши-мамы едят своих детей. Но это не так. Оказывается, они их просто прячут в пасти во время опасности. Маленькие аллигаторчики подвержены многим опасностям, после того как вылупятся из яиц. Ими не прочь полакомиться разные звери, которые водятся в лесу у болот. Капитан был явно на своем месте, страстно обожая свою работу. В конце поездки все туристы по очереди с ним прощались за руку. Я только потом догадалась, что давали ему чаевые. А я, как лимонадница, ничего не дала, хоть он и задержал мою руку в своей. Но моя рука была неумолима пуста. Мне было стыдно, но у меня не было денег с собой. Мне и билеты-то достались бесплатно. Я решила, может, он не обидится на странную русскую туристку, которая зачем-то стояла в очереди пожимания руки без чаевых.

Немного грустно было уезжать из Нью-Орлеана, возвращаясь из праздника и отдыха к повседневке-работе и учебе. Да, забыла рассказать о небольшом случае, который навел меня на многие душевные размышления. Однажды вечером Майк уже спал в номере нашей гостиницы, а меня стала мучить жажда. Я пошла во двор к автомату с водой, но он не работал. Вышла на улицу и зашла в соседний барчик. Столики были не убраны, народу почти не было. Я подошла к стойке, за которой стоял молодой человек, на вид не бармен, а убирающий со столиков. Я у него попросила бутылку обычной воды. И он щедро мне выдал ма-аленькую бутылочку за три доллара. Пока я стояла и расплачивалась за воду, откуда-то, как из-под земли, рядом за стойку подсел некто. Это был мужчина лет сорока на вид, с сигарой в зубах. Заслышав мой акцент, он тут же поинтересовался, не немка ли я. Я развеяла его сомнения насчет немки и вскользь взглянула на него, кто это там такой любопытный. Моего быстрого взгляда было достаточно, чтобы оценить собеседника. Он был нахально красив. Светловатые волосы, большие голубые глаза с темными ресницами. Он был слегка навеселе, и ему очень хотелось поговорить, а может, и не только. Он сделал комплимент моей одежде. Мне даже стало стыдно, что я вышла с какими-то полустертыми губами и полусонной косметикой на лице. Но ему, видно, было не до косметики. Он смотрел не на нее. За какие-то считанные минуты, пока мы обменялись несколькими фразами, мою бедную душу потрясла целая гамма мыслей и чувств: одиннадцать часов вечера, муж спит рядом в гостинице без задних ног. Я бы спокойно могла тормознуться на полчаса, на час, на два, и Майк даже бы не заметил. Я могла бы тряхнуть стариной и вспомнить молодость. Ах, какой был попутчик! Но я знала, что если начать, то остановиться будет трудно или невозможно. Даже если бы муж ничего не заметил, мне надо было бы жить потом со своей совестью. И я предпочла быстро смять едва начавшийся разговор и быстро уйти к себе в гостиницу. Там я попила своей несчастной воды, прилегла на огромную постель, где мирно спал Майк, ничего не подозревающий о душевных муках жены, и стала мечтать. Вернее, не мечтать, а анализировать, что же со мной произошло, что меня так потрясло и что бы могло быть, если бы я провела время с искусителемкрасавчиком. Мечтать не вредно. Люблю помечтать.

Поездка в Нью-Орлеан была замечательной. Я надолго ее запомню: и достопримечательности, и свои глупые душевные муки, и этот совершенно особый колорит рабовладельческого в прошлом юга. Музыкальная кассета, которую я привезла с собой, всегда мне будет напоминать об этой поездке. К тому же не успела я вернуться в Калифорнию, через день приехала мама. Замечательный был месяц ноябрь 1999 года, что и говорить.

А пока попрощаюсь до следующей главы, пожелая всем моим читателям таких же приятных впечатлений, по возможности.

Март, 1999 г. - январь, 2000 г..

20

или Скелет в шкафу

Рекорд длительности отсутствия вдохновения писать следующую главу повести моей американской жизни я побила именно сейчас, сев за написание этой главы через немного-немало четыре года! И чем же вы это занимались, уважаемая, спросит мой читатель. И я ему отвечу. Дело в том, что мне всегда и всем есть что ответить. Недаром я учусь, не переставая, тут в Америке. Жизнь моя замужняя протекает довольно спокойно и безоблачно, поэтому развлечение себе я нахожу в учебе всякого рода. Полтора года назад я закончила учебу на степень магистра. Моя американская степень называется «Магистр Образования». А так как образование это понятие очень растяжимое, то конкретнее моя степень - это советник образования для колледжа. Например, есть степень магистра в образовании на уровне начальной школы, детская психология и т. д. Я именно не хотела тут работать в детских школах. Спасибо. Нет своих детей, и американских деток мне не надо. Хватит и в новостях послушать про американских школьников, которые то с учителями судятся, то стреляют друг в друга.

Так что, мой уважаемый читатель, как видите, я даром не теряла четыре года, пока с Вами не общалась, а вот все училась. А вдохновение не приходило для русских рассказов, потому что почему-то прервалась связь с моим постоянным издателем - русским журналом, и у меня как бы опустились руки. Как-то устала стучаться в закрытую дверь. Я ведь прекрасно понимаю, как много теперь пишущего народа в России и все хотят публиковаться. Где уж тут из-за океана мне вас достать. Но, однако, недавно одна русская знакомая тут спросила уже в который раз: «Ну ты чего-нибудь новенького не написала? Моя мама все твои рассказы зачитала». Ну и вот я тут, бессонничая, и решила: «Напишу-ка я следующую главу о моем житье-бытье под солнцем Калифорнии». Пусть и не дойдет до российского читателя. Так хоть свои тут русские знакомые почитают.

Расскажу вкратце о своей учебе на степень магистра, так как многим русским это интересно. Чтобы поступить учиться на степень магистра надо иметь степень бакалавра. Она у меня была из Латвии, иняз. Плюс к степени, подтвержденной тут по американским стандартам, надо подать документы в интересующую тебя программу, и там тебе расскажут, какие у них требования, чтобы тебя приняли. Обычно это экзамен на общий уровень образования (я такой давно сдавала, чтобы получить учительские права, и он мне теперь вот пригодился еще раз). Экзамен состоит из трех частей: чтение на понимание разных текстов, математика, довольно элементарного уровня, и два сочинения. Я о нем уже упоминала выше. Еще для поступления на учебу на магистра надо пройти собеседование с руководителем программы, это обязательно доктор наук в соответствующей области. И еще надо представить доказательства, что у тебя все в порядке с письменным выражением своих мыслей. А иначе заставят брать уроки или еще сдавать дополнительный письменный экзамен. Такие примерно требования во все американские программы на уровень магистра.

Вначале, как помнит читатель, я поступила в программу «Администрация образования». Но отучилась там всего семестр (полгода). Когда я поняла, что эта программа готовит директоров начальных и средних школ, меня это резко охладило. Я быстренько побежала, встретилась с профессором психологического-советологического (advising) отделения и попросилась перевестись к ним. Они посмотрели мою подноготную и вынесли суровый приговор: Для того, чтобы Вам поступить в нашу программу «Психотерапевт брака и семьи», Вам надо пройти пререквизитные классы уровня бакалавра (prerequisites). Я сразу перевелась на это отделение и сразу же бросилась проходить первые два класса, а в следующем семестре еще два класса. Не забыли, дорогой читатель, что муж мой не миллионер, а химик в фармацевтической компании, и не может обеспечивать мои роскошные привычки вечно учиться, поэтому я всегда должна совмещать работу с учебой. Получается, что учишься как бы в полскорости, проходишь два класса в семестр. Вот я год проучилась, чтобы войти в эту программу психотерапевта. Предметы были очень интересные: психология, поведение, абнормальная психология, учебник психических отклонений (шизофрения и остальные перлы). Потом, вооруженная до зубов познаниями про шизофреников и параноиков, я поступила в программу магистра «Психотерапевт» и через год выяснилось, что по окончании этой программы мне придется три года работать в каком то агентстве, например, с трудными подростками, чтобы отработать огромные часы стажировки, и только после этого допустят к экзамену на лицензию. А стажерам платят копейки. Мне такая перспектива не показалась очень привлекательной, и я быстро поспешила искать программу советника, но не по вопросам семьи и брака, а по вопросам образования. К счастью, такая программа подвернулась, и я опрометью бросилась переводиться туда, в другой университет (их тут больше тридцати в Калифорнии). Перевелась, и вот, наконец, закончила летом 2002 года. Вот все эти переводы, выяснения и сомнения и заняли у меня четыре года. Но я совсем не жалею, ведь я все время училась и набиралась языка, знаний, и всякого университетского опыта. Например, помню, был курс по законодательным стандартам в советологии. Надо было сделать презентацию по каким-то судебным разбирательствам в области образования. Я приготовила карточки и с них украдкой блестяще как бы прочитала свой кусок презентации. Потом все студенты заполняли оценочные формы. Какой-то неблагодарный однокашник взял и поставил мне плохие оценки. Я, когда это увидела, до того расстроилась, что сразу себе сказала, если я сразу их (американцев) на место не поставлю, то так и буду овцой безответной, козлом отпущения и мальчиком для битья. И я, следуя лучшим русским бунтарским и революционным традициям, попросила у профессора слова перед классом. Она, конечно, разрешила. Я вышла и сказала им следующее (я себя чувствовала Павлом на суде из романа «Мать» Горького, хоть и не помню уже, в чем там было дело, но помню, что чувствовала себя Павлом и Маяковским-трибуном. Причем цель моя была защита русской нации): «Я в Америке несколько лет, и не училась тут в школе и не учила специально американский вариант языка у себя в стране. Американский вариант английского я приобретаю постепенно в своей учебе на степень магистра. Каким же надо быть неуважительным, неблагодарным и черствым человеком, чтобы, понимая все это (ведь слышно по акценту даже) и сознавая, что на подготовку презентации потрачено несколько дней, взять и поставить низкую оценку только за то, что несчастный иностранец где-то подчитал сложный материал выступления». Я попала в точку: ведь психотерапевты и советники должны именно быть мягкими и отзывчивыми. И я закончила свое страстное выступление короткой, но суровой фразой: «Хотела бы я посмотреть на того студента, кто поставил мне низкую оценку, как бы он на русском языке сделал презентацию на сложные законодательные темы. Спасибо за внимание». Класс замолчал как рыба, а потом разразился аплодисментами. Ко мне подходили, пожимали руки, и американки говорили, что, пожалуй, у них бы не нашлось смелости так высказаться в свою защиту. Это было приятно. Я получила сатисфакцию, отвела душу, и заодно дала знать хотя бы этим сорока американцам, что русские умеют постоять за себя.

Сейчас я все так же продолжаю работать учителем, но так как степень выше, то зарплату (у меня это в час) прибавили. В данный момент пытаюсь попробовать подать заявления в два колледжа на позицию советника, но шансов, что возьмут, мало, по простой причине - не имею соответствующего рабочего опыта. Весь мой опыт - это преподавание английского, а моя стажировка советника была хоть и в одном из крупнейших колледжей, но всего полтора месяца. На мое несчастье, раньше меня туда уже взяли стажера-китайца (он тут родился и говорит без акцента, хотя, видимо, знает китайский от родителей, а в этом районе, где колледж, как раз полно китайского населения). Он так приглянулся им всем там своим угодничеством (молодой парень, все пиццы им таскал по первому свистку), что моя русская личность (женщина среднего возраста), видимо, меркла на его фоне: китайского угодника и мальчика на побегушках. Поэтому мне там не предложили работу после стажировки, а предложили ему. Но недолго он радовался, однако: в Калифорнии вскоре пошатнулась экономика и его тоже сократили. Ну а я, как работала учителем во взрослом образовании, так и работаю. В прошлом году еще стала немного преподавать русский язык в том же колледже. Это не кредитный класс (то есть не тот, который идет куда то в степень), а просто как бы платное общественное образование. Поскольку общество, в котором я тут непосредственно живу, очень мало интересуется русским, то класс у меня крохотный. Я живу в полностью американском районе, где ничто не связано с русской культурой никаким боком. Разве что единичные русские жены американских мужей - одна на десять квадратных миль. Но им русский в колледже не нужен, а равно как и их мужьям. Так что у меня в русском классе в данный момент только пять человек. Вот первый раз пришел американец, у которого русская жена. А в основном они не хотят учить русский. А зачем им - они у себя в стране. Таким образом, посредством этого класса я поддерживаю слабую связь с колледжем.

А теперь я подброшу читателю «клубнички». Сколько уж можно о работе да об учебе. Моя «клубничка» на сей раз будет про собственного мужа. Начну по порядку. Когда я закончила учебу, то окунулась в работу с утра до вечера. Сумела поднакопить сколько-то денег. Муж мой очень нерасчетливый, и у него почему-то все деньги уходят на жизнь, хоть он и зарабатывает больше меня. Я понаблюдала и пришла к выводу, что нам отпуск не грозит с его стороны, потому что у него нет денег. Тогда я решила, что живем один раз и что куплю-ка я отпуск сама нам на двоих. Отпуск тут обычно на неделю в каком-нибудь туристическом популярном месте, в Гавайях, например, или что-то вроде этого. Почему на неделю, потому что очень дорого и две недели, это равносильно тому, что потерять тысячи в казино. Но на неделю все же хочется приобщиться как бы к миру зажиточных и богатых. Стоит это примерно тысячу в день. Самолет, гостиница, рестораны, туристические поездки. Ну вот, как бы наскребаешь на дорогу с гостиницей три тысячи, а потом уж еще две с лишним можно хоть с кредитной карточки, хоть как. Я, как Вы, читатель, уже поняли, долго время на раздумья не трачу и, если уж что решила, сразу стараюсь воплотить в жизнь. Решила я в это Рождество (у учителей отпуск три недели от работы и от денег - у меня не оплачивается, так как я на почасовой работе) уехать куда подальше, в места теплее, чем Калифорния, а заодно и продемонстрировать мужу неслыханную щедрость. Пошла в агентство путешествий и купила поездку на неделю в Канкун, Мексику.

Канкун находится на полуострове Юкатан на юго-востоке Мексики на побережье Карибского моря. Это близко к месту нахождения нескольких огромных каменных пирамид древней цивилизации индейцев Майя. Сам город молодой, ему всего тридцать лет, и состоит он сплошь из гостиниц. Промышленности там нет, кроме туристической. Мне очень хотелось туда поехать, потому что майя и потому что я уже полтора года изучаю испанский (прохожу по курсу в семестр в разных колледжах). Хотелось, конечно, попрактиковать свои познания в испаноговорящей стране. Ну и, конечно, отдых на Карибском море, тоже звучало заманчиво.

В первый вечер мы пошли гулять по центральной улице, и Майк сразу положил глаз на красотку, зазывающую купить билеты в бар. Не только положил глаз, а и купил тут же билеты прямо на улице чуть ли не за семьдесят долларов. Я говорю, "Не увидишь ни денег, ни бара". Но нет, оказалось все сложнее. Бар-дискотеку мы увидели, но в очень своеобразном ракурсе. Считается, что за эти билеты можно брать алкогольных напитков сколько хочешь. Но, видимо, когда они поняли, что хотим мы много, они чего-то нам подлили в коктейли сногсшибательного, так что через полтора часика нам пришлось вернуться в гостиницу. Программу, правда, посмотрели немного и немного потанцевали. Там была жуткая давка и огромное количество народу.

На следующий день мы себя плохо чувствовали после тех сногсшибательных коктейлей и муж решил полечиться пивом. Нашли какой-то уличный барчик, и он там уселся на долгие часы. Как смену отрабатывал все равно. Положил опять-таки свой залитый пивом глаз теперь уже на молодую барменшу-мексиканку. Я сделала вид жены-демократки и сидела там с ним, пила томатный сок несколько часов подряд. К двенадцать ночи мне это занятие изрядно поднадоело и я ушла в гостиницу, оставив его наедине с его пьяной совестью. Он пришел через час-полтора и вскоре начал кричать, что хочет продолжать праздновать, что он приехал в отпуск, и почему это он должен проводить время в два часа ночи в номере. Я старалась его урезонить, говоря, что ведь завтра экскурсия на пароме и ему будет жутко плохо на волнах. Но он не внял моим советам и ушел: вольный калифорнийский сокол улетел в мексиканское небо. Я не спала всю ночь. Волны Карибского моря угрожающе шумели и бились о парапет с такой силой, что казалось, гостиница треснет. Муж был бог знает где. К шести утра мое терпение добропорядочной жены лопнуло и я стала писать грозное письмо о разводе. Так как поговорить было не с кем, то я решила поведать свое паршивое настроение листу бумаги. Что, кстати, советую и вам, читатель, в неприятную для вас минуту. Есть такой метод в психотерапии. Написав время, число и задокументировав всю ситуацию, я вышла из номера и направилась к лифту, чтобы спуститься и сообщить в регистрации, что пропал муж. Иностранец ведь, мало ли что могло случиться. Но около лифта я встретила его, он как раз возвращался с гулянки, не прошло и пяти часов. Но самое поразительное было то, что он был абсолютно трезв. А ведь уходил в два ночи сильно навеселе и с деньгами. Я съездила вниз для виду и для острастки, как будто иду в регистрацию, а потом вернулась в номер и учинила ему допрос с пристрастием, главное на тему, как это он абсолютно трезвый. Он отпирался и чего-то лепетал, но потом вдруг признался, что его уговорили принять наркотик. И таково действие наркотика. Я не поверила своим ушам, что слышу это. Но когда он достал из кармана крохотный пакетик с белым порошком, какие я только видела в кинофильмах, я поняла, что он говорил правду. Впервые я видела наркотик наяву, и эта явь, к сожалению, была моя жизнь! Я думала, что такое только бывает в фильмах. Но это был не фильм, а это были наш гостиничный номер в семь часов утра в Мексике, я и мой муж. Я сказала, что если он сейчас же не выбросит этот пакетик, я заявлю в полицию. Слава богу, законы о наркотиках одинаковые во всех странах. Он очень испугался, скорее всего, не моей угрозы, а того, что натворил, пошел в туалет и выбросил там несчастный порошок. Потом он признался, что за три года до того, как он меня встретил, он четыре года продавал и употреблял наркотики. Вот это открытие! Настоящий скелет в шкафу (skeleton in the cupboard)! Муж, с которым я тихо прожила восемь с половиной лет, делает мне такое признание, вытянув из своего прошлого такую мерзопакостную гадость!

И я приняла решение: пока мы в отпуске, сделаем вид, что ничего не произошло, и завершим отпуск, как намечали. Правда, контрольный пакет акций, то есть наши финансы, теперь переходит ко мне. А приехав домой, я придумаю какие-то крутые меры предосторожности. Я ему сказала: «Ты ведь меня обманывал все годы, никогда не упомянув о том, что у тебя такое было». Но он мне ответил настолько веским аргументом, что мне трудно было не согласиться, что он прав. Он сказал: «Мы с тобой женились через три недели после нашего знакомства. Ну с какой стати я вдруг стал бы тебе рассказывать о том, что уже завязал три года до этого?» Резонно, подумала я, ничего не скажешь. Мало ли кто чем в молодости занимался да бросил. Я вот курить бросила три года назад, так что, мне теперь всю оставшуюся жизнь об этом вспоминать? И тогда я сообщила ему, что напишу письменные условия нашей дальнейшей семейной жизни. Если он их нарушит, то пусть пеняет на себя: я подам на развод. Развод в Америке - очень долгий и болезненный процесс. Это не как раньше в Союзе. Разъехались по разным квартирам и сразу начали новую жизнь. Тут надо продавать дом, делить все нажитое, искать новое жилье, менять весь свой устоявшийся удобный ритм и стиль жизни. Болезненно и морально, и материально для обеих сторон, и жутко долго, может тянуться годами. Если вовлекаются адвокаты, то они попытаются оторвать львиную долю у обоих супругов. Майк никогда не хотел развода. Бывало, я кипятилась и начинала говорить о разводе, но он меня всегда уговаривал и старался успокоить. А тут такое! Какой прекрасный повод! Иди и разводись! Но я вдруг сделала для себя неожиданное открытие, что мне нелегко уже сейчас вот так просто пойти на этот шаг. Я живу удобно и хорошо, и вдруг мне надо все рушить, кого-то искать. А вдруг этот кто-то тоже окажется «со скелетом в шкафу», да еще и каким похуже. Нет, решила я. Я ему, пожалуй, дам этот шанс - все уладить и забыть. Но с другом, с которым он все покуривал травку по выходным все годы у того дома (у нас в Калифорнии), Майку придется расстаться. Это будет одним из условий нашего договора.

Так я и сделала. Написала договор, он подписал. Тому другу я написала вежливое, но неприятное письмо о том, что если он появится около нашего дома, я заявлю в полицию. Я много лет закрывала глаза на траву, думала, это баловство. Но теперь пришлось резко изменить свою позицию, чтобы четко определить приоритеты. Другу я написала: «Я уехала от русских алкоголиков не для того, чтобы жить с американскими наркоманами. Передай сообщение всем своим участвующим знакомым».

Вот такие катаклизмы (это уж настоящие клизмы) пришлось мне пережить через восемь с половиной лет брака. А что Канкун? Там тепло и хорошо, и много интересных экскурсий, но там и наркотики. Туда я больше не захочу. Вот так я познакомилась с латиноамериканским миром, сделав противное открытие о своем собственном муже. Теперь мы давно уже вернулись к своим работам и все идет тихо и по-прежнему (ох ненадолго! ох не знала я, что меня ждет через четыре месяца!).

Теперь я в отпуск в такую страну, где пьют и где не поездить на машине, не поеду. Как я мрачно пошутила еще там, в Канкуне, что следующий раз мы поедем в отпуск прямо в Колумбию, страну процветающего наркобизнеса. На Гавайях, например, мы арендуем машину и там Америка, там не пьют, надо садиться за руль и ехать везде самим. Это дисциплинирует, особенно людей, склонных к вредным привычкам. Иногда меня спрашивают, не хочу ли я в Россию съездить, или не хочет ли муж. Я думаю, что в России сейчас небезопасно для жизни. Так же думаю, что в гостинице на Майка будут бросаться валютные проститутки или студентки-любительницы. А ему как джентльмену и ценителю женской красоты вдруг неловко будет им отказать. Следить за кем-то или держать на веревочке не в моих правилах. Так зачем же мне такие сомнительные приключения? Поэтому я скромно отвечаю: «Мы еще здесь не напутешествовались». Что тоже правда. Америка большая. И мы были только в нескольких штатах.

Пока прощаюсь до следующей главы и надеюсь, что не на четыре года!

Февраль, 2004 г.

21

Прошло всего два месяца после написания предыдущей главы, но произошли из рук вон выходящие события, и я должна поделиться этим с читателем. Я все время тут пишу, какой относительно безоблачный брак у меня был все эти девять лет. И вдруг! Тучи сгустились над нашими отношениями, загремел гром, засверкала молния, и что бы вы думали, уважаемый читатель? Только, пожалуйста, не падайте со стула, или на чем вы сидите или лежите, потому что для меня это было не менее поразительно и сногшибательно, чем будет сейчас для вас. Майк, мой почти идеальный муж, вступил в свое сорокалетие, и кризис середины жизни (известный в психологии) ударил его очень сильно и сотрясал пару месяцев, пока не произошли большие перемены в его жизни, а точнее, в финансовом статусе. Что вдруг произошло почти через девять лет нашего брака? А то, что Майк поднял революцию в нашей маленькой семье, заговорив о разводе. Да, Майк, и да, о разводе.

Я тут в своей истории, по-моему, мало делилась этой частью наших с ним отношений (личной). Меня занимали какие-то другие, глобальные проблемы моего приживания в Америке. Но теперь, когда гром грянул, надо внести некоторую ясность, почему именно для меня это было как снег на голову. Дело в том, что все годы нашего брака я ненавязчиво давала Майку понять, что если ему что-то не нравится в наших отношениях, то он абсолютно свободен вылететь из нашего русско-американского гнезда и создать, может быть, другое, более удобное для него, с американской женой. Частенько, что греха таить, я говаривала, бывало: «У меня ведь нет детей, может, тебе хочется создать семью с детьми. К тому же, может быть, я тебя раздражаю своей русской прямолинейностью, так, пожалуйста, ты свободен». Уж от кого, но только не от него можно было ожидать желания развестись. И вот однажды недавно как-то я заговорила о преемственности поколений, слово за слово, оказалось, что он очень страдает, что ему сорок лет, а у него нет детей и не предвидится. Оказалось, что он так жить больше не может и хочет принять какие-то серьезные решения, чтобы изменить ситуацию. Меня, конечно, это очень потрясло, как потрясают неожиданности. Меня это удивило. Как можно было девять лет молчать об этом, не укладывалось у меня в голове. И зачем молчать. Ведь я всегда прямо выражала все свои мысли. Никаких секретов между нами не было, кроме «скелета», что открылся в поездке в Канкун. И вот теперь еще один, похлеще. Давай ему выкладывай ребенка. А то еще и двух. Все смешалось в моей голове. Пока я пыталась рассортировать что к чему, я все-таки одно твердо себе сказала, что иметь ребенка я не готова. Да я только жить начала по-человечески. Пусть ценой обременительной работы, но у меня появились сбережения, и я стала позволять себе покупать одежду в хороших магазинах, стали ездить частенько в поездки. И сейчас вдруг все это возьми и перечеркни одним махом, заведя ребенка.

Да еще и американского. Который вообще родителей ни во что не ставит. Отношения Майка с его матерью (редкие) прекрасно демонстрируют всю прелесть отношений "отцов и детей" в Америке, а Майк, между прочим, довольно-таки хороший сын. Нет уж, братцы, увольте от такого удовольствия. Не завела детей раньше, и сейчас не готова. Ребенок прямо-таки испортил бы мою жизнь. Я эмоциональный человек, пришлось бы выкладываться. А уж чему там выкладываться, уследить бы за своим здоровьем, да чтоб на работу ездить исправно.

А Майк все стоял на своем. Наши споры дошли до такого раскаленного предела, что я побежала к своему знакомому адвокату, которому много лет делаю переводы документов на английский, и взяла у него профессиональную консультацию, узнав свое финансовое положение в случае, если Майк подаст на развод. Мое положение оказалось лучше, чем у Майка. У него есть долги, у меня их нет. Так как у него зарплата больше, ему бы пришлось платить четыре с лишним года мне алименты небольшие (полсрока длительности нашего брака). Дом, если продать, то разницу, между тем, что мы должны банку и его рыночной настоящей стоимостью, надо поделить пополам. Но так как у Майка долги (он недавно поменял машину и сделал дорогую лазерную операцию на глазах, и плюс еще выплачивает за машину своей матушки), а у меня их нет, то прикинув, что ему останется в результате, получается, что ничего хорошего. Тем временем мои тут русские знакомые уже начали кто во что горазд строить всякие бабские предположения, что у него кто-то есть беременный, и в таком духе. Чтобы это все пресечь, я написала открытое письмо на русском и на английском и разослала своим знакомым русско-американским семьям, где объяснила ситуацию, сказав, что понимаю, что сплетни все равно пойдут, но что они меня больше не будут интересовать после открытого письма. Потом я рассказала Майку про то, что его ждет после развода. Он не очень обрадовался. И даже как бы пригорюнился и призадумался о том, что его ждет не очень легкая жизнь холостяка, выплачивающего алименты и к тому же оплачивающего свое более дорогое новое жилье и счета. Ведь пополам-то все в два раза дешевле. А уж что говорить о нашем удобном четырехкомнатном доме с голубым бассейном, который мы за четыре года превратили в комфортабельный красавец, весь в розах, и цветущих фруктовых деревьях.

Пока он раздумывал, я, не теряя времени даром (а зачем его терять?), поместила свое объявление на двух сайтах, чтоб проверить, что за холостяки имеются в наличии. Оказалось, что их много, как много объявлений и от женщин. Но теперь, дорогие читатели, я уже знала, что не хочу, чтобы мой будущий партнер имел годовой доход Майка, с которым мне приходилось хорошенько вкалывать. Так что я прямо изложила свои принципы в своем объявлении: о том, что у меня хорошее образование и я умею зарабатывать деньги, но считаю, что все-таки мужчина должен первенствовать в этом отношении. Поставив такое объявление, я стала фильтровать своим строгим фильтром возможных кандидатов. Ох, как очень многие отметались прямо сразу. Это очень просто. Сразу, не теряя времени, смотришь в строку «годовой доход» и сразу вычеркиваешь из списка кандидатов. А зачем мучиться и строить какие-то воздушные замки о любви в шалаше, если мне сорок пять лет и я прекрасно знаю, что хочу жить не в шалаше, а в хорошем доме, и желательно, чтобы партнер, который придет на смену Майку, дал бы мне право выбирать свои часы работы самой, а не выпрашивать и хвататься за все подряд подработки, как я это делала все годы с Майком.

Посмотрела я трех кандидатов. Попила с ними чай в публичных открытых местах. И открыла многое в себе такое, чего раньше и не подозревала. Оказывается, пока девять лет пролетели в браке с Майком, я зачерствела как бы женской душой, и никто мне не нравится. Так как я выросла без отца, теперь пятидесятишестилетний мужчина (на одиннадцать лет старше) кажется мне как бы отцом. И я и представить не могу как с ним можно иметь какие-то близкие отношения. Прям фрейдизм какой-то, да и только! Майк-то на пять лет моложе. В общем, этот пятидесятишестилетний чаевник сразу стал говорить, какая я симпатичная, и как ему не терпится скорее наверстать упущенное в интимных двадцатипятилетних отношениях с его бывшей женой, и как он хочет скорей поехать в гостиницу с казино со мной. Я на него смотрела и думала: «Мечтай ты, дядечка, мечтай, но меня ты больше не увидишь никогда».

Второй чаевник был чуть постарше меня и произвел на меня положительное впечатление. Вдовец. Один сын где-то живет отдельно и обеспеченно. Сам чаевник живет в неплохом районе (где нам с Майком дом купить было немного не по карману) и работает дома, перекупая акции (кстати, несбыточная многолетняя мечта Майка не работать и, сидя дома, торговать акциями). Третий чаевник был моего возраста, тоже ничего, но тоже не упасть. Он меня немного провел, сказав, что хочет брать уроки русского. Но никаких уроков ему не нужно было. Поэтому я его и не увижу. А самое главное, почему я никого из них больше не вижу, потому что постепенно Майк окреп в мысли, что он не хочет со мной разводиться. Как выяснилось, в трудную минуту у него не нашлось ни одного друга, с кем можно поделиться своими горькими раздумьями. Единственным другом оказалась я. Ну я и выслушивала, и советовала. Зря, что ли, училась тут несколько лет психологии. Пока вся эта катавасия длилась между нами пару месяцев, мы потихоньку делили финансы на всякий случай - оплату счетов, кредитных карточек, а главное, дом. Я уже решила, что мне не хотелось бы выезжать из этого дома (раньше я говорила, что не могу его оплатить, но когда дело коснулось вероятности его потерять, я поняла, что мне это совсем неудобно). Поэтому решили, что мы подадим на перефинансирование дома, а во время переписывания бумаг Майк получит бóльшую часть денег, а я останусь ему должна еще вторую часть, дом при этом перепишут только на мое имя. То есть, как бы ему деньги, а мне дом.

Прошло несколько недель. Я получила бумаги о том, что дом теперь оформлен на мое имя. Майк расплатится с долгами, и у него еще останутся кой-какие деньги на счету. Он мечтает уйти с опостылевшей ему работы. Мы живем как и жили, но пока не носим свои обручальные кольца. Майк, как снял свое кольцо во время первых разговоров о разводе, так и не надел пока. Через три недели наша девятая годовщина брака. А через четыре недели я улечу на сорок дней в Европу. Надо навестить своих родных в Прибалтике и помочь маме с кой-какими документальными оформлениями. Я думаю, что эта поездка не будет сильно развлекательной для меня. Но я слетаю на неделю в Париж, где встречусь со своим другом по переписке - французом, с которым уж знакома десять лет, но ни разу не встречалась. Он, кажется, собирается жениться во второй раз на какой-то экс-советской "иностранке". Я проведу неделю в Париже, к чему готовлюсь уже два месяца, слушая день и ночь французские кассеты и забросив свой испанский, который у меня уже на очень приличном уровне. Французский у меня был когда-то вторым языком в университете, из глубин памяти поднимаю основы. Мой друг будет работать все дни. Но я самостоятельный человек и с удовольствием поброжу дикарем по Парижу, практикуя свои познания в четырех языках (русский и английский свободно, испанский прилично, и французский на начальном уровне). Первый раз за девять лет я уеду из Америки, оставляя дом на попечение Майка. Теперь я ничего не боюсь. Я и так-то не боялась ничего, но все-таки эта разводная ситуация встряхнула мое спокойствие. Но нет худа без добра, и за эту встряску я вознаграждена домом. Конечно, оплата и содержание дома требуют постоянной работы. Но я смело смотрю в будущее. Если Майк закичится опять - пусть уходит на все четыре стороны. Найдутся желающие. Невеста я хоть и не первой молодости, но и на вторую найдутся такие же.

Пока не буду ничего загадывать. Как показала жизнь, это никогда не имеет смысла. Вечно думаешь одно, а выходит совсем другое, совершенно неожиданное. Но я знаю, что надо быть готовым ко всяким неожиданностям. И тогда они тебя не надломят в критический момент.

На этом пока прощаюсь и желаю всем побольше радостных минут в нашей порой нелегкой жизни. Помните, что как бы она нас ни крутила, все равно мы в большой степени хозяева и кузнецы своих собственных судеб.

Май, 2004 г.

22

Сегодня я уезжаю в Россию. Россией я называю и Латвию, поскольку о существовании такой страны знают не все. Всякий раз, когда меня американцы спрашивают откуда я и какой у меня акцент, я говорю, что я из России. Образованные люди обязательно спросят "Из какой части России?" Тогда я поясняю что я русская из Латвии, что родители из центральной России, но приехали в Латвию в конце сороковых годов. Немного рассказываю о прибалтийских (бывших советских) республиках.

Первый раз за 9 лет я покидаю Соединенные Штаты, которые стали моим домом. За месяц до поездки я даже переживала беспокойство как это я вдруг из такого удобного житья поеду в трудные условия. К тому же чтение многочисленных современных русских детективов на злобу дня не вселяло как-то сильной веры в какую-то стабильность или безопасность во время моей поездки. Например тут в Калифорнии я в девять вечера еду с работы, забегаю в магазин, иду с кошельком в руках по мексиканскому продуктовому универмагу (они дешевле чем американские) и знаю, что я в совершенной безопасности. Начитавшись страшных криминальных русских рассказов, мне не верится, что так же спокойно в России (насчет Латвии не знаю) можно с кошельком в руках расхаживать по вечернему магазину, ни секунды не сомневаясь что машина будет там же на стоянке где я ее и припарковала, когда выйду. Ничего криминального никогда тут не произошло со мной за 9 лет жизни. Конечно же в Латвии и в России я буду избавлена от опасения, что угонят машину, потому что там у меня ее просто не будет. Вместо машины я буду вкушать действительность публичного транспорта, какая она ни на есть. Это мне представляется какими-то прямо-таки приключениями. Я их не боюсь. Немного побаиваюсь только столкновения с какими-то элементами криминальной действительности, невежливостью и неудобством в общественном сервисе. А вообще я с удовольствием хочу теперь сравнить две культуры. Когда я сюда приехала всё было ново и странно, и непонятно. Теперь мне всё тут понятно и ясно. Интересно как изменился там народ после того как я уехала из России? Я знаю, что всё изменилось. 9 лет это большой срок.

Уезжаю, оставляя Майка на 40 дней хозяйничать в доме. Как-то он справится? Надеюсь, что он не бросит свою работу в мое отсутствие. У меня до сих пор не укладывается в голове, как это он потерял дом. Ведь он из небогатой семьи, его воспитала одна мать. Он всегда мне рассказывал, что когда он учился в университете (он учился в Сан-Диэго, специально говорит выбрал подальше от матери, чтобы не видеть ее сильно часто, это в двух часах езды по фривеям) бывали времена, что у него не было квартиры и он чуть ли не жил в машине, а душ принимал на работе в лаборатории (он химик). После тех рассказов я бы никогда не поверила, что он может отказаться от собственного дома. И вот случилось неожиданное - он отказался от дома, чтобы взять какие-то несчастные несколько десятков тысяч долларов. Когда я говорю "несчастные несколько десятков тысяч", я не хочу, чтобы читатель неправильно меня понял и подумал, что мы тут деньги тысячами считаем и швыряем. Это совсем не так. Вот что мы считаем тысячами, так это расплату по счетам, которые приходят каждый день, то за то, то за это. Самый большой кусок - это счет за дом каждый месяц. У нас это 1300 долларов в данный момент (чуть побольше нашего дом сейчас обходится в месяц 3-4 тысячи, т.к. очень подскочили цены на недвижимость за последние 4 года). Плюс к этому содержание машин, бензин, коммунальные услуги, страховки всякие на машины и на дом, оплата кредитных карточек, которыми пользуешься если не имеешь наличных денег - вот и выходит 2-3-4 тысячи в месяц на оплату всех этих жизненных удобств, которые стали нашим уровнем жизни, а значит и необходимостью. Не имея этих денег, ты бы лишился всего этого. Поэтому приходится работать и приспосабливаться к своим работам, и держаться за них. Так что несколько десятков тысяч на фоне таких постоянных расходов действительно являются "несчастными", и если не дай бог, лишиться работы, то их проживешь за несколько месяцев, не моргнув и глазом. А потом что? На улицу?

Мы перефинансировали наш дом, в процессе чего бумаги переписали на мое имя, подняли долг банку и мне дали чек на несколько десятков тысяч долларов, который я честно отдала Майку. Мне жалко Майка. В 40 лет вдруг взять и потерять дом по собственной воле, так как ему нужны деньги. Мне кажется он плохой финансовый плановик своей жизни. Если бы был хорошим, такого бы не случилось. И поэтому мне его жалко. Но с другой стороны, ведь уже шел разговор о разводе, и на фоне той неприятной ситуации, мы все-таки остались вместе, я получила право на владение домом (и вместе с тем конечно крест обязанности расплаты с банком в течение 30 лет), он положил деньги на счет, которыми может распоряжаться на свое усмотрение. Как говорится по сравнению с разводом, это и волки сыты и овцы целы.

Тут в Америке например наше с ним совместное проживание намного выгоднее ему в экономическом плане, чем он бы жил отдельно. О себе я не говорю, потому что я человек бездетный и ненавижу жить одна. Поэтому если бы Майк ушел, я бы стала искать следующего пассажира (как выражалась моя одна бывшая коллега-переводчик). Первое время я бы осилила одна плату за дом, но потом я бы одна не жила и все заботы были бы пополам со следующим мужем, с которым уж я бы не промахнулась, ведь я бы выбирала. А вот Майк мужчина. Ему надо рассчитывать на себя. Сейчас он платит за дом 650 долларов, половину месячной платы. А если бы стал сейчас снимать где-то апартмент, то ему надо было бы отдать не меньше тысячи, довольствуясь меньшими удобствами, чем он имеет в нашем доме (теперь уже моем).

* * *

Ну вот я и вернулась из своего европейского путешествия, о чем и собираюсь тут поведать. Как оно в жизни и бывает, действительность почти что совсем не совпала с моими ожиданиями. Сказать в общем - я напрасно мандражировала и боялась поездки: оказалось не то что не смертельно, а даже приятно. Ездила я 40 дней, побывав в Латвии (Риге), Москве, Питере, и Париже. Как это и не парадоксально звучит, но мне, русской, пришлось довольно дорого заплатить за визу на посещение России, зато в Латвию и

Париж, я как американская гражданка, могу путешествовать без всяких виз когда бы мне этого не захотелось. В Риге я провела в общей сложности 25 дней, ворвавшись в мамину двух-комнатную квартиру (где я и жила до отъезда в Америку) как американский ураган. Как заправский хуррикан (с англ. hurricane, которые тут в Америке бывают во Флориде, со стороны Атлантического побережья), я стала проводить основательные чистки, убирая на своём пути всё неугодное моему обамериканившемуся сердцу. Мама немного обижалась на мои мажорные чистки, но мужественно терпела, иногда потихоньку сетуя знакомым. Мама есть мама, она очень была мне рада, а я ей. Мои подруги в Риге (с которыми я встретилась после 9-летней разлуки, а то и 20-летней) обижались, звоня по телефону и возмущаясь, почему я не могу проводить с ними побольше времени. Им наверно было трудно понять, что мы с мамой соскучились по друг другу и хотели побыть вместе, зная, что предстоит опять долгая разлука. Приехав в Ригу, я дала несколько объявлений в газеты в поисках студентов для изучения английского. Я была уверена. что они будут стоять в очереди. Но не последовало почти ни одного звонка. Как сказали знающие люди, летом у них не принято учиться, а принято отдыхать. Это видно только в Америке мы и учимся и работаем круглый год без передыху. Так что зря я с таким трудом привезла такие прекрасные новенькие американские учебники (багаж был жутко тяжелый в частности из-за книг и я прокляла тот час, когда собираясь напаковала две сумки по 30 положенных килограммов каждая). У меня все равно не вместилось в багаж и половины того, что я хотела бы привезти из дома в Калифорнию. Так в следующий раз, наученная горьким опытом, я поеду налегке. А следующий раз обязательно будет, и не за горами, так как я этой поездкой открыла для себя Европу. До этого я сидела безвылазно в Америке и считала, что мне в Европе делать нечего. Но взглядам свойственно меняться вместе с каким то вновь приобретенным опытом.

Мне очень понравился мой европейский тур. Я побывала галопом в Москве и Питере, узнавая там (только в Москве) насчет возможности издания моей книги. Впечатление от Москвы, с моего, так сказать свежего американского взгляда, не очень лестные для тех москвичей, к которым я обращалась с обычными вопросами приезжего "Как пройти? или Где находится?". Я специально выбирала мужчин, думала что они будут вежливы к женщине. Но я напрасно так думала. Одна парочка друзей была помоложе меня лет на пять-десять. Они стояли неподалеку от станции метро попивая пиво (распитие пива на улицах и в метро резко бросилось мне, калифорнийке, в глаза, как что-то противозаконное). Они ответили на мой вопрос, но как бы отмахиваясь, как от назойливой мухи. Один махнул рукой в сторону огромного перекрестка пяти больших улиц, проронив нервно: "Ну вот там же, неужели непонятно!". Нет, мне было непонятно на какой из трех, глядя по направлению его руки, но я пошла своей дорогой. Еще, в другом месте, я обратилась тоже к двум мужчинам уже явно постарше меня, напрасно надеясь, что уж эти-то точно будут повежливее и потерпеливее. Нет, эти тоже были нервные, чем-то озабоченные, и так же отмахнулись, показывая в неопределенном направлении руками. В одном месте, когда я со своей 32-летней племянницей (10 лет москвичкой) попыталась подойти к дому, указанному у меня в записке, нам преградили путь на проходной двое охраняющих мужчин. Грубо преградили. Я им сказала, что ищу адрес редакции, который взяла из московского справочника на интернете. Они резко ответили что там нет никакой редакции. Тогда я им сказала, что я даже не москвичка, а американка в России, и что они бы могли быть и повежливее с иностранными туристами. Тогда они вроде как немного устыдились и уже более вежливо закончили свои объяснения. В метро я смотрела на людей с бодрым американским выражением лица, но на меня смотрели грустные, слишком серьёзные, озабоченные лица. Такое впечатление, что у всех какая-то общая неприятность. Тут если идешь с серьёзной миной, обязательно кто-то скажет: "Ну что же Вы даже не улыбнетесь? или Ну зачем же так серьёзно, что случилось?" Поэтому по привычке ходишь с добрым лицом и улыбаешься незнакомым людям, часто говоря "Excuse me" если едва кого-то задел мимо проходя.

В Петербург мы с братом (я ездила в Россию с братом) приехали рано утром и сразу разошлись по своим делам. Он поехал искать свои исторические книги, а я поехала искать для мамы книги и брошюры какого-то Питерского врача. У вокзала, в информационном киоске, мне с удовольствием, за один кажется доллар, дали полную информацию о центре, что я искала. Приехав по нужному адресу, я увидела табличку, что касса открывается через полтора часа. Это находилось в красивом большом парке недалеко от станции метро. Я пошла прочь и увидела в парке на скамейке молодого человека с бутылкой пива в руке. Бутылка пива так и осталась в моей памяти о посещении Москвы и Петербурга, как атрибут русского мужчины.

Молодой человек вежливо ответил на мои вопросы о том, где можно неподалеку отдать проявить пленку и обменять валюту. Я пришла на небольшой базарчик, который был открыт с утра пораньше и увидела там маленький киоск по обмену валюты. Приятный мужчина-армянин поменяв мне деньги, сказал, в ответ на какое-то мое замечание о России и о

Калифорнии: "Вы меня очень заинтересовали, пожалуйста задержитесь, расскажите побольше о Лос-Анджелесе. У меня там куча бывших одноклассников, но я ни с кем не переписываюсь." Мне очень хотелось поделиться всякой информацией, и я с удовольствием осталась. Попозже мы с ним сходили попить кофе в кафе неподалеку, а еще позже, поехав и сделав свои дела для мамы, встретившись с братом, и передоговорившись с ним о встрече вечером перед отходом поезда, я с удовольствием воспользовалась гостеприимством своего нового знакомого. Он изъявил желание показать мне город в те несколько часов, что были в моём распоряжении. Мы поехали на Невский, где я провела часа полтора в большом книжном магазине, удивляясь огромному выбору всевозможных красочных изданий учебной литературы для всех возрастов. Тут опять, так же как и при отъезде из Калифорнии, меня посетила мысль, что был бы у меня вагончик, который можно бы было загрузить, я бы им воспользовалась. Но так как вагончика не было, а были только весьма ограниченные весовые возможности моего международного багажа, а также и мои, как тяжеловеса, поднимающего тяжести. Всё что связано с багажом было неприятной частью моего путешествия, так как я обнаружила сама о себе тот факт, что я никогда не путешествовала нагруженная в своей жизни. Поэтому эта "тяжелая" междуконтинентальная реальность из 140 фунтов на два багажа меня неприятно поразила, хоть эта реальность и была на колёсиках.

В книжном на Невском я купила себе нужные учебники, а так же подарки своим студентам-американцам, изучающим русский. В Елисеевском магазине я сделала пару фотографий.

О Елисеевском магазине я должна рассказать отдельно, так как это момент, стоящий внимания. Дело в том, что моя девичья фамилия Елисеева, и я всю жизнь пыталась прознать у мамы, не родственники ли мы хоть малюсенькие, хоть очень дальние, богатому поставщику-бакалейщику царских времен. Мама однако, к моему большому огорчению, что-то не припоминала родства. Будучи в Калифорнии, я как-то наткнулась в русскоговорящем Вест-Холливуде на маленькую захудалую лавчонку с гордым названием "Елисеевский магазин". Бедный и затертый вид лавчонки настолько не вязался с громким названием, что мы с моей русской подругой специально поехали (это миль 35-40, семь верст мне не крюк), взяв фотоаппарат, и сфотографировали друг друга в разных ракурсах на фоне вышеназванного магазинчика. Я предвкушала поездку в Россию, и что очень обрадую там работников Елисеевских магазинов в Москве и Питере, когда покажу им их "бедного американского родственника". Так, будучи в Москве, я специально нашла Елисеевский магазин, и показав там свои американские фотографии, развеселила нескольких работников, заодно попросив разрешение сделать несколько снимков внутри магазина.

Сделала я снимок и в Питерском Елисеевском магазине. Пока что я этими снимками просто очень удивила своих студентов, изучающих русский, а можно было бы в принципе и статью написать для американцев, с приложением фотографий. Дело в том, что многие американцы вообще никуда не путешествуют, и знают о России только из Голливудских фильмов, которым свойственно зачастую искажать действительность. (Население Америки велико и постоянно растет из-за вновь прибывающих иммигрантов. Прожив тут больше девяти лет я пришла к выводу, что американцы делятся на две категории, что касается путешествий. Одни вообще никуда никогда не выезжали из страны, и как бы и не хотели, а некоторые много путешествуют по миру и им это нравится).

Мой новый питерский знакомый достойно закончил свою программу гостеприимства, пригласив меня в грузинский ресторанчик на обед. Мы замечательно пообедали, побеседовали, обменялись адресами. Я спросила, а что его жена, ничего не скажет, если он будет получать письма из Америки от женщины. Он сказал, что он имеет право иметь друзей по своему выбору. У меня-то в семье полная демократия с мужем, тем более, что он и по-русски-то не понимает. А хоть бы и понимал. Наш брак всегда был основан на доверии. Вернувшись домой в Калифорнию, я получила замечательно красивое письмо с морем комплиментов от моего нового питерского знакомого, написанное красивым почерком и очень грамотно (по- русски естественно, по-армянски я не читаю).

Теперь о Париже. Я съездила в Париж на 10 дней, заранее списавшись с Пьером, другом по 10-летней переписке, которого никогда воочию не видала, равно как и Парижа. В Риге и России я не зарилась ни на какие покупки (одежды например). Но вот в Париже моё женское сердце дрогнуло. А так как наличных денег было немного (для Парижа, который жутко дорогой), то особенно содрогнулась моя кредитная карточка от непривычных для нее нагрузок. Я сказала себе, что живу ведь один раз и в кои-то веки приехала в Париж, так уж отмечу же я это знаменательное событие личными подарками. Чтоб подольше вспоминалось. Последнее мне очень удалось, так как я с ужасом жду счетов, которые почему-то задерживаются. Покупки я делала в современном шоппинг-моле La Defense (что и по-английски и по-французски означает "защита", только произносится конечно по разному, в соответствии с правилами произношения каждого из этих языков). Мол, на мою беду, находился всего в 15 минутах ходьбы от дома, где я жила. Туда утром меня Пьер забрасывал около девяти, и ехал на работу. Ну а я шла в мол, тоже как на работу, проводя там добросовестно почти по 7 часов кряду. Когда я зашла в дорогой магазин итальянской кожи, француженки-продавщицы по-моему приняли меня за богатую американку. Я поняла, что не каждый день у них делают покупки на полторы тысячи. Я купила две куртки. Осеннюю и зимнюю. Осеннюю еще туда-сюда для Калифорнии. Но зачем мне зимняя, я еще не совсем поняла. Но в магазине, когда я увидела эту нежную тосканскую (область в горах Италии) овечку (короткую куртку из нее), я сразу за нее схватилась мертвой хваткой, так как заметила, что она еще вдобавок и единственная. А когда я услышала эту нежную музыку, по-французски "агно де тоскань", это меня сразило наповал, и я поняла что моё мужественное сопротивление покупкам в России и в Риге тут не имеет никакого смысла. И что мне плевать сколько стоит овечка, такая нежная, легкая, единственная и дорогая - она должна быть моей. Нормальные люди вероятно сначала планируют поездки, а потом уже к ним покупают одежду. У меня же все наоборот: я вот купила предмет одежды и теперь в нем мне прямо необходимо куда-то съездить в Европу зимой. Еще я купила парочку ювелирных изделий (докомплектов к моим американским недокомплектам) и позолоченные швейцарские наручные часы. Моя кредитная карточка оказалась совершенно беззащитной перед французским магазином "Защита". По этому поводу мы с Пьером много потешались.

А что же Пьер, мой давний друг по переписке, француз? Говорили мы с ним на ломаном языке: он на ломаном английском, я на ломаном французском. Так и "ломались" все 10 дней. Пьер - добрейший человек и типичнейший француз: невысокого роста, курит одну за другой сигареты, попивает винцо, ест немного, водит небольшой Мерседес (в Париже места нет для больших машин, там и небольшую проблема припарковать). Он работает на заводе связанным с аэро-промышленностью 30 лет, инженер, руководит отделом. Почти столько же лет имеет 3-комнатную квартиру на 6-ом этаже шестиэтажного дома недалеко от своей работы. Все сигареты и вино видны на его лице (в виде морщин) в отличие от другого француза, которому он меня представил. Один день Пьер сказал, что он попросил своего бывшего начальника, и друга, который уже вышел на пенсию, показать мне парижское метро и некоторые из многочисленных достопримечательностей, пока он (Пьер) будет на работе. Сказал, что придет Жан, и что Жану 70 лет. Когда пришёл Жан и я на него взглянула, первая мысль, которая мне пришла в голову, была, что я неправильно поняла упоминание о возрасте. Наверно ослышалась или что-то перепутала с этими французско-английскими разговорными "ломками". Я уж и так на него смотрела и эдак, и сбоку, и с припёку, ну хоть убей, больше пятидесяти пяти или максимум шестидесяти никак было нельзя дать. Жан к тому же симпатичный, с большими выразительными чёрными глазами, худенький, и тоже невысокий. Он что-то пытался говорить и по-английски, и по-испански, и по-французски, когда не знал как сказать на первых двух. Тут уж начался такой языковой винегрет в моей интернациональной голове, что все четыре языка (русский, английский, французский и испанский) заплясали какую-то летку-енку. И я сказала себе, стоп, надо что-то выбрать одно, и перешла на легкий мне английский, предоставляя ему отвечать на английском и на французском.

Секрет молодости Жана открылся когда пришел Пьер с работы и я уточнила сколько Жану лет. Оказывается ему 70, но он никогда в жизни не пил, не курил, и не пользовался лифтом (например на 6-ой этаж к Пьеру всегда "пешком от инфаркта", как я это для себя всегда называю). Когда они работали вместе и наступало время ланча, Жан всегда открывал коробочку и ел одно и то же: паровую рыбу с морковкой. Это конечно очень необычный француз. Это что ж за жизнь такая аскетическая? Зато вот, вознагражден моложавым видом и наверно хорошим здоровьем. Но мы с Пьером совсем не аскеты. Правда, я бросила курить (несколько лет назад). Но вина французского и всяких сыров отведала, как не отведать. Однажды я приготовила Пьеру борщ, и в ответ попросила его приготовить что-то чисто французское. Он долго думал, голову ломал, писал что-то на клочках бумаги, часто бегал в магазин за ингредиентами, но наконец все купил и приготовил блюдо под названием

"Алуэтт сан ла тэт", что в переводе означает "Алуэтта без головы" (видно с гильотинных времен у них такие шуточки). Это было очень вкусно: мясо, приготовленное в вине и на гарнир картошка, политая сливками и запеченная. Ну а я конечно всегда дополняла стол своими овощными салатами. К такой вкусной и безголовой Алуэтте была принесена из погреба (у него где-то еще и погребок там есть) бутылка красного вина из области, что неподалеку от Бордо, 1985 года. Вино 19-летней давности. Ну какой там к черту Жан со своими воздержаниями. Приятно конечно выглядеть на 10-15 лет моложе, но деликатесов-то тоже хочется отведать в жизни. А паркуется Пьер ужасно трудно (это мне было трудно и мучительно наблюдать, как он это проделывал каждый раз когда ставил машину в гараж, что в подвале дома). Это прямо высшее мастерство припарковать машину так, чтобы боковое зеркало было как раз в двух-трех сантиметрах от цементного столба, который "к счастью" оказался рядом с местом для парковки, принадлежащим Пьеру. Да это чтоб я так корчилась с парковкой в Калифорнии? Никогда. У нас тут простор (я не говорю про центр города - Лос

Анджелеса, там тоже односторонние улицы как в Париже и проблема с парковками бывает). Я говорю про пригороды. Тут выезжаешь, как король, из большого гаража на широкую улицу, на быстрый фривей, и летишь как птица. Вот мне, калифорнийской птице, сразу же крылышки-то и подрезали, не успела я вернуться: тут же оштрафовали за то, что ехала с непристегнутым ремнем безопасности. И ведь заметил же мотоциклист востроглазый. Тут же догнал и оштрафовал на 85 долларов, при этом кокетничая и спрашивая про акцент. Я еще не знаю как за Париж расплатиться, а они мне уже тут со своими штрафами мешаются.

В завершение о Париже хочу сказать, что это сказочно красивый город со всеми своими старинными дворцами, соборами, памятниками и многочисленными парками, но и настолько же дорогой. Жить там я бы наверно не хотела из-за трудного вождения например, и хотя бы из-за того, что все курят кругом. А попутешествовать - это интересно. Однажды вечером, когда мы проезжали мимо парка, в темноте я увидела красивых женщин, стоящих группками в тени деревьев. Я знала, что это проститутки. Но это оказались еще и мужчины вдобавок. Мужчины-проститутки в женском обличье. Да и фигуры-то женские. Париж есть Париж. Чего там только не насмотришься. Жан тоже мне показывал проститутку, так мимоходом комментируя между остальными достопримечательностями. Выяснилось, что раньше это было легально, а теперь нелегально, так как большой наплыв "девушек" из восточной Европы, видимо после того как не состоялся социализм.

Приехала домой в Калифорнию, Майк оказывается передумал разводиться. В мое отсутствие все подделывал гараж, демонстрируя модель прилежного мужа. Теперь, через три недели после моего приезда этот прилежный муж объявил мне о том, что увольняется со своей так сильно ненавистной работы. Туман-туман... в моей семейной жизни. И как он собирается платить за дом и за счета? Надеется что будет перепродавать акции по компьютеру. Поживем-увидим. Неровен час придется искать мужа посостоятельнее. Америка ведь как-никак. Страна выбора.

На этом прощаюсь с читателем до следующей главы, которая видимо войдет уже во вторую книгу.

Zoia Burkhart

August 2004

Рассказы из ранних "американских" лет

Аня

В прошлом месяце мне позвонила одна компания, занимающаяся переводами, и предложила мне давать уроки русского языка маленькой семилетней девочке. Я согласилась. Девочку из России удочерили недавно американские родители, которые не хотят, чтобы она начисто забыла русский. Меня это заинтересовало, тем более, что детей у меня нет и нас с мужем даже как-то посещала мысль об усыновлении ребенка. Но так как денежные проблемы продолжаются, думать об этом всерьез пока не время.

На следующий день мне позвонила новая американская мама девочки, Шэрон, и мы с ней договорились, что по пятницам она на час будет привозить мне ребенка.

Никогда в жизни не учила маленьких детей.

Но еще в Риге, до приезда в Калифорнию, давала много частных уроков английского. Это был основной источник доходов, не облагаемый налогом. Мама пугала: «Вот придут латыши, налоговые инспектора, возьмут огромный штраф!» Я боялась, продолжая работать. Моя комната была похожа на настоящий класс английского - грамматические плакаты на стенах, большой выбор учебников и методик. Среди моих учеников были и первоклассники -

маленькая группка из трех человек. Мы учили с ними язык по детской книжке. Остальные были взрослыми. Поэтому теперь я понятия не имела, как учить маленькую девочку русскому языку. Но, - смело ринулась в бой.

К первому уроку я приготовила букварь, для которого вырезала и наклеила разные красивые картинки на каждую букву русского алфавита. Я вообще обожаю вырезать, писать, творить - поэтому составление всяких методик и пособий приносит мне массу удовольствия. Я очень волновалась перед первым уроком: а вдруг я ей не понравлюсь.

Когда ее привезли и я стала ей читать детские стихи, меня все это жутко взволновало. Так странно звучали в американском "апартменте", где я живу с американским мужем, детские стихи, которые читала мне в таком далеком советском детстве мама.

Я наблюдала за ней и думала: «Помнишь ли ты своих русских родителей? Откуда ты? Знаешь ли, что с тобой произошло? Что, возможно, одной из многих тысяч русских детей-сирот тебе повезло, когда тебя выбрали богатые американские мама с папой?»... Не знает. И уже почти привыкла к своей новой жизни и думает, что так оно и должно быть. Девочка была обыкновенная, рыженько-светленькая, совершенно счастливая. На мой вопрос: «Из какого ты города?» ответа не знала, а она из Санкт-Петербурга. По-русски помнит многое, но говорит с английским акцентом, путает мужские-женские окончания и, если что-то хочет объяснить, пересыпает речь маленькими английскими словами-связками. Из Питера ее привезли пять месяцев назад. Родители по-русски не знают ни слова.

За пять месяцев ребенок приобрел английский акцент и стал забывать свой родной язык. И забыл бы, если бы родители не позаботились нанять ей частного учителя.

Я сразу написала маме об этом. Моей маме повторять два раза не надо. Мне посыпались письма, наполненные «Мойдодырами», «Айболитами», стихами Агнии Барто и картинками из детских книжек. В одном из писем мама меня спросила: может, ты, как Лев Толстой, создашь свой букварь и азбуку? На что я ей ответила: Лев ли Толстой ли не знаю, но я уже сделала и букварь, и разрезную азбуку. И вовсю учу ребенка читать и писать. Так что благодаря маленькой Ане (так зовут девочку) у меня уже создана настоящая детская методика. Я становлюсь все универсальней день ото дня. Уроки Ане нравятся, а это самое главное - и для меня, и для нее.

Я слышала, что существуют целые программы по усыновлению русских детей американцами. Но, наверное, не все родители заботятся о том, чтобы ребенок сохранял в себе родную культуру. Шэрон, мама Ани, сказала мне, что они знают семью, где тоже удочерили русскую девочку, но ее частная учительница говорит ей: «Здесь Америка, и теперь твой основной язык - английский». Шэрон не знает точно, русская она или американка. Знает только, что это очень молодая особа.

РУССКИЙ ФЕСТИВАЛЬ

Почему-то именно так громко называлась русская тусовка, на которой мне недавно довелось побывать. Было это недалеко от моего дома, в Клермонте, Калифорния, в одном из известных клермонтских колледжей. Через один из этих колледжей я, кстати, и попала в Америку, так как там предлагалась дорогая летняя программа по обучению английскому. Поэтому с этими колледжами у меня связаны личные воспоминания.

Сообщила мне о «русском фестивале» моя американская мама-в-законе, и я была жутко счастлива предоставляющейся возможности побывать на «фестивале русской культуры», как это мероприятие назвали организаторы-американцы. Ожидала увидеть что-то большое, яркое и красочное, соответствующее слову «фестиваль», - но это оказалось совсем не тем.

Первым пунктом в программе значилось исполнение русской классической музыки. Для этого был предоставлен небольшой зал, человек на сто пятьдесят. Нескольким гостям не хватило стульев, и они стоя слушали, как американцы исполняли на фортепиано Скрябина и Рахманинова, а один Эндрю даже спел арию Ленского из «Евгения Онегина». Акцент его был настолько толст (по прямому переводу английского выражения), что понять его могли только люди, знающие слова наизусть. Это был довольно-таки потешный Ленский-американец. Правда, голос у него был замечательный. Пел он и по-французски, и, насколько я могу судить со своим лимитированным французским, произношение его было намного лучше, чем когда он пел по-русски. Но это простительно, так как американцам вообще очень трудно дается русское произношение. Испанцам - легче, это я заявляю как лингвист. Наверное, американцев хорошо понимают в этом смысле русские, которым трудно дается изучение английского. Мне-то хорошо тут рассуждать, я английский учила с девяти лет, начиная с английской школы.

Вторым событием «Русского фестиваля» был грузинский фильм на французско-грузинско-русском языке с английскими субтитрами. Экранчик был очень маленький - мы тут ведь разбалованы местным кинематографом, - но фильм неплохой. Лично мне он навеял воспоминания о Грузии, в которой я была в молодые годы и даже мечтала там остаться жить. Французский я тоже люблю, понимаю много слов и обожаю его слушать, всегда проверяя себя, что я помню, что нет. Да и переписываюсь я с французом Пьером уже четвертый год, только увидеть его мне была не судьба, так как я осталась в Америке, а он потом (с горя, может) женился на молодой польке Александре, у которой были проблемы с французской визой. Так мы с Пьером и живем со своими иностранными супругами, но верность своей переписке сохраняем. Если мы когда-то встретимся семьями, это будет наистраннейшая встреча: русская - американец и француз - полька, а язык общения, оставляющий желать лучшего английский Пьера и еще, как говорится, более лучшего, мой французский.

Вернусь же к фестивалю. Значит, фильм был ничего. А вот третьим мероприятием программы была встреча с поэтом Евгением Евтушенко, на которую я не осталась, пожертвовав в пользу клермонтских колледжей заплаченные за нее пять долларов. Почему? Потому что фильму предшествовал следующий инцидент в холле.

Перед фильмом все прогуливались по небольшому холлу, и когда мы туда пришли с Лизой (это моя американская подруга, говорящая по-русски), я увидела Евтушенко, стоящего рядом с двумя мужчинами. Я показала его Лизе и объяснила, что этого человека я видела только по ТВ в советское время, а теперь - вот он тут, так близко. Улучив момент, когда Евтушенко бродил один по холлу, я подошла к нему и попросила поставить автограф на моей книге. Я волновалась как пионерка, но он быстро потушил пожар моего пионерского волнения, сказав: «Я подписываю только свои книги». Я как-то растерялась и отошла. Подойдя к столу, где продавали билеты и его две книги, я поинтересовалась, сколько стоит одна из них, маленькая и тоненькая. Двадцать долларов. Нет, решила я, мне не нужен такой дорогой автограф. Я никогда толком не читала его стихов, помню, как-то они попадались мне на глаза и всегда начинались с большой буквы «Я». То же впечатление оставляли и его телевизионные выступления, и мне этого было вполне достаточно. Как-то не вдохновляло на то, чтобы зачитываться его стихами. Я зачитывалась Пушкиным, Лермонтовым, Есениным, Жуковским, Блоком, обожаю Маяковского и т. д. Честно признаюсь, что я не считаю Евгения Евтушенко задиристым (как его здесь кто-то назвал недавно). Задиристым был Маяковский, поскольку боролся за идеи, в которые свято верил. Правда, очень задиристым был костюм на Евтушенко, это заметила даже моя Лиза-американка. Они тут в Калифорнии вообще-то не обращают внимания на одежду и ходят, чуть ли не везде, в шортах и майках, но этот костюм не мог остаться незамеченным - ярко-лиловый с розовыми разводами.

Посмотрев фильм, я, без сожаления, уехала домой, рассказав Майку (мужу) про инцидент с подписью. Майк сказал: «Почему же ты ему не объяснила, что он не Пушкин?» Увы, я не так находчива, как Майк. К тому же воспитана в уважении к старшим и никогда бы себе не позволила колкости, даже если бы она пришла мне в голову вовремя.

"НОВЫЕ РУССКИЕ" ХАЯТ АМЕРИКУ, "СТАРЫЕ РУССКИЕ" - ЗАЩИЩАЮТ

Недавно получила письмо от Виктора, с которым вместе заканчивали иняз. Виктор преуспел в жизни и относится к разряду новых русских. Живет в Латвии, в маленьком городе Огре, ездит на «мерседесе», строит трехэтажный дом, дочь-подросток собирается послать в частную школу в Оксфорде (Англия) и считает, что лучше города Огре ничего на свете нет. А особенно ему не угодила Америка.

«...Ты знаешь, когда я читал твое письмо, я невольно думал - вот человек близкий мне по духу, образованию, среде, и надо же, судя по-всему, она счастлива в Америке!

Очень надеюсь, что тебя это не обидит. Я любил Америку, грезил о ней, порой даже задумывался об эмиграции - до своей первой поездки туда. В тот день, когда я в первый раз сошел с самолета и ступил на американскую землю, моя любовь исчезла навсегда, окончательно и бесповоротно.

Сначала я сказал себе: не спеши с выводами. Это же первый приезд в Америку, и это Нью-Йорк. Но когда первое впечатление подтвердилось и во второй, и в третий, и в пятый приезд (Нью-Йорк, Бостон, Чикаго, Орландо, Майами), я понял, что эта страна не для меня. И теперь всякий раз, когда по работе мне необходимо лететь в Штаты, я делаю над собой нечеловеческое усилие.

Кажется, все противные мне и неприемлемые для меня качества воплотились в американцах и их образе жизни.

Отсутствие стиля, неумение одеваться, есть, замена культуры каким-то суррогатом, сплошное лицемерие, перевод любых человеческих отношений в прагматизм и мгновенная их конвертация в долларовое исчисление, при практически тотальном ура-патриотизме и твердом убеждении, что лучше места на земле просто не существует.

«Мы американцы!» - гордо кричат и метис, и мулат, и «друг степей калмык». («А вы откуда? Из Европы? Бедняга!») Может, я немного утрирую, но смысл такой. А что, собственно, можно ожидать от нации (если можно так назвать совершенно разных по своим корням, культуре, национальной, расовой и социальной принадлежности людей, волею судеб оказавшихся на одной территории), которая едва ли насчитывает двести лет...

Я не консерватор, но старушка Англия мне гораздо более по душе. А слова «Америка» и «американец» превратились для меня почти в нецензурные слова.

Зоя, я очень надеюсь, что вышесказанное тебя не обидит. В любом случае - это просто мое мнение и мнение близких мне людей. И это ни в коем случае не распространяется на тебя...»

Теперь выражу свое мнение. Я думаю, что Америку он невзлюбил всей душой вовсе не по перечисленным причинам. И никогда никто меня не убедит в том, что Огре вместе с Латвией лучше, чем перечисленные им американские города. Это даже не подлежит обсуждению. Что в Америке он не был бы тем, кто он там, это сто процентов. (Я считаю, что русским мужчинам здесь очень трудно состояться. У женщин по-другому. Мы многие тут счастливы в браке. А у мужчин, кроме карьерных, еще и личные проблемы - одиночество и ностальгия. Я знаю много примеров. И искренне сочувствую порядочным русским мужчинам, которые здесь одиноки и ностальгируют.) Потому-то, видимо, Виктор Америку и не любит. Теперь, скажите мне кто-нибудь, что же плохого в американском или чьем-либо патриотизме? Я, например, тоже была жуткой патриоткой Советов. И считаю, что если человеку присуще это чувство по отношению к родной стране, это очень хорошо и отлично его характеризует. Этим можно гордиться. Уж его-то, Виктора, патриотом какой-либо нации точно не назовешь. (Краткая справка: он - «облатышившийся» русский украинец. При Советах был русским. Фамилия украинская. После отделения Латвии сразу стал латышом. Паспорта, членские книжки и анкетные данные менял очень быстро.) А назовешь, наоборот, совсем другим словом с нехорошим значением. Поразмыслив над его письмом, я Виктора прозвала для себя

«Новый русский Умывальник, пролатышский Мойдодыр, умывальников начальник и мочалок командир». Дело в том, что все эти Мойдодыры сейчас сидят у меня в голове, так как я тут обучаю русскую семилетнюю девочку Аню (родители-американцы удочерили ее из Санкт-Петербургского детского дома и не хотят, чтобы девочка забыла русский язык. Возят ко мне ее раз в неделю на час на уроки. Вот я ее развлекаю стихами и учу потихоньку читать и писать по-русски. Говорит она с английским акцентом. За пять месяцев! Вот как дети моментально адаптируются в новой стране!)

Да, Америка - это смешение рас и народов, и я думаю, что это замечательный эксперимент демократии, несмотря на некоторые ее перегибы. Никакая страна в Европе не смогла приютить миллионы беженцев и иммигрантов из всех углов мира. В чем же тут заслуга Англии, если она просто старая, и в чем жуткая вина Америки, если она просто молодая. Отсутствие стиля! Да ведь это совсем новая культура, слияние нескольких десятков или даже сотен разных. Как же можно повторить какую-то определенную культуру, и главное - зачем повторять? Американцы -

истинные демократы, и уже хотя бы по этой причине они выше презрительного отношения к другим странам. Я живу тут три года и могу теперь сказать, что именно Америка дала мне все в жизни - все, чего меня лишила Латвия, где я имела неосторожность родиться. Тут никого не считают человеком второго сорта или оккупантом и не заставляют учить английский, как там латышский. (И латышский, кстати, астрономически далек от того, чтобы принадлежать к общепризнанным шести мировым языкам, к которым принадлежит английский. А латышей-то едва насчитается два миллиона во всем мире). Это личное дело каждого. Полно бесплатных школ для взрослых, где иммигранты (по собственному желанию) изучают английский язык. И где я, кстати, его преподаю.

Вот так неожиданно для самой себя, находясь под впечатлением полученного письма, я и решила поделиться наболевшим с русским читателем. Повышенное чувство справедливости было у меня всегда. Как-то раз молодая латышка-преподаватель сказала мне: «У тебя, Зоя, все окрашено только в белое или черное. А ведь в жизни полно полутонов. Трудно тебе будет с таким отношением». Она была умным, хорошим человеком и, конечно, была права. Действительно, мне бы было там трудно и вообще нечем дышать. (А разве я могла бы там мечтать о том, чтобы преподавать в колледже английский!) Тут всем плевать на мое отношение к вещам. Что хочу, то и говорю. Никто мне рот не затыкает и не пугает, как там, после развала Советов. «Вот кто-то услышит, не поздоровится!»...

Моя подруга-москвичка (я упоминаю об этом в своей книге «Девушка из штата Калифорния...») все хотела замуж за границу. Сбежала из Италии от гадкого, жадного и ревнивого (и плохого мужчины, между нами, девочками) итальянца и после чистого горного воздуха на границе Северной Италии и Швейцарии готова была припасть к первой московской выхлопной трубе автомобиля, по ее собственному выражению. Так вот теперь она успокоилась - собирается замуж за «нового русского» грузина, если можно так выразиться. Он грузин из Тбилиси, обосновавшийся со своим бизнесом в Москве. Она может позволить себе не работать. (Хотя это спорный вопрос, хотела ли бы я, например, сидеть дома без работы.) Но мне это не грозит в ближайшем будущем, поэтому я могу не волноваться. (Улыбка!) Она очень счастлива, одомашнилась. А то все металась, не везло в личной жизни. Да, Москва есть Москва. Я люблю Москву и люблю Питер. Наверное, будь я прежде жителем одного из этих городов, вряд ли стала бы тут счастлива - мучила бы ностальгия. Но в моем случае ностальгировать не по чему.

РАЗБЕРЕДИЛА ДУШУ

На днях мне позвонила моя американская подруга Лиза и предложила встретиться, чтобы позаниматься русским языком, который она стала подзабывать, а потом она хотела съездить в русский район (у нас это Западный Голливуд) и пообедать там в русском ресторане. Я сразу согласилась. У Лизы и у меня обычно очень напряженные расписания, и встречаемся мы, хорошо, если раз в год. Она американка, учитель, русский язык изучала в университете. Она родилась здесь, в Лос-Анджелесе.

Последние две недели я сижу временно без работы, и меня стали одолевать какие-то упадочнические настроения. Поэтому Лизиному предложению я несказанно обрадовалась. Сегодня днем я поехала к Лизе. Мы прочли русскую статью, я ей объяснила некоторые русские слова, которые она не знала или забыла, и решили ехать в Вест-Холливуд (West Hollywood), чтобы не застрять в транспортной пробке, до часа пик. Мы поставили ее машину позади аптеки, что впоследствии оказалось очень опрометчивым поступком, и отправились сначала в книжный магазин. Там мы поболтали с владельцем «Книжной лавки» и Лиза купила несколько русских книжек. Затем мы перешли через дорогу и зашли в русский ресторан. Было два часа дня. В ресторане было пусто, занят был только один столик. Нас сразу усадили и принесли меню. Не успела я отойти от столика, чтобы сполоснуть руки после пыли книжной лавки, как сразу же разговорилась с сидящими за столиком неподалеку русскими мужчинами. Один из них оказался каким-то образом связанный с издательским делом, что меня очень заинтересовало. Мы обменялись телефонами, и я вернулась к столику, где сидела Лиза. Она читала меню, спрашивая меня, что такое грибной жюльен. Жюльен стоил дорого - одиннадцать долларов, на что я обратила ее внимание, и мы решили ограничиться более скромной русской кухней - борщ, солянка и пельмени. Не успели нам принести первое, как с соседнего столика нам прислали бутылку шампанского и огромного запеченного лосося, до неприличия густо покрытого красной и черной икрой. Наш с Лизой скромный заказ сразу как-то померк на фоне такого гостеприимства.

Потом Мухаммед пришел к горе. То есть с соседнего столика к нам подсел поболтать мужчина из Одессы. Потом присоединился и официант, который нас обслуживал (он там был один). Официант был очень симпатичный, что Лиза сразу подметила, а заодно и добавила: «Жаль, что он женатый». Она уже успела заметить кольцо у него на руке. Официант был из Москвы. Очень образованный, интересный и очень привлекательный. Когда я в форме шутки упомянула о кольце, он как и все (большинство, скажем так) русские мужчины, ответил что-то вроде «эка невидаль», совсем не придавая этому такого значения, как Лиза. Мы очень хорошо и приятно пообедали. Звучала русская музыка, товарищ из Одессы меня даже ухитрился пару раз затянуть потанцевать. В процессе разговоров на меня нахлынула масса воспоминаний обо всем, связанном с Россией. Молодость у меня была довольно бурной и насыщенной. Теперь я живу уже пять лет очень тихо и скромно с тихим мужем-американцем в спокойном пригороде Лос-Анджелеса. Во мне всколыхнулось все внутри. Больше всего хотелось продолжить банкет, как бы растягивая эту встречу с родиной. Но передо мной сидела такая тихая скромная Лиза, а дома ждал тихий верный муж. Поэтому для банкетных продолжений «а ля рус» нет места в моей жизни. Я не очень-то расстроилась. Надо, значит надо. Мы ушли из ресторана, набрав визитных карточек и телефонов.

Когда мы подошли к стоянке, где оставили Лизину машину, машины мы там не обнаружили. Мы пришли к выводу, что ее отбкусовало ГАИ (а здесь это DMV - Department of Motor Vehicles), так как стоянка принадлежала аптеке. Спросив в соседнем магазине, где можно найти машину, мы потопали пешком. Кварталов пять. Мои новые босоножки были не готовы к таким переходам, и я тут же натерла до крови ногу. Что ж, любишь кататься, люби и саночки возить. Кроме стертой ноги, пришлось еще заплатить девяносто три доллара за такую приятную «услугу», чтобы забрать машину.

Мы приехали к Лизе домой, я забрала свою машину и часов около десяти вечера предстала "пред ясные очи" своего супруга. Майк сидел голодный. Ему лень готовить. Я сразу сказала, что мы с ним никуда не ходим и что не мешало бы исправить эту оплошность прямо сейчас. Но он совсем не горел желанием продолжать веселить мою разбереденную душу. Я очень обиделась, демонстративно уселась в кресло и уставилась молча в телевизор, всем своим видом показывая, что красные восстали и ни о каком приготовлении ужина не может быть и речи. Майк что-то побурчал и пошел делать себе сандвич. Я, все такая же обиженная, с чувством оскорбленного достоинства и непонятой русской души, поняла, что его не прошибешь. Переоделась в домашнюю одежду, взяла детективчик и прилегла на диван.

Мой супруг спокойно дожевал свой сандвич, подсел ко мне и стал меня тормошить, что-то ласково приговаривая, до тех пор, пока я не стала улыбаться. Он сказал: «Я хочу утром рано начать работать в гараже (он делает капитальный ремонт гаража), пока не начнется жара. А если мы пойдем куда-нибудь, то завтра день будет пропащим. Ты завтра будешь меня благодарить, что мы никуда не пошли». И, как ребенку мороженое, пообещал мне, что завтра после обеда мы пойдем в кино. Что ж, по прошествии двух часов я успокоилась и поняла, что он был прав. Мечты мечтами, бес бесом (бес, который в ребро), а жизнь есть жизнь. Не будешь ее портить из-за какого-то минутного желания или нахлынувших воспоминаний. Так пришлось справиться со своей разбереденной душой и вернуться к своей спокойной налаженной жизни среднего американского налогоплательщика.

Для тех читателей, кто не читал моих рассказов: в Калифорнии я пять лет. Приехала по студенческой визе попрактиковаться в американском английском. Замуж за Майка вышла через три недели после знакомства, так как еще через две недели должна была закончиться моя студенческая виза. Преподавала в Риге английский, и здесь тоже преподаю английский взрослым иммигрантам.

Ностальгии по родине у меня не было, так как я русская, а родилась в Латвии. Видимо, мне надо благодарить судьбу, что я не родилась в Москве или Питере. Наверно, ностальгия бы помучивала. Совсем бы не замучила, ведь моя специальность - английский язык, и я его люблю с детства. Но помучивала бы, это уж точно.

Да, кстати, насчет «тихая скромная Лиза». А где же американская эмансипированность женщин, спросят некоторые? А вот она. Когда Лиза вела машину и на одном перекрестке возникла опасная ситуация, я услышала настоящую американку. Лиза несколько раз крепко руганулась матом (на своем родном английском естественно), но так как она из религиозной семьи, мат у нее перемежался с упоминанием о Боге. Я очень хохотала. Это было так здорово, с таким классным чистым американским произношением и так нелепо: ну при чем тут мат и Бог, поэтому очень здорово. Такое только от американки можно услышать. По-моему, если бы русская выругалась матом, она бы уж при этом не упомянула Бога. Или, если бы сказала «Господи», то за этим мат был бы как-то не уместен. У американцев же замечательно сочетается несочетаемое. Также, когда Лиза волнуется, она переходит на родной английский. Тогда ее легче понимать, чем когда она говорит по-русски.

ПОЕДУ В АМЕРИКУ, ЗАРАБОТАЮ ДЕНЕГ...

Глазами очевидца

Мне иногда знакомые из России, Латвии пишут письма, как там плохо с работой, и вот как бы хорошо было бы поехать в Америку подработать.

Я в Америке шесть лет. Мне очень интересно, откуда там у людей (в России, Латвии) такие завышенные райские представления об Америке, о возможности найти работу, о том, чтобы без напряжения заработать хорошую сумму (для России, например) и вернуться на коне? Какие сказки они слушали и от кого? Эти люди видимо не понимают (просто не знают), что работать в Америке на дешевой работе - это огромный психологический стресс, это особенное личное внутреннее унижение. Получать копейки, жить в дешевой грязной квартирешке. (На эту дешевую и грязную будут уходить почти все твои заработанные деньги - жилье очень дорогое в Америке. Мы с мужем имеем профессиональные работы и неплохой дом. Не шикарный, но нормальный. Наш дом нам обходится около шестидесяти долларов в день). Жить в дешевом и опасном районе, ничего лишнего себе не позволять ни захотеть, ни купить. С завистью смотреть на окружающее тебя изобилие, на проезжающие хорошие или дорогие машины, и знать, что тебе никогда не грозит такую купить.

Люди! Откройте глаза и посмотрите на вещи реально. Не верьте сказкам. Послушайте тех иммигрантов, которые здесь живут и все пережили на собственном опыте. Я, учитель английского, три года не могла найти работу. Сначала ждала документов, чтобы легализоваться. Потом, когда получила разрешение на работу, полгода ходила и искала, искала, искала, и ничего не попадалось. Три года мы не могли купить мне машину - не было денег. Ходила по жаре пешком и ездила в автобусах, на которые не всегда можно положиться.

Мне интересно, почему люди, которые сюда рвутся, не думают о том, что им надо будет платить за жилье? А может, некоторые думают, что они будут гостить у друзей. Извините меня, если я плачу шестьдесят долларов в день за свой дом, как вы думаете, мне хочется испытывать хоть малейшее неудобство в своем собственном доме? Нет! Мне хватает стрессов на работе, на дорогах и от ежемесячных подсчетов, хватит ли оплатить счета за машину, жилье, все страховки и т. д. (Тем, кто подумает: «Ах, она какая бесчеловечная, королева!», я бы ответила: «Переживите с мое, переволнуйтесь, перебегайте, переищите, переплатите, и еще много-много «пере», а потом обзывайтесь!) Почему люди не думают о том, что им надо будет жить без медицинской страховки и забыть про медицинские услуги? (Медицинская страховка очень дорогая, если не имеешь работу с полным рабочим временем, надо медицинскую страховку покупать индивидуальным образом. Это очень большие деньги. Примерно двести тридцать долларов в месяц. А для очень пожилых 800 долларов в месяц).

Почему-то многие только думают, как они приедут, начнут работать и считать заработанные деньги. Нет, вам их считать не придется, потому что все будет уходить на элементарные жизненные расходы. Те русские женщины, которые здесь замужем за американцами, часто тайком посылают какие-то маленькие деньги, чтобы помочь своим родственникам там. Эти деньги зарабатываются тяжелым трудом. Эта женщина себе отказывает в хорошей или просто получше вещи, покупая себе дешевку во вторичном магазине. Приведу вам два примера.

Одна моя знакомая работает в Макдоналдсе, чтобы какую-то копейку посылать своей вполне здоровой пятидесятидвухлетней матери на Украину. Ее ставят у плиты, потому что она не очень хорошо говорит по-английски и потому что на кассе стоят те, кто работает там дольше. Вот она стоит несколько часов на ногах в жаркой кухне, обжигаясь, и переворачивая ненавистные котлеты для гамбургеров. Дома не очень-то горячо любимый муж, у которого вечные стрессы на работе и на дорогах и которого очень мало волнуют ее проблемы, потому что у него полно своих. Похоже на сказочную Америку?

Другая знакомая, учитель, но нет пока тут документов, работает в дешевеньком грязноватом магазинчике у араба меньше чем за минимальную плату. Магазинчик не имеет кондиционера, там жарко и душно. Но надо стоять у кассы и зорко следить, чтобы покупатели чего-нибудь не увели. Покупатели заходят и диву даются, как в такой духоте можно работать. Прошлый раз она поехала на работу на велосипеде, это примерно пятьдесят минут, с риском быть сбитой каким-нибудь невнимательным водителем, и ее чуть не хватил солнечный удар. Араб-владелец недоверчив, подозрителен, еле сводит концы с концами, вечно жалуясь на свои проблемы. Но у нее нет другого выбора, ей надо помогать детям там, в России, она рада, что хоть такую работу нашла.

У меня в классе есть студентка-мексиканка, очень симпатичная женщина лет сорока. Мы с ней почти ровесницы. Она очень добрая и никогда не показывает, что она завидует мне. Но сколько грусти в ее глазах! Она живет в Америке много лет, без работы. Растила детей, муж-мексиканец работает на какой-то низкооплачиваемой работе, выпивает в выходные. Она пишет в своих сочинениях, что мечтает когда-нибудь поехать в отпуск, найти богатого мужа. Как-то она сказала, что любит ходить за покупками, но так как денег нет, ее стало раздражать, что все равно ничего нельзя купить. Я ей порекомендовала пойти учиться на сертификат помощника учителя в начальной школе. Оказалось, что там требуется среднее образование, а у нее, видимо, его нет, хотя у нее неплохой английский и грамотное письмо.

Я могу вам привести несметное количество примеров о жестоких реалиях жизни в Америке, жизни на низком уровне.

Конечно, есть иммигранты-профессионалы, которые добились хорошей работы и неплохого уровня жизни. Но запомните, что за этим стоит хорошее образование, или недюжинный мозг бизнесмена, и годы-годы упорного труда, отказа себе в каких-то личных радостях, годы приспособления к чужой культуре.

Еще есть сказки про финансовую помощь от государства. Она существует, эта финансовая помощь, но только для особых категорий людей (религиозных беженцев, например). Это очень маленькое пособие, которого еле-еле хватает, чтобы свести концы с концами. Чтобы его получить, надо пройти огромное количество бюрократических процедур, переписать жуткое количество бумаг, пройти через ожидания в длинных очередях и унизительные допросы социального работника. Я была недавно вызвана переводчиком в офис социального обеспечения к одной молодой русской паре, которые хотели подать на помощь, так как у них двое маленьких детей и у мужа почти нет работы. Это было жалкое зрелище. Хотелось кричать: «Почему вы, такие молодые, оказались в таком унизительном положении, просите милостыню у американского государства, почему вы не выучили язык за два года, чтоб хоть как-то изъясняться самим, почему вы поспешили понаделать детей, понятия не имея, как их содержать?»

А потому! Что, как и многие там, оказались жертвами россказней о райской Америке.

Поговорили бы вы с этой парой, они бы вам рассказали и об унизительном допросе и медосмотре в американском посольстве в Москве, и о жизни тут в тесной однокомнатной квартирке в дешевом районе, где из гаража украли вещи, которые кто-то дал их семимесячному ребенку, и о мучительных ожиданиях вызовов на работу (муж работает по вызовам в строительной компании). Как сказал этому молодому человеку его дядя: «А ты поезжай в Москву, подработай там денег, потом вернешься». В Москве у него было много заказов на ремонты квартир.

Кстати, финансовой помощи им не дали, так как он работает в среднем тридцать часов в неделю, а для получения помощи надо меньше двадцати пяти.

Я не знаю, какие там трудности с работой в России и в Латвии, так как я больше шести лет оттуда. Я понимаю, что теперь нет такой благодати, как при Советах: пришел в отдел кадров, написал заявление и получил в ответ: «Выходите в понедельник на работу». Но все-таки, прежде чем мечтать о загранице, подумайте хотя бы о том, как вы будет там изъясняться, какие у вас перспективы на легализацию, где вы будете жить и на что, пока найдете работу и сможете обеспечивать самого себя. Будьте реальны, граждане, господа и товарищи! Не стройте завышенных иллюзий - потом придется неприятно разочароваться.

Чтобы в конец уж не обескураживать моего читателя, замечу, что, в конце концов, через несколько лет все тут устраиваются как-то, что-то, где-то. Но это никогда не совпадает с изначальными мечтами и ожиданиями иммигранта.

ЯЙЦО

У моего мужа-американца очень плохие привычки в еде. Он очень разборчивый. Моя свекровь постоянно тыкает меня, что я его не кормлю и голодом морю. Хотя я, наоборот, всегда ему все предлагаю и чуть ли не насильно заставляю есть. Женаты мы уже пять лет (столько же я и в Америке), я к этому привыкла и всегда по привычке повторяю несколько раз, предлагая ему перекусить. Вчера я делала салат и перед тем как положить туда вареное яйцо, предложила его Майку. Он иногда их ест. На счастье, он не отказался (это счастье, когда он соглашается что-то съесть). Рядом ходила моя мама, которая у меня сейчас в гостях несколько месяцев. Я ее попросила разбить яйцо, так как сама занималась резаньем чего-то еще. Мама начала метаться по кухне и гостиной в поисках, обо что же можно разбить вареное яйцо. И вдруг она начала смеяться. Когда я поняла, в чем дело, мы стали хохотать вместе. Дело в том, что мы недавно переехали в наш первый дом (четыре года мы снимали апартамент). Майк очень щепетильный и кухню доделывал сам после перемоделирования, следя за каждым пятнышком и крапинкой на стене, на кухонных поверхностях и т. д. Однажды я приехала домой с работы, и он мне высказал обиду, что мама-де испачкала или чуть не испачкала кафельную поверхность кухонного стола, которая еще нуждалась в доработке. Он говорил по-английски, мама защищалась по-русски. Все были нервные. Тот конфликт давно уладился, но память у мамы осталась, что трогать что-то в кухне небезопасно для душевного равновесия. Поэтому с этим яйцом мама стала метаться. Это было очень смешно. Метнувшись пару раз в направлениях кухня-гостиная, она твердо рванула по направлению к большой стеклянной двери, ведущей во двор позади дома, бормоча что-то вроде: «Я его во дворе обо что-нибудь разобью». Тут-то мы и начали хохотать, поняв, что за абсурд, если в большущей новенькой кухне негде разбить яйцо. За что боролись, спрашивается? Я быстро сообразила, что надо спросить совета у «виновника торжества» по такому важному вопросу. Он сказал: «О раковину». Это, наверно, оказалось одним из немногих неуязвимых мест для разбивки яйца. Когда я ему заметила, что это нелепость, он почему-то отреагировал совсем невпопад: стал меня ласково тормашить и допрашивать, ведь правда, что мне очень нравится такая большая красивая кухня. «Да, очень», - сказала я вслух, а про себя подумала: «Особенно тот факт, что два часа надо искать, обо что треснуть яйцом».

Вот так происходит наше приживание в новом доме.

КОСТОЧКА

Я уже упоминала, у меня в Калифорнии гостит уже три месяца мама-пенсионерка. Как-то недавно, обсуждая планы на ближайшее будущее, я ей сказала, что когда она поедет домой, я ей дам с собой немного денег, которые она может считать как бы прибавкой к своей пенсии на ближайшие шесть месяцев. Я извинилась, что пока больше не могу помогать - очень много нужд.

Мама оказалась очень сообразительной. Она быстренько разделила предложенную сумму на шесть месяцев, потом месяцы на дни и говорит, скромно потупившись: «Да-да. Очень хорошо. Я очень довольна такой прибавкой. Это как раз мне хватит в день на бутылку молока, буханку хлеба, и даже еще останется на небольшую косточку - сварить суп». Я говорю: «Ну, какое же это нахальство и унижение для дочери-учительницы, которая живет в Америке! И как же это надо быстро сообразить, чтобы так несчастную дочку унизить: Ты мне, мол, косточку, пожилой пенсионерке, даешь, за всю мою любовь к детям. Ну почему ж такое несправедливое отношение? Ведь если бы эту же сумму предложило латвийское правительство как прибавку к пенсии, его бы возносили до небес и пели бы ему дифирамбы и гимны в веках, несмотря на все другие трудности экономики или напряженные отношения к русским в Латвии. А как дочь родная предложила, так сразу как кость собаке бросила». Мы обсудили всю несуразность такого отношения и долго потом со смехом вспоминали: «А как же косточка?» Моей маме можно позавидовать по части сообразительности и артистизма. А еще говорят: «Отцы и дети». Эти «отцы» еще как фору нам дают. Старая закалка.

ГРАМОТЕЙКА

Одна молодая женщина очень кичилась своей грамотностью. У нее среднетехническое образование, но она всегда любила рассказывать, как, бывало, тусовалась вместе с журналистами и студентами филфака. Когда бы я с мужем-американцем ни заговорила по-английски, она постоянно мне указывала, что у меня ошибки с артиклями. Меня это очень раздражало, хотелось сказать ей много чего, но я всегда предпочитаю худой мир доброй ссоре. Я учитель английского с большим стажем - и там, и здесь, в Америке. Ирина (так назовем мою героиню) в Америке живет полтора года, и английский ей дается очень трудно и медленно. Муж ее устроил в игрушечный магазин на работу за шесть долларов в час. Но Ирина всегда дает мне понять, что мы с ней стоим на одной ступени (хотя расстояние между учителем и помощником в магазине как от неба до земли, и в социальном смысле, и в смысле зарплаты). Я никогда ее не пыталась переубедить. Ведь мы как-никак из одного города.

Недавно Ирина мне прислала записку по компьютеру. У нас с ней установлены русские программы, и мы переписываемся по-русски. Слово «гостиница» она написала с двумя «н» (я ее спрашивала о гостиничных тарифах в ее городе). Я подумала, что она быстро писала записку и не заметила опечатки. Когда пришла вторая записка с «гостинницей», я поняла, что это не опечатка и что если я не остановлю этого явления, такое страшное слово, возможно, будет путешествовать по Америке.

Я ей мягко подсказала, что при всем уважении к ней должна заметить, что «гостиница» пишется с одним «н». Я ей написала: «Если ты на меня обидишься, то я тоже на тебя обижусь за то, что обиделась ты». Поэтому ее моментальной реакцией была записка, в которой говорилось, что она никогда не обижается ни на какие справедливые критические замечания со стороны других.

С тех пор Ирина мне ни разу не написала. Прошло несколько месяцев. Эта ее записка про необидчивость была последней.

Я ей не пишу тоже. Зачем? Мы никогда не были закадычными подругами там и вот не стали здесь.

Письмо в газету

Здравствуйте, «Вести»!

Твердо уверенная в том, что вы никогда не опубликуете мой отклик на одну из ваших статей и что рижане никогда не узнают правды об Америке, я все-таки решила послать вам свою статью. Хотя бы для редакции.

Недавно в «Вестях» прочла статью, в которой Владимир Старков высмеивает американцев. Хочу внести некоторую ясность. Насчет Индианы с Цинциннати, которых он там касается, не знаю, я их и на карте США с трудом нашла. (Это кто же туда едет? Или замуж выходит? Кого больше никуда не берут и не приглашают?) А вот о Калифорнии с Лос-Анджелесом могу сказать несколько слов.

Постараюсь избегать колкостей и неприглядных эпитетов, каковыми пестрит статья Старкова, а просто приведу факты. Я тут живу три года - вижу больше и знаю лучше. Володе надо было бы посетить не деревню, глушь, провинцию, а Лос-Анджелес, Нью-Йорк, Майами, что-нибудь поприличнее Индианы. Это почему же столичную (рижскую) публику надо сравнивать с деревенщиной (хоть она и американская). Если бы он хотел быть справедливым, ему надо было бы Индиану и Цинциннати сравнивать с какими-нибудь Прейли, Аглоной или Лимбажи.

Я живу в южной Калифорнии: 35 минут от центра Лос-Анджелеса, столько же от Голливуда, четыре-пять часов от Лас-Вегаса (на машине). Главное отличие американцев от рижан - наличие свободы выбора. Везде и во всем. Например, внешность.

Хочешь быть стройной - ходи в джим, никто не запрещает, плавай в бассейне день и ночь. Тут полно стройных и красивых. Не хочешь быть стройной, плевать тебе на всех - не ходи в джим, а только объедайся. Одежда. Тут в основном тепло и жарко, поэтому превалируют шорты или что-то балахонистое или совсем открытое. Обтянуться синтетикой или не синтетикой в жару - не самое приятное ощущение. Главное в одежде - свобода! Например, когда я жила в Риге, я и в магазин (в Иманте) не могла пойти без каблука: «А вдруг кого-то встречу, а вдруг кто-то скажет, а вдруг не заметят...» Не говоря о том, когда едешь в центр куда-то. Из кожи вон лезешь, чтобы не ударить лицом в грязь перед другими женщинами. Попробуй надень что-то посмелее, покороче, бабки зашикают на остановке. Надень порванее, засмеют. То ли дело здесь. Я могу идти в затрепанных шортах, вырезанных из джинсов, и черт-те что сверху - никто и виду не подаст, что что-то не так. Но если я иду на бизнес-интервью, получу кучу комплиментов. Или на вечеринку, банкет, торжество - комплиментов не избежать. Да и не хочется их избегать. Чувствуется открытость и доброта в людях, отсутствие напряга или зависти. О вкусе уже где-то говорила и здесь говорю: у кого он есть, у того есть. У кого его нет - увы! Это индивидуальное качество, хотя и обусловлено социальными факторами. А вот о чувстве собственного достоинства стоит сказать. Тут оно есть в людях. Там (в Риге, Латвии) очень много людей, страдающих комплексом неполноценности. И никто им, закомплексованным, не поможет. А вот на смех поднять - это пожалуйста! Там - борьба за выживание, здесь - просто жизнь, по тобой (а не кем-то!) установленным меркам.

Опять опущусь к прозе. Володя очень хвастался своим необрезанным. У меня муж - американец, родился здесь, он не обрезан и совсем не хвастается этим и не говорит, что надо это за деньги показывать. Какая чушь! Только по интернету бесплатно такого можно насмотреться, что всякая охота пропадет надолго. Большинству американцев делают обрезание в роддоме, с согласия родителей мальчика. Считается, в целях гигиены. Но ведь тут миллионы эмигрантов, приезжих и всяких прочих. Нельзя же всех чесать одной гребенкой из Индианы и Цинциннати!

А та бедная рижанка из Цинциннати, что горько плакалась у журналиста Володи на плече (однако, не просилась обратно), видать, со своей бездной ума, вкуса и отпадной внешностью (ведь она же рижанка) так и остановилась на Цинциннати, куда ее раз привезли. Ай-ай-ай! Видно, ее там в оковах держат или на привязи. Да тут бесконечный выбор для передвижения, учебы, карьеры, работы, проведения досуга и нахождения себя. Или бездны ума не хватает, чтобы это оценить?

Я так понимаю из Володиной статьи, что Латвии совсем ни к чему поднимать уровень жизни до американского, иначе женщины обезобразятся, а у мужчин выпрямятся извилины (может, еще и всех на обрезание погонят). Слава Богу, что моей бывшей родине это не грозит и я могу спать спокойно в своей скучной Америке.

Будьте лояльны, господа, не подходите к молодой стране с ее совершенно другой культурой со старыми мерками. Завидовать и хвастаться тоже очень плохо, надо быть добрыми и относиться с уважением к другим культурам мира, находя в них положительное, а не выискивая недостатки. Напоследок приведу пару приколов из газеты на русском языке, выпускаемой в штате Колорадо.

Новое для парикмахеров:

Причесочка - «Вихри враждебные»

Расчесочка - «Чеши отсюда»

Пудрочка - «Для ваших мозгов»

Бритвочка - «Раз, и навсегда»

Весенняя частушка:

Говорила тетя дяде:

«Вы не приставайте сзади.

Что ж вы это, на ночь глядя,

Отойдите, Бога ради!

Вы бы лучше English study,

Или шли к другой бы - тете.

С уважением.

Зоя БУРКХАРТ

(Калифорния. Родилась и жила в Риге 36 лет.)

АЙ ВОНТ ДЖОБ

Одна русская очень хвалится, что она лучшая на свете пианистка. С английским у неё дела обстоят неважно. Я пыталась ей помочь в поисках работы. Мы пришли в местную библиотеку и стали там наводить справки о том, нет ли у них каких-то программ для детей, связанных с музыкой, где она могла бы "поволонтёрить" (поработать бесплатно) на первых порах, чтобы хотя бы заработать какие-то американские рекомендации.

Библиотекари тут в Америке зачастую очень высокообразованные особы. Я это знаю точно, так как сама когда-то пыталась устроиться здесь в библиотеки. Но оказалось, что моего бакалавра со специальностью "английский язык и литература", а также моего стажа в советских библиотеках им вовсе недостаточно. Зная всё это, я повела очень осторожную и вежливую беседу с местными библиотекарями. Осторожную, потому что американцы не любят никакого постороннего вторжения в свой налаженный ритм работы или жизни. Две пожилых американки тихо и тактично стали объяснять, что у них в библиотеке не только таких программ нет, а даже и пианино, как такового. Я этого не знала, так как там всегда были какие-то сборища в большом зале при библиотеке, когда я заходила менять книги.

Ольге (так назовём мою русскую знакомую), которая стояла и слушала рядом, видимо порядком надоели мои вежливые речи и она решила, не церемонясь, все для себя выяснить. Она вдруг громко, требовательно, и с раздражением сказала двум почтенным американкам: "Ай вонт джоб!" Это прозвучало так неожиданно, грубо и нелепо, с таким жутким дубовым акцентом, что я опешила. Это было одновременно и смешно, но обстановка не позволяла расхохотаться. Своей дубовой фразой Ольга испортила всё плавное завершение нашей беседы, и отбила у американок всякое желание давать дальнейшие советы или какие-то подсказки. Они переглянулись с ехидными улыбочками и одна сказала: "Мы понимаем, что это Ваши конечные объективные цели - найти работу. Но к сожалению, мы ничем не можем Вам помочь."

Потом мы поехали в муниципалитет (горсовет). Там вежливая негритянка предложила Ольге оставить свои координаты, сказав, что в клубе для престарелых могли бы возможно заинтересоваться. Когда я Ольге перевела слова негритянки, она, гордо вскинув голову, как породистая лошадь, громко сказала мне по-русски: "Я не собираюсь играть бесплатно для престарелых!" Мне было неловко перед вежливой государственной служащей за незнакомую речь и пришлось отказаться от предложенного ею блокнота и ручки. Мы вышли из "горсовета" и я стала промывать Ольге мозги, заметив, что с таким отношением да с плохим английским она никогда не найдет никакой подходящей работы в Америке. Тогда она передумала и сказала: "Ой, ты наверно права. Давай вернемся к негритянке и я оставлю ей свой телефон." Я ответила, что позориться второй раз с ней не собираюсь и посоветовала ей идти без меня. Она пошла. Вернулась она очень быстро, сказав, что оставила негритянке свой номер телефона, и та ей что-то ответила, но Ольга не разобрала её слов.

Мне непонятно отношение тех русских, которые сюда приезжают и почему-то считают, что если там они были незаменимыми где-то как-то, то и тут американцы должны бегать за ними и приглашать на всякие работы. Этим русским очень трудно здесь приспособиться. Американцы никому ничего не должны. У них и среди своих есть безработица. Тебе нужна работа, ты и бегай, ищи и добивайся.

Ольга теперь успокоилась, с трудом смирившись, что тут её никто знаменитой пианисткой не считает. Учит день и ночь английский. Перспективы после сорока лет не очень-то важнецкие.

Русский язык в южной Калифорнии

Купить топ на сейле или еще лучше - в трифте (Купить блузку, майку на распродаже или в магазине б/у)

Драйвить по шопинг-молам (Ездить по большим магазинам)

Меня остановил симпатичный копчик и дал мне тикет за то, что я спидила (Меня остановил полицейский и оштрафовал за превышение скорости)

Клинить хаус (Убирать квартиру)

Дишвошка (Посудомоечная машина)

Я до того обеднела, что сама машину клиню (Мо́ю машину)

Двухбедренный апартмент (Трехкомнатная квартира)

Хараскать (Приставать с сексуальными домогательствами)

Мексиканский кондиционер (Машина без кондиционера; открытые окна в 40-градусную жару)